KB272599

하루 한 장
명리 공부

하루 한 장 명리 공부

처음 만나는 명리 익힘책

송민정 지음

moRan

명리학을 공부하려는 분들에게

명리학을 처음 만난 것은 단순한 호기심에서였습니다. 그러나 공부를 이어가며 그 세계가 생각보다 깊고 넓다는 것을 알게 되었습니다. 사람의 마음과 관계, 그리고 자연의 흐름이 한데 이어져 있었고, 그 속에서 인간과 삶을 새롭게 바라보게 되었습니다. 그렇게 시작된 배움의 여정은 〈하루 한 장, 명리〉라는 유튜브 채널로 이어졌습니다. 많은 분들과 함께 명리학의 첫걸음을 나누며 배움의 시간은 더욱 깊어졌습니다. 그 시간이 쌓여 이 책이 완성되었습니다. 공부하며 깨달은 생각들, 그리고 앞서 그 길을 걸어온 분들과 스승에게서 얻은 배움을 이 책을 통해 나누고자 합니다.

자연을 다루는 모든 학문은 결국 '이치理致'를 탐구합니다. 물리物理는 힘과 운동의 이치를, 수리數理는 수와 구조의 이치를, 지리地理는 공간의 이치를 다룹니다. 그렇다면 명리命理는 무엇을 다룰까요? 명리학은 자연의 일부인 인간의 삶과 운명, 즉 '명命'이 시간과 공간 속에서 어떤 법칙으로 움직이는지 살피는 공부입니다. 사물이나 사람이 그러할 수밖에 없는 이유, 그리고 그렇게 작용하는 자연의 질서를 알아가는 것이 곧 명리학의 시작입니다.

명리학은 오랜 시간 오해 속에 놓여 있었습니다. '사주팔자'라는 말은 타고난 운명에 갇힌 체념의 상징처럼 여겨졌고, 때로는 미신으로 치부되기도 했습니다. 하지만 조금만 깊이 들여다보면, 명리학은 결코 가볍게 다룰 공부가 아니라는 것을 알게 됩니다. 음양과 오행, 천간과 지지의 관계 속에는 정밀한 논리와 깊은 철학이 숨어 있습니다. 그것은 단순한 길흉의 언어가 아니라, 자연의 질서와 인간의 삶을 연결하는 사유의 언어입니다.

그래서 명리 공부는 결코 쉽지 않습니다. 단순히 몇 가지 기법을 익혀 적용하는 것이 아니라, 변화의 흐름을 읽고 삶의 의미를 해석하며 자신을 깊이 이해해 가는 과정입니다. 조급함을 내려놓고 천천히 걸어가야 하는 길이지만, 그 길을 멈추지 않고 걷다 보면 어느 순간 나도 몰랐던 나를 만나게 됩니다. 결국 명리학은 운명을 바꾸는 기술이 아니라, 자연의 흐름을 이해하고 그 속에서 조화와 균형을 이루며 살아가는 지혜를 배우는 공부입니다.

이 책은 명리학의 전부를 담은 완결서가 아니라, 그 긴 여정의 시작입니다. 단순히 읽는 데서 그치지 않고, 각 장의 학습지를 직접 써 보며 개념을 몸으로 익히도록 구성했습니다. 손으로 쓰는 과정은 생각을 정리할 수 있게 하고, 이해를 깊게 만들어 줄 것입니다. 낯설고 어렵게 느껴지더라도 천천히 읽고 쓰기를 반복하다 보면, 자연의 이치와 인간의 마음, 그리고 삶이 서로 닮아 있음을 깨닫게 될 것입니다. 명리 공부는 나를 알고 세상을 이해하며, 자기 앞의 생을 온전히 껴안는 공부입니다. 이 책이 그 조용하고 단단한 여정의 첫걸음이 되기를 바랍니다.

- 2026 병오년을 맞이하며 제이샘 송민정

목차

※알림

이 책에서 권장하는 익힘 한자는 모두 35개입니다. 8강 60갑자를 공부하기 전까지는 필수 익힘 한자가 익숙해지도록 한자 먼저 넣고 한글 토를 달았습니다. 필수 익힘 한자 35개를 다 익힌 후에 공부하는 9강 오행의 상생과 상극부터는 같은 한자가 여러 번 중복되기 때문에 읽기 편하게 하기 위하여 한글을 먼저 표기하고 한자를 뒤에 병기하거나 한자를 생략하였습니다.

명리 공부에 필요한 기본 한자

1

한자 때문에 명리 공부를 못한다고?

명리학을 공부해 보고 싶지만, 한자가 부담스러워 접근하기 어렵다고 말하는 사람들이 있습니다. 명리 공부는 생각보다 어렵고, 심오한 철학을 내재하고 있습니다. 하지만 한자를 많이 알아야 시작할 수 있는 공부는 아닙니다. 陰陽五行음양오행, 天干천간, 地支지지를 구성하는 한자를 숙지하면 명리 공부에 입문할 수 있습니다.

반드시 익혀야 하는 한자는 다음과 같습니다. 木火土金水목화토금수, 甲乙丙丁戊己庚辛壬癸갑을병정무기경신임계, 子丑寅卯辰巳午未申酉戌亥자축인묘진사오미신유술해입니다. 오행 다섯 개 글자, 천간 열 개 글자, 지지 열두 개 글자입니다. 여기에 陰陽음양, 五行오행, 天干천간, 地支지지 정도의 한자를 추가해서 공부하면 35개 글자가 전부입니다. 참고로 이 35개의 한자는 중학교 교육과정에서 학습하는 수준입니다. 명리 공부는 매우 어렵습니다. 하지만 한자 때문에 어려운 것은 아닙니다.

사실, 명리 공부는 그 '기본'을 익혀가는 과정이 만만치 않습니다. 급하게 생각하면 모든 과정을 훌쩍 뛰어넘고 단순한 이해만으로 자신이나 타인의 삶에 대하여 확언하는 우를 범할 수도 있게 됩니다. 조급한 마음을 거두고 기본 개념을 반복해서 익히고, 음양과 오행이라는 큰 틀에서 다시 명리를 조망하는 일련의 과정이 필요합니다. 복잡한 부분은 서서히 공부해 나가도록 하고, 우선 명리 공부에 필요한 한자부터 익히도록 합시다.

제일 먼저 만나는 陰陽음양은 가장 포괄적인 개념입니다. 陰陽음양은 어둠을 상징하는 陰음과 밝음을 상징하는 陽양으로 이루어진 단어입니다. 세상 모든 것은 짝을 이루어 작용합니다. '작용'이 있으면, '반작용'이 있습니다. '침식'이 있으면, '퇴적'이 있습니다. '밤'이 있으면, '낮'이 있습니다. 명리 공부는 처음부터 끝까지 '陰陽음양'의 개념과 함께합니다. 음은 양을 향해 나아가고, 양은 다시 음을 향해 수렴합니다. 음이 양이 되고 양이 음이 되는 순환을 받아들여야 명리 공부의 첫발을 내디딜 수 있습니다. 봄은 가을이 되고, 겨울은 여름이 됩니다. 삶은 죽음이 되고, 죽음은 다시 삶이 됩니다. 사라졌으나 사라지지 않고 이어지는 계절의 순환처럼, 사람도 다음을 낳고 낳으며 사라졌으나 사라지지 않고 이어집니다. 인간을 포함한 우주 만물은 다음을 낳고 낳는 덕을 지니고 있습니다. 생생지덕生生之德의 심오한 이야기가 명리학에 녹아 있습니다.

五行오행은 木목 火화 土토 金금 水수로 이루어져 있습니다. 오행은 음양이 순환하는 과정에서 나타나는 에너지 양상으로 생각해 보면 좋겠습니다. 밤이 낮이 되고, 낮이 밤이 되는 과정을 오행으로 설명할 수 있습니다. 아침은 木목, 낮은 火화, 오후 시간은 土토, 저녁은 金금, 밤은 水수에 비유할 수 있습니다. 인간의 생로병사나 계절의 순환 역시 오행으로 설명이 가능합니다. 어린 시절은 木목, 청년기는 火화, 중년기는 土토, 장년기는 金금, 노년기는 水수에 비유할 수 있습니다. 봄은 木목, 여름은 火화, 늦여름은 土토, 가을은 金금, 겨울은 水수에 비유할 수 있습니다. 하지만 이런 비유조차 고정된 의미가 아닙니다. 음양과 오행은 항상 상대적인 개념임을 잊어서는 안 됩니다.

목화토금수 중 음陰의 기질을 가장 대표하는 것은 水수입니다. 양陽의 기질을 가장 대표하는 것은 火화입니다. 水수는 火화를 지향하며, 火화는 다시 水수를 지향합니다. 수가 화를 지향하는 과정에서 木목이 등장하며, 화가 수를 지향하는 과정에 金금이 작용합니다. 수화, 목금을 순환시키는 데에 土토가 중中의 작용을 하게 됩니다. 이런 복잡한 부분은 차차 공부해 나가도록 하겠습니다. 지금은 한자를 익히는 과정이니, 한자 공부에 집중하도록 합시다.

사주팔자는 네 개의 간지干支로 구성되어 있습니다. 간지란, 천간과 지지의 조합으로 이루어진 하나의 기둥입니다. 천간이란 하늘의 기운을 이야기하며, 지지란 하늘의 기운을 받아 이루어진 땅의 기운을 의미합니다. 천간의 기운을 구성하는 글자는 10개입니다. 그래서 10천간十天干이라 일컫습니다. 지지를 구성하는 글자는 12개입니다. 따라서 12지지十二地支라 이야기합니다.

2
꼭 외워야 하는 한자

먼저, 10천간을 외워야 합니다. 甲乙丙丁戊己庚辛壬癸갑을병정무기경신임계가 우리가 반드시 외워야 할 천간의 열 개 글자입니다. 이때 꼭 당부드릴 것이 있습니다. 열 개의 글자를 五行오행에 배속하여 외우자는 것입니다. 오행인 목화토금수에 천간 갑을병정무기경신임계를 두 글자씩 배치해 익히면 됩니다. 천간의 배열은 양과 음이 번갈아 이어지므로, 함께 음양의 순서까지 익혀 두면 이해에 도움이 됩니다.

木목에 속하는 천간은 甲乙갑을입니다. 따라서, 한자를 외울 때 甲木갑목 陽양, 乙木을목 陰음으로 외우기 바랍니다. 火화에 속하는 천간은 丙丁병정이므로 丙火병화 陽양, 丁火정화 陰음으로 외우고, 土토에 속하는 천간은 戊己무기이므로 戊土무토 陽양, 己土기토 陰음으로 외우면 됩니다. 金금에 속하는 천간은 庚辛경신이므로 庚金경금 陽양, 辛金신금 陰음으로, 水수에 속하는 천간은 壬癸임계이므로 壬水임수 陽양, 癸水계수 陰음으로 외우면 됩니다.

[10천간]

木목		火화		土토		金금		水수	
양+	음-	양+	음-	양+	음-	양+	음-	양+	음-
甲갑	乙을	丙병	丁정	戊무	己기	庚경	辛신	壬임	癸계

다음으로 외워야 할 한자는 12지지입니다. 지지는 본래 子丑寅卯辰巳午未申酉戌亥자축인묘진사오미신유술해의 순서로 이어집니다. 따라서 정확한 순서를 따지면 子자부터 외우는 것이 맞습니다. 그러나 명리학을 공부할 때는 계절의 흐름에 따라 봄 여름 가을 겨울로 나누어 인묘진 사오미 신유술 해자축으로 설명하는 경우가 많습니다.

이 책에서도 寅卯辰인묘진, 巳午未사오미, 申酉戌신유술, 亥子丑해자축으로 세 개씩 묶어 계절과 연관해 살펴보겠습니다. 지지의 한자 역시 목화토금수 五行오행에 배속하여 암기할 필요가 있습니다. 지지 배열 역시 한 번 陽양이면, 그다음은 陰음입니다. 양과 음이 번갈아 이어지므로, 함께 陰陽음양의 순서까지 익혀 두면 이해에 도움이 됩니다.

[12지지]

봄			여름			가을			겨울		
木목		土토	火화		土토	金금		土토	水수		土토
양+	음-	양+	음-	양+	음-	양+	음-	양+	음-	양+	음-
寅인	卯묘	辰진	巳사	午오	未미	申신	酉유	戌술	亥해	子자	丑축

천간은 열 개이지만 지지는 열두 개로 구성되어 있습니다. 이는 土토가 분화되어 사계절의 전환점을 맡기 때문입니다. 천간의 甲木갑목은 寅木인목에서 자신의 기운을 주도적으로 펼치고, 乙木을목은 卯木묘목에서 작용합니다. 丙火병화는 巳火사화, 丁火정화는 午火오화, 庚金경금은 申金신금, 辛金신금은 酉金유금, 壬水임수는 亥水해수, 癸水계수는 子水자수에서 각각 그 기운을 주도적으로 드러냅니다. 이때 천간의 戊土무토는 辰土진토와 戌土술토에서, 己土기토는 未土미토와 丑土축토에서 작용합니다. 천간의 토가 중심에서 목화금수의 순환을 매개하듯, 지지의 토는 사계절의 경계에서 계절과 계절을 이어주는 전환의 축으로 작용합니다.

木목 오행에 속하는 지지는 寅木인목, 卯木묘목이 있습니다. 이때 辰진은 봄의 계절에서 여름의 계절로 전환되는 과정에 있으므로 木목의 기운이 강한 土토라고 생각하면 좋겠습니다. 따라서 辰土진토라 읽으며 외우면 됩니다. 이때 寅木인목은 陽양, 卯木묘목은 陰음, 辰土진토는 陽양이므로 음양의 순서까지 함께 익히면 좋습니다. 寅木인목과 卯木묘목, 그리고 목의 기운이 강한 辰土진토를 함께 묶어 인묘진 寅卯辰이 봄의 기운을 대표한다고 이해하면 됩니다.

火화에 속하는 지지는 巳火사화, 午火오화가 있습니다. 이때 未미는 여름의 계절에서 가을의 계절로 전환되는 과정에 있으므로 火화의 기운이 강한 土토라고 생각하면 됩니다. 따라서 未土미토라 읽습니다. 이때 巳火사화는 陰음, 午火오화는 陽양, 未土미토는 陰음으로 음양

순서까지 함께 익히도록 합니다. 巳火사화와 午火오화, 그리고 화의 기운이 강한 未土미토를 함께 묶어 사오미巳午未가 여름의 기운을 대표한다고 이해하면 됩니다.

金금에 속하는 지지는 申金신금, 酉金유금이 있습니다. 이때 戌술은 가을의 계절에서 겨울의 계절로 전환되는 과정에 있으므로 金금의 기운이 강한 土토라 생각하면 됩니다. 따라서 戌土술토라 읽습니다. 이때 申金신금은 陽양, 酉金유금은 陰음, 戌土술토는 陽양이므로 음양의 순서까지 함께 익혀 두면 좋습니다. 申金신금과 酉金유금, 그리고 금의 기운이 강한 戌土술토를 함께 묶어 신유술申酉戌이 가을의 기운을 대표한다고 이해하면 됩니다.

水수에 속하는 지지는 亥水해수, 子水자수가 있습니다. 이때 丑축은 겨울의 계절에서 봄의 계절로 전환하는 과정에 있으므로 水수의 기운이 강한 土토라 생각하면 됩니다. 따라서 丑土축토라 읽습니다. 이때 亥水해수는 陰음, 子水자수는 陽양, 丑土축토는 陰음이므로 음양의 순서까지 함께 익혀 두면 좋습니다. 亥水해수와 子水자수, 그리고 수의 기운이 강한 丑土축토를 함께 묶어 해자축亥子丑이 겨울의 기운을 대표한다고 이해하면 됩니다.

이제까지 익혀온 한자들을 한 번 정리해 볼까요? 陰음 陽양 五오 行행 木목 火화 土토 金금 水수. 9개 한자네요. 하늘의 기운인 甲갑 乙을 丙병 丁정 戊무 己기 庚경 辛신 壬임 癸계 10개 글자를 더하면 19

개를 외워야 합니다. 여기에 땅의 기운인 子자 丑축 寅인 卯묘 辰진 巳사 午오 未미 申신 酉유 戌술 亥해 12개 글자를 더하면 익혀야 할 한자는 31개가 됩니다.

생각보다 많긴 하네요. 이왕 외우는 김에, 4개만 더 추가해서 외웁시다. 우리는 하늘의 기운, 열 개 글자를 살펴보았습니다. 이러한 하늘의 기운을 天干천간이라고 이야기합니다. 땅의 기운, 12개 글자는 地支지지라고 말합니다. 천간 글자 하나와 지지 글자 하나가 만나면 한 개의 干支간지가 됩니다. 干간은 하늘 ㅡ 아래 열十 가지의 기운을 상징합니다. 支지는 열 개의 기운十이 땅에서 다시又 펼쳐짐을 상징합니다. 天천, 干간, 地지, 支지 네 개의 한자를 더하여 모두 35개의 한자를 외우기로 합시다.

명리 공부의 길고 긴 여정의 첫 발걸음이 쉽지만은 않습니다. 하지만 35개의 글자가 펼쳐내는 관계와 변화 양상은 다채롭고 신비롭습니다. 이 무한한 변화 양상을 알아가는 것이 명리 공부의 즐거움이라 하겠습니다.

명리 공부에 필요한 기본 한자

1 음양과 오행(흐린 글씨 위로 따라 써 보세요.)

陰	陽	五	行	木	火	土	金	水
陰	陽	五	行	木	火	土	金	水
陰	陽	五	行	木	火	土	金	水
陰	陽	五	行	木	火	土	金	水
陰	陽	五	行	木	火	土	金	水

2 천간과 지지(흐린 글씨 위로 따라 써 보세요.)

天	干	地	支	天	干	地	支
天	干	地	支	天	干	地	支
天	干	地	支	天	干	地	支
天	干	地	支	天	干	地	支
天	干	地	支	天	干	地	支

3 10개의 천간(흐린 글씨 위로 따라 써 보세요.)

木		火		土		金		水	
양+	음-	양+	음-	양+	음-	양+	음-	양+	음-
甲	乙	丙	丁	戊	己	庚	辛	壬	癸
甲	乙	丙	丁	戊	己	庚	辛	壬	癸
甲	乙	丙	丁	戊	己	庚	辛	壬	癸
甲	乙	丙	丁	戊	己	庚	辛	壬	癸
甲	乙	丙	丁	戊	己	庚	辛	壬	癸

4 12개의 지지(흐린 글씨 위로 따라 써 보세요.)

木		土		火		土		金		土		水		土	
양+	음-	양+	음-	양+	음-	양+	음-	양+	음-	양+	음-	양+	음-	양+	음-
寅	卯	辰	巳	午	未	申	酉	戌	亥	子	丑
寅	卯	辰	巳	午	未	申	酉	戌	亥	子	丑
寅	卯	辰	巳	午	未	申	酉	戌	亥	子	丑
寅	卯	辰	巳	午	未	申	酉	戌	亥	子	丑
寅	卯	辰	巳	午	未	申	酉	戌	亥	子	丑

명리 공부에 필요한 기본 한자

1 음양과 오행(외울 수 있게 여러 번 써 보세요.)

陰	陽	五	行	木	火	土	金	水

2 천간과 지지(외울 수 있게 여러 번 써 보세요.)

天	干	地	支	天	干	地	支

　10개의 천간(외울 수 있게 여러 번 써 보세요.)

木		火		土		金		水	
양+	음-	양+	음-	양+	음-	양+	음-	양+	음-
甲	乙	丙	丁	戊	己	庚	辛	壬	癸

   12개의 지지(외울 수 있게 여러 번 써 보세요.)

木		土		火		土		金		土		水		土
양+	음-	양+	음-	양+	음-	양+	음-	양+	음-	양+	음-	양+	음-
寅	卯	辰	巳	午	未	申	酉	戌	亥	子	丑		

천간 한자 익히기

1

甲乙갑을

　木목의 기운을 가지는 甲乙갑을부터 살펴보겠습니다. 木목의 에너지는 陰음의 영역에 있는 水수가 陽양의 영역에 있는 火화로 분출하며 올라가는 기운을 의미합니다. 용수철이 압력을 받아 눌러진 상태를 水수라고 생각할 때, 그 압력을 벗어나는 분출의 힘이 바로 木목의 에너지입니다. 甲갑은 첫째 천간 갑입니다. 씨앗을 땅에 심으면 수기의 압력을 받아 뿌리를 내리고 줄기가 솟구쳐 올라갑니다. 甲갑은 밭 혹은 씨앗田을 뚫고 나온 | 줄기의 모양을 하고 있습니다.

　乙을은 둘째 천간 을입니다. 솟구쳐 나온 줄기에 떡잎이 생기고 구불구불 자라는 모양을 나타냅니다. 乙을은 구불구불하게 자라는 덩굴식물이라는 비유적 표현에서 이해가 그치면 곤란합니다. 乙의 모양은 나선형으로 회전하는 생명력을 나타냅니다. 태아는 산도를 돌면서 탄생합니다. 총알은 회전하며 빠르게 날아갑니다. 용수철은 나선의 모양을 하고 있습니다. 이처럼 분출하는 목의 기운은 나선운동을 합니다.

　甲갑은 木목의 분출을 이끄는 陽양의 木목입니다. 乙을은 甲갑을 딛고 火화로 향하는 陰음의 木목입니다. 甲木갑목 陽양, 乙木을목 陰음임을 되뇌며, 甲갑과 乙을의 글자를 반복해서 써 보길 바랍니다.

2
丙丁 병정

丙丁병정은 火화 기운을 가지는 천간 글자입니다. 火화 에너지는 陽양의 기운으로 확산된 것을 의미합니다. 丙병은 셋째 천간 병으로 남쪽, 밝음이라는 의미가 있습니다. 丙병의 글자는 물고기 꼬리를 본뜬 모양이라는 설과 제사에 희생물을 얹는 큰 제사상을 본뜬 모양이라는 해석 등이 있습니다. 丙火병화는 천간 열 개 글자 가운데 陽양 기운을 가장 잘 대변하며 화려하게 펼쳐져 있습니다.

丁정은 넷째 천간 정으로 고무래라는 뜻도 가지고 있습니다. 고무래는 흙을 고르거나 아궁이의 재를 긁어모으는 데 쓰는 도구입니다. 丁정은 못을 뜻하기도 하여, 단단하다, 고정하다는 의미도 있습니다. 火화의 응축된 상태를 마치 용광로 불꽃같다고 상상해 보세요. 丙병은 확산을 주도하는 陽양의 火화입니다. 丁정은 丙병의 펼쳐진 화를 이어받아 모으고, 土토로 그 기운을 중계 전환하여 金금으로 향하는 陰음의 火화입니다. 丙火병화 陽양, 丁火정화 陰음임을 되뇌며, 丙병과 丁정의 글자를 반복해서 써 보길 바랍니다.

3
戊己무기

戊己무기는 土토의 기운을 가지는 천간 글자입니다. 土토의 기운은 수와 화를 조절하며 음양을 전환하는 기운을 의미합니다. 戊무는 다섯째 천간 무로 무성하다의 의미를 가지고 있습니다. 戊土무토는 화의 빛과 열을 끌어안아 무성해진 상태라고 할 수 있습니다. 오행을 크게 음양으로 분류해 보았을 때 木火목화는 陽양의 영역, 金水금수는 陰음의 영역에 있다고 하였습니다. 따라서 천간의 열 개 글자를 대음양大陰陽으로 분류하면, 甲乙丙丁戊갑을병정무는 陽양의 영역이 되고 己庚辛壬癸기경신임계는 陰음의 영역이 됩니다. 戊土무토는 대음양 이치로 보면 陽양 끝점에 위치하고 있는 陽양의 土토입니다.

己土기토는 여섯째 천간 기로 몸, 자기라는 의미를 가집니다. 천간 열 개 글자의 대음양 이치로 보면 陰음이 시작되는 첫 번째 글자입니다. 무토는 기운을 모으고, 기토는 그 기운을 형상화 하는 역할을 합니다. 己土기토는 戊土무토가 거두어들인 기운을 바탕으로 다음 오행으로 향하는 陰음 土토입니다. 戊土무토와 己土기토의 구간을 지나며 수화의 작용력이 달라지며, 음양이 전환됩니다. 戊土무토 陽양, 己土기토 陰음임을 되뇌며, 戊무와 己기의 글자를 반복해서 써 보길 바랍니다.

4

庚辛경신

庚辛경신은 金금의 기운을 가지는 천간 글자입니다. 金금의 에너지는 陽양의 영역에 있는 火화를 陰음의 영역에 있는 水수로 수렴하며 내려가는 기운을 의미합니다. 庚경은 일곱째 천간 경으로 바뀌다, 변화하다 등의 의미를 가지고 있습니다. 庚金경금은 土토가 모아서 전달한 화기의 출입을 통제하여 내부에서 재구성하는 陽양의 金금입니다.

辛신은 여덟째 천간 신으로 맵다, 독하다 등의 의미를 가지고 있습니다. 辛金신금은 庚金경금이 큰 틀에서 분류하고 모아 놓은 火화의 기운을 세밀하게 분별하는 陰음의 金금입니다. 庚金경금 陽양, 辛金신금 陰음임을 되뇌며, 庚경과 辛신의 글자를 반복해서 써 보길 바랍니다.

5

壬癸임계

　壬癸임계는 水수의 기운을 가지는 천간 글자입니다. 水수의 에너지는 陰음의 기운으로 응축된 것을 의미합니다. 壬임은 아홉째 천간 임으로 북방을 표시하며, '크다'라는 의미가 있습니다. 회임할 임任과 관계있는 글자로 음이 양을 잉태한다는 의미라 이야기하기도 합니다. 壬水임수는 병화丙火와 상대하는 강한 陰음의 기운을 가지고 있습니다.

　癸水계수는 열째 천간 계로 북방, 겨울, 헤아리다라는 의미가 있습니다. 계수는 안으로 응축된 임수와 방향성을 달리하며 확산하는 성향을 나타냅니다. 壬임은 응축을 주도하는 陽양의 水수입니다. 癸계는 壬임의 응축된 수를 이어받아 쪼개어지고 木목을 통해 火화로 향하고자 하는 陰음의 水수입니다. 壬水임수 陽양, 癸水계수 陰음임을 되뇌며, 壬임과 癸계의 글자를 반복해서 써 보길 바랍니다.

천간 한자 익히기

1 음과 양을 구분하며, 천간 글자를 외워 봅시다.

木		火		土		金		水	
甲	乙	丙	丁	戊	己	庚	辛	壬	癸
甲 木+	乙 木-	丙 火+	丁 火-	戊 土+	己 土-	庚 金+	辛 金-	壬 水+	癸 水-
甲 木+	乙 木-	丙 火+	丁 火-	戊 土+	己 土-	庚 金+	辛 金-	壬 水+	癸 水-
甲 木+	乙 木-	丙 火+	丁 火-	戊 土+	己 土-	庚 金+	辛 金-	壬 水+	癸 水-
甲 木+	乙 木-	丙 火+	丁 火-	戊 土+	己 土-	庚 金+	辛 金-	壬 水+	癸 水-
甲 木+	乙 木-	丙 火+	丁 火-	戊 土+	己 土-	庚 金+	辛 金-	壬 水+	癸 水-
甲 木+	乙 木-	丙 火+	丁 火-	戊 土+	己 土-	庚 金+	辛 金-	壬 水+	癸 水-
甲 木+	乙 木-	丙 火+	丁 火-	戊 土+	己 土-	庚 金+	辛 金-	壬 水+	癸 水-
甲 木+	乙 木-	丙 火+	丁 火-	戊 土+	己 土-	庚 金+	辛 金-	壬 水+	癸 水-
甲 木+	乙 木-	丙 火+	丁 火-	戊 土+	己 土-	庚 金+	辛 金-	壬 水+	癸 水-
甲 木+	乙 木-	丙 火+	丁 火-	戊 土+	己 土-	庚 金+	辛 金-	壬 水+	癸 水-

천간 한자 익히기

1 음과 양을 구분하며 천간 글자를 써 보세요.

木		火		土		金		水	
甲	乙	丙	丁	戊	己	庚	辛	壬	癸

지지 한자 익히기

1

寅卯辰인묘진

먼저, 봄과 동쪽, 木목 기운을 의미하는 寅卯辰인묘진이라는 글자를 살펴보도록 하겠습니다. 寅卯辰인묘진은 각각 寅木인목 陽양, 卯木묘목 陰음, 辰土진토 陽양으로 기억하면 됩니다. 반복해서 읽고 써 보길 바랍니다.

寅月인월은 양력으로 2월입니다. 여전히 기온이 낮지만 봄의 기운이 꿈틀거리는 때가 寅月인월입니다. 寅인은 셋째 지지 인으로, 호랑이, 동북 방향, 나아가다, 당기다 등의 의미를 가집니다. 양손으로 화살을 펴는 모습을 본뜬 모양의 寅인은 천간의 甲木갑목과 통하는 분출의 에너지를 가지고 있습니다.

卯月묘월은 양력으로 3월입니다. 卯묘는 넷째 지지 묘로, 토끼, 동쪽 방향, 왕성하다, 무릅쓰다 등의 의미를 가집니다. 양쪽 문을 활짝 여는 모양의 卯묘는 천간의 乙木을목과 통하는 기운을 가지고 있습니다. 寅인을 양기가 일어나려 꿈틀대는 모습에 비유한다면, 卯묘는 양기가 솟아나며 펼쳐지는 모습입니다.

辰月진월은 양력으로 4월입니다. 辰진은 다섯째 지지 진으로, 용, 하루, 별, 새벽, 동남 방향, 흔들리다 등의 의미를 가집니다. 농기구를 본뜬 모양의 辰진은 천간의 戊土무토와 통하는 기운을 가지고 있습니다. 寅卯辰인묘진의 辰진은 봄의 끝자락에서 巳午未사오미로 가는 여름의 시작을 연결하는 土토입니다.

2
巳午未사오미

巳午未사오미는 여름과 남쪽, 火화의 기운을 의미하는 지지 글자입니다. 巳午未사오미는 각각 巳火사화 陰음, 午火오화 陽양, 未土미토 陰음으로 기억하면 됩니다. 여기서, 巳사와 午오는 앞으로 배우게 될 십신에서의 음양 관계와 헷갈리는 부분이 있습니다. 그렇지만 사화는 음이고 오화는 양이라는 점을 혼동하지 말고, 여러 번 읽고 써 보며 확실히 익혀 두기 바랍니다.

巳月사월은 양력으로 5월입니다. 巳사는 여섯째 지지 사로, 뱀이 똬리를 틀고 꼬리를 드리운 모양을 본뜬 글자입니다. 남동 방향에서 양기가 다 펼쳐지는 시기를 나타내며, 陰火음화입니다. 하지만 여름이라는 火화의 계절을 열어가는 巳사는 천간 병화丙火가 주동하여 작용합니다. 이에, 십신을 붙이고 사주를 해석하는 과정에서는 巳火사화를 丙火병화와 같이 봅니다. 그렇다고 음양이 바뀌는 것은 아닙니다. 巳火사화를 양의 화라고 단정짓는 오류를 범하지 않도록 유의할 필요가 있습니다.

午月오월은 양력 6월입니다. 午오는 일곱째 지지 오로, 낮, 교착하다, 엇갈리다, 동물로는 말, 남쪽 방향 등의 의미를 가집니다. 바르게 세운 절굿공이 모양을 본뜬 글자로, 막대를 꽂아 한낮임을 알았다는 데서 낮을 뜻합니다. 午오는 陽火양화입니다. 정오를 기점으로 해가 가장 높이 떴다가 기우는 것과 같이 양이 극점에 이르렀을 때 음양이 교착하며 엇갈리는 현상이 나타납니다. 천간 정화丁火는 午오에서 자기 작용력을 합니다. 이에, 십신을 붙이고 사주를 해석하는 과정에서 오화를 정화와 같이 봅니다. 하지만 午火오화는 陽火양화라는 사실을 잊으면 안 됩니다.

未月미월은 양력 7월입니다. 未미는 여덟째 지지 미로, 동물로는 양, 남서 방향, 못하다 등의 의미를 가집니다. 한자를 보면 나무 목자의 윗부분에 획이 하나 더 그려져 있습니다. 이는 목이 더 이상 자라지 않는 때라는 의미가 있습니다. 未미는 천간의 己土기토와 통하는 기운으로, 巳午未사오미 즉 여름의 끝자락에서 申酉戌신유술 즉 가을의 시작을 연결하는 土토입니다.

3
申酉戌신유술

申酉戌신유술은 가을과 서쪽, 金금 기운을 의미하는 지지입니다. 申酉戌신유술은 각각 申金신금 陽양, 酉金유금 陰음, 戌土술토 陽양으로 기억하면 됩니다. 반복해서 읽고 써 보길 바랍니다.

申月신월은 계절의 큰 흐름 상에서 양의 기운이 물러나고 음의 기운이 시작되는 양력 8월입니다. 申신은 아홉째 지지 신으로, 원숭이, 서남서 방향, 훈계하다, 명확하다, 동여매다 등의 의미를 가집니다. 번개가 내리치는 모습을 본뜬 모양인 申신은 천간의 庚金경금과 통하며 수렴하는 에너지를 가지고 있습니다.

酉月유월은 양력으로 9월입니다. 酉유는 열째 지지 유로, 닭, 술을 담는 그릇, 서쪽 등의 의미를 가집니다. 술항아리의 모습을 본뜬 모양인 酉유는 천간의 辛金신금과 통하며 화를 날카롭게 분별하는 에너지를 가지고 있습니다.

戌月술월은 양력 10월입니다. 戌술은 열한째 지지 술로, 동물로는 개, 서북방향, 정성, 가엾게 여기다, 아름답다 등의 의미를 가집니다.

작은 도끼의 모습을 본뜬 모양인 戌술은 천간의 戊土무토와 통하는 기운입니다. 申酉戌신유술 즉 가을의 끝자락에서 亥子丑해자축 즉 겨울의 시작을 연결하는 土토입니다.

4
亥子丑해자축

亥子丑해자축은 겨울과 북쪽, 水수의 기운을 의미하는 지지 글자입니다. 앞서 살펴보았던 巳사와 午오의 음양 관계와 같이, 亥해와 子자 역시 십신의 음양 관계에서 헷갈리는 부분이 있습니다. 亥子丑해자축은 亥水해수 陰음, 子水자수 陽양, 丑土축토 陰음으로 기억하면 됩니다. 반복해서 읽고 써 보길 바랍니다.

亥月해월은 양력 11월입니다. 亥해는 열두째 지지 해로, 동물의 돼지, 간직하다, 단단하다 등의 의미를 가집니다. 해는 돼지 모양을 본떠 만든 글자로, 임신한 여자를 상징하기도 합니다. 천간의 癸水계수와 함께 陰水음수입니다. 하지만 겨울이라는 水수의 계절을 열어가는 亥해에서 천간 壬水임수가 자기 작용력을 하게 됩니다. 이에, 십신을 붙이고 사주를 해석하는 과정에서 亥水해수를 壬水임수와 같이 봄니다. 이 역시 음양이 바뀌는 것은 아닙니다.

子月자월은 양력 12월입니다. 子자는 첫째 지지 자로, 동물의 쥐, 아들, 사람, 번식하다 등의 의미가 있습니다. 자는 포대기에 싸여 있는 아이의 양팔과 머리를 본떠 만든 글자입니다. 따라서 생명의 시작, 정자와 난자, 자궁 등을 상징합니다. 子水자수는 천간의 壬水임수와 함께 陽水양수입니다. 하지만 癸水계수가 자기 작용력을 하는 때입니다. 이에, 십신 해석에서 子水자수를 癸水계수와 같이 봅니다.

丑월축월은 양력 1월입니다. 丑축은 둘째 지지 축으로, 동물 소를 의미합니다. 축은 사람의 손으로 물건을 잡는 형상으로, 농사를 준비하는 시기를 나타냅니다. 또, 기운을 꽁꽁 싸맨 모양의 글자로, 봄이 터져 나오기 직전의 압축된 기운을 생각해 보면 좋겠습니다. 丑축은 천간의 己土기토와 통하는 기운으로, 亥子丑해자축 즉 겨울의 끝자락에서 寅卯辰인묘진 즉 봄의 시작을 연결하는 土토입니다.

지지 한자 익히기

1 음과 양을 구분하고, 계절을 생각하며 지지 글자를 익혀 봅시다.

木		土	火		土	金		土	水		土
양+	음-	양+	음-	양+	음-	양+	음-	양+	음-	양+	음-
寅	卯	辰	巳	午	未	申	酉	戌	亥	子	丑
寅	卯	辰	巳	午	未	申	酉	戌	亥	子	丑
寅	卯	辰	巳	午	未	申	酉	戌	亥	子	丑
寅	卯	辰	巳	午	未	申	酉	戌	亥	子	丑
寅	卯	辰	巳	午	未	申	酉	戌	亥	子	丑
寅	卯	辰	巳	午	未	申	酉	戌	亥	子	丑
寅	卯	辰	巳	午	未	申	酉	戌	亥	子	丑
寅	卯	辰	巳	午	未	申	酉	戌	亥	子	丑
寅	卯	辰	巳	午	未	申	酉	戌	亥	子	丑
寅	卯	辰	巳	午	未	申	酉	戌	亥	子	丑
寅	卯	辰	巳	午	未	申	酉	戌	亥	子	丑
寅	卯	辰	巳	午	未	申	酉	戌	亥	子	丑

지지 한자 익히기

1 음과 양을 구분하고, 계절을 생각하며 지지 글자를 익혀 봅시다.

木		土	火		土	金		土	水		土
양+	음-	양+	음-	양+	음-	양+	음-	양+	음-	양+	음-
寅	卯	辰	巳	午	未	申	酉	戌	亥	子	丑

지지 한자 익히기

1 음과 양을 구분하고, 계절을 생각하며 지지 글자를 익혀 봅시다.

木		土	火		土	金		土	水		土
양+	음-	양+	음-	양+	음-	양+	음-	양+	음-	양+	음-
寅	卯	辰	巳	午	未	申	酉	戌	亥	子	丑

내 사주, 만세력
열어 보기

1

사주팔자 四柱八字 란?

사주팔자는 생각만큼 신비로운 것이 아닙니다. 사주팔자란 한 사람이 태어난 시공간의 년, 월, 일, 시를 동양의 디지털 코드로 표시해 놓은 것에 불과합니다. 넉 사四, 기둥 주柱, 여덟 팔八, 글 자字! 즉, 여덟 개의 글자가 구성하는 네 개의 기둥을 의미합니다. 사주팔자는 세로쓰기 원칙으로, 연월일시를 오른쪽에서 왼쪽으로 써 나갑니다.

삼일절 기념 노래는 '기미년 3월 1일 정오, 터지자 밀물 같은 대한 독립 만세'로 시작됩니다. 1919년 3월 1일 3.1운동이 있었습니다. 1919년은 己未기미년입니다. 이때 3월은 丙寅병인월, 1일은 壬子임자일, 12시 정오는 丙午병오시였습니다. 기미, 병인, 임자, 병오는 각각 세로쓰기를 합니다. 년을 가장 오른쪽에 쓰고 월, 일, 시를 순서대로 왼쪽으로 쓰는 것이 정석입니다. 따라서 삼일절 기념 노래에 나오는 그 순간을 사주팔자로 표시하면 아래와 같습니다.

시주	일주	월주	연주	
丙병	壬임	丙병	己기	→ 천간
午오	子자	寅인	未미	→ 지지

앞서 우리는 천간 글자 열 개 甲乙丙丁戊己庚辛壬癸갑을병정무기경신임계와 지지 글자 열두 개 子丑寅卯辰巳午未申酉戌亥자축인묘진사오미신유술해를 학습하였습니다. 각각 기둥의 윗부분은 천간 글자로 구성되어 있고, 기둥의 아래 부분은 지지 글자로 구성되어 있음을 알 수 있습니다. 1919년 己未기미년은 己기라는 천간 글자와 未미라는 지지 글자의 조합으로 己未기미라는 干支간지로 나타냅니다.

천간天干은 하늘 천天, 줄기 간干으로 하늘의 기운을 의미합니다. 지지地支는 땅 지地, 가지 지支로 땅의 기운을 의미합니다. 천간 글자 하나와 지지 글자 하나가 만나 이루어진 기둥을 간지干支라 일컫습니다. 천간 10개, 지지 12개를 각각 하나씩 배속시켜 나가면 60개의 간지가 만들어집니다. 이를 60갑자라 하는데, 이 내용은 8강에서 배우도록 하겠습니다.

앞의 표에서 보는 것과 같이 오른쪽부터 己未기미라는 기둥과 丙寅병인이라는 기둥, 壬子임자라는 기둥과 丙午병오라는 기둥이 있습니다. 년을 의미하는 가장 오른쪽 자리에 놓인 기둥을 연주라 합니다. 월 자리 기둥을 월주라하며, 일 자리 기둥을 일주, 시 자리 기둥을 시주라 일컫습니다. 연주, 월주, 일주, 시주의 네 개 기둥이 四柱사주인 것입니다. 팔자는 己기, 未미, 丙병, 寅인, 壬임, 子자, 丙병, 午오 여덟 개의 글자를 의미합니다. 이 여덟 글자는 다양한 의미를 내재하고 있으며, 이를 바탕으로 특정 시공간의 에너지 상태를 유추해 볼 수 있습니다.

2

만세력 앱 이용하기

우리는 서양에서 전해진 연월일시 양력 체계에 너무나 익숙해져 있습니다. 많이 접해 보지 않았던 전통적인 연월일시 표식은 마치 박물관에서나 만나는 유물처럼 여겨집니다. 또한 신비롭거나 비과학적 산물로 치부되기도 합니다. 명리학은 미신과 그 결을 같이한다고 생각하는 사람들이 많습니다. 이러한 편견을 떨쳐내기는 쉬운 일이 아닙니다.

1919년과 기미己未년은 같은 시점을 말합니다. 1919년은 기원 이후 1919번째의 해라는 직선적 시간 코드를 의미합니다. 이에 반해 동양의 선조들은 1919년이라는 해당 시점을 기미己未년이라 일컬었습니다. 명리학을 공부하게 되면 己土기토의 속성과 未土미토의 의미를 알게 됩니다. 그리고 己未기미라는 干支간지에서 무엇을 이어받았고 무엇을 만들어 낼지에 대한 기운을 읽게 됩니다.

오전 12시는 午오시입니다. 이는 해당 날짜에 태양이 동쪽에서 떠올라 남중하였다가 다시 서쪽으로 기우는 시간임을 상징합니다. 午오월에는 하지夏至라는 절기가 있습니다. 이 역시 태양의 고도가 가장 높아졌다가 다시 낮아지는 시기임을 상징합니다. 따라서 午오라는 지지의 한자는 陽양이 정점을 찍고 陰음으로 전환되는 교차적 의미를 지니고 있습니다. 동양의 시공간 코드인 干支간지는 해당 시공간의 기운에 대한 함의를 지니고 있습니다.

그렇다면 동양의 연월일시는 무엇을 통해 알 수 있을까요?『만세력』이라는 책이 필요합니다. 만세력을 사전에서 검색해 보면 '천문과 절기를 추산하여 밝힌 책'이라 설명하고 있습니다. 사주팔자는 해당 시점의 천문과 절기를 보여주는 상징 글자입니다. 이 상징을 해석하는 방법을 알아가는 것이 명리 공부인 것입니다. 명리학을 절기학이라 일컫는 이유도 여기에 있습니다.

처음부터 만세력을 이용하여 사주 세우기를 공부하면 기준과 원칙을 따져 사주를 세워야 하는 불편함이 있었습니다. 편리하게도 요즘은 만세력 앱을 이용하여 간단하게 사주를 세울 수 있습니다. 일반적으로 사용하는 연월일시를 입력하면 간단하게 여덟 글자와 네 개의 기둥인 동양의 코드로 변환됩니다. 만세력 책을 이용하여 만세력을 세우는 방법은 차차 공부하기로 하겠습니다. 긴 여정의 공부를 위해서는 시작을 가볍게 할 필요가 있습니다. '만세력'이라는 키워드로 모바일 앱을 검색하면 다양한 만세력 앱이 나옵니다. 천을귀인, 원광대학만세력, 하늘도마뱀 등이 대표적입니다. 취향에 맞는 앱을 다운로드하여 자신의 생년월일시를 정확하게 입력하면, 서기로 입력된 태어난 순간의 시점이, 옛날 달력 간지 체계 즉 사주와 팔자의 구성으로 바뀌어 나옵니다.

계속해서 1919년 3월 1일 정오를 예시로 이야기해 보겠습니다. 만세력 앱에 양력의 연월일시를 입력하면 아래와 같은 사주팔자 코

드 즉 전통의 연월일시 체계를 얻어낼 수 있습니다. 이때 여덟 글자
는 각각의 위치를 점하게 됩니다. 해당 글자가 점하는 위치를 우리
는 방이라는 의미에서 '궁宮'이라 표현합니다. 모든 궁은 각각의 의
미를 가지게 됩니다. 명리 공부에서는 일주의 천간 부분과 월주의
지지 부분을 가장 유심히 보게 됩니다. 또한 기초 단계에서는 일주
자체에 대해 간단하게 이해하는 공부를 하기도 합니다. 아래 사주체
계를 한 사람이 태어난 시점이라 가정하고 읽어 보겠습니다. 이 사
람은 寅인 월이라는 봄의 초입에 壬임이라는 水수 일간으로 태어난
壬子임자 일주입니다.

시주	일주	월주	연주	
丙 병	壬 임 ★	丙 병	己 기	→ 천간
午 오	子 자	寅 인 ★	未 미	→ 지지

　사주팔자 여덟 글자가 점유하는 궁에는 자리마다 이름이 있습니
다. 천간부터 보면, 연주의 천간은 연간, 월주의 천간은 월간, 일주의
천간은 일간, 시주의 천간은 시간입니다. 지지의 경우 연주의 지지
는 연지, 월주의 지지는 월지, 일주의 지지는 일지, 시주의 지지는 시
지입니다.

　앞서 일주의 천간 부분과 월주의 지지 부분을 유심히 보아야 한다
고 말씀드렸습니다. 일주의 천간 부분은 '일간'이라 불리며, 사주를

해석함에 있어 주체가 됩니다. 일반적으로 '나'를 일간으로 보고 해석해 나갑니다. 월주의 지지 부분은 '월지'라 불리며, 내가 이루어지고 또 살아가는 가장 근본적인 '환경'이 됩니다. 어떤 월에 어떤 일간으로 태어났는지를 통해 나의 사회적 책임과 의무를 큰 틀에서 파악할 수 있습니다. 사주 해석에서 아주 중요한 부분이라 할 수 있습니다.

시주	일주	월주	연주	
시간	일간★	월간	연간	→ 천간
시지	일지	월지★	연지	→ 지지

만세력 앱을 통해 자신의 사주팔자 체계를 열어 보십시오. 낯설고 어려운 개념들이 복잡하게 표시된 페이지를 마주하게 될 것입니다. 이 모든 것들을 한순간에 다 외울 필요는 없고, 천천히 개념을 이해해 나가면 됩니다.

천간과 지지 한자를 학습하였으니, 나의 일간이 무엇인지 월지가 무엇인지를 가장 먼저 파악해 보기 바랍니다. 나는 어떤 월에 태어난 어떤 일간인지 확인하십시오. 또, 일간과 일지를 함께 보는 일주를 확인하여 자신의 일주를 알아 두기 바랍니다. 자, 이제 명리 공부가 본격적으로 시작되었습니다.

내 사주, 만세력 열어 보기

1 사주의 구성(흐린 글씨 위로 따라 써 보세요.)

(시주)	(일주)	(월주)	(연주)	
시간	일간	월간	연간	→ (천간)
시지	일지	월지	연지	→ (지지)

2 만세력 앱 활용하기(다음 순서로 만세력을 열어보세요.)

앱 스토어	만세력 검색 및 다운로드	생년월일시 입력

3 빈 칸에 아래 예시의 사주를 읽어 보세요.

	壬		
	子	寅	

① 나의 월지는 (寅)입니다.

② 나는 (壬)일간입니다.

③ 나의 일지는 (子)입니다.

→ 나는 寅 월의 壬子 일주입니다.

내 사주, 만세력 열어 보기

1 사주의 구성이 어떻게 되는지 적어 보세요.

2 만세력 앱을 활용하여 자신의 사주를 적어 보세요.

3 빈 칸에 자신의 사주를 한 번 더 적어 보세요.

나의 월지는 (   )입니다.

나는 (   )일간입니다.

나의 일지는 (   )입니다.

→ 나는 (   ) 월의 (   ) 일주입니다.

내 사주, 만세력 열어 보기

1 사주의 구성이 어떻게 되는지 적어 보세요.

(   ) (   ) (   ) (   )

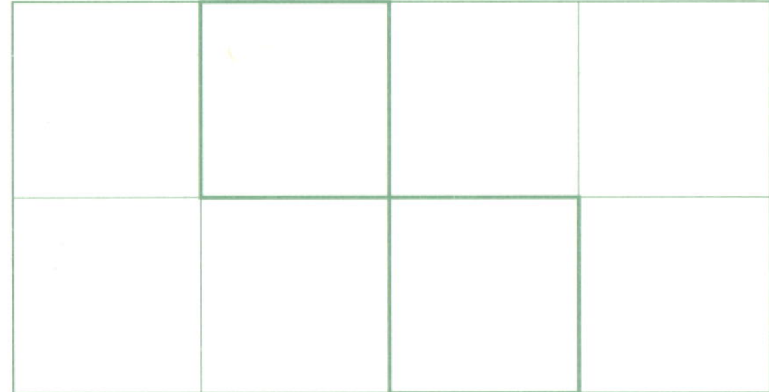

→ (   )

→ (   )

2 만세력 앱을 활용하여 자신의 사주를 적어 보세요.

3 빈 칸에 자신의 사주를 한 번 더 적어 보세요.

나의 월지는 (   )입니다.

나는 (   )일간입니다.

나의 일지는 (   )입니다.

→ 나는 (   ) 월의 (   ) 일주입니다.

음양오행

1

음양오행이 뭐지?

명리를 이해하는 가장 중심에는 음양과 오행이 있습니다. 陰陽음양은 상반하는 성질의 두 가지 기운을 의미합니다. 보통 여자, 밤, 달, 아래, 겨울을 陰음으로 보며, 각각에 상응하는 반대 개념인 남자, 낮, 태양, 위, 여름을 陽양으로 봅니다. 그런데 우리는 100퍼센트 완전한 낮에 대해 말할 수 있을까요? 정오를 기점으로 태양의 고도는 높아졌다 낮아집니다. 태양이 점점 내 머리 위로 남중할수록 陽양의 크기는 커지고 상대적으로 陰음의 크기는 줄어듭니다. 태양이 내 머리 위에서 서쪽으로 서서히 기울어 갈수록 陽양의 크기는 줄어들고 상대적으로 陰음의 크기가 늘어납니다.

매 순간이 그렇습니다. 동전의 뒷면 없이 앞면이 존재하지 못하는 것처럼 陰음과 陽양은 언제나 함께 존재합니다. 陰음이 커지면 陽양이 작아지고 陽양이 커지면 陰음이 작아지는 것을 항상 반복하게 되는데, 이런 반복을 주도하는 다섯 가지 에너지의 움직임을 우리는 五行오행이라 일컫습니다. 상반하는 성질의 두 가지 기운을 조화롭게 순환하게 만드는 데는 다섯 가지 형태의 에너지가 역할을 합니다. 분출하는 에너지, 확산하는 에너지, 전환하는 에너지, 수렴하는 에너지, 응축하는 에너지가 그것입니다.

아침이 되면 태양이 솟아오릅니다. 이때 어둠에서 빛이 분출해 나옵니다. 정오에 가까워지면 온 세상은 빛으로 가득합니다. 빛은 확산합니다. 태양이 정확히 내 머리 위에 놓인 때를 기점으로 陽양이 증가하던 세상에서 陰음이 증가하는 세상으로 전환하게 됩니다. 저녁 무렵이 되면 서서히 빛은 수렴해 들어가고, 밤이 되면 어둠으로 세상은 응축됩니다. 내일은 내일의 태양이 뜹니다. 아침이 되면 다시 분출의 에너지가 작용할 것입니다.

옛사람들은 분출하는 에너지를 木목으로 표현했습니다. 중력을 거슬러 자라는 나무를 분출의 상징으로 본 것입니다. 확산하는 에너지는 火화로 표현합니다. 火화의 확산을 막고 에너지의 방향을 전환하게 하는 힘은 土토로 표현했습니다. 에너지가 수렴해 가는 것을 金금으로, 응축하는 것을 水수로 표현한 것입니다. 결국, 다섯 가지 에너지의 움직임을 통하여 상반하는 성질의 두 가지 기운이 조화를 이루며 순환해 가는 것을 음양오행이라 말할 수 있습니다.

陰음이라는 글자를 봅시다. 阝언덕 부자와 今이제 금자, 云구름 운자가 결합한 모습입니다. 언덕의 한쪽에 구름이 걸려 그늘이 드리워진 모습이라 이해하면 쉬울 것입니다.

陽양은 阝언덕 부자와 旦해뜰 단자와 勿말 물자가 결합한 모습입니다. 旦단과 勿물이 합쳐진 昜볕 양의 글자는 해가 떠서 햇살이 비쳐지는 모양을 본 딴 글자입니다. 따라서 언덕 한쪽에 햇살이 비치는 陽양으로 기억하면 될 것입니다.

五오는 다섯을 의미하는 글자입니다. 천천히 공부해 나가겠지만 음양은 각각 분리되고 다시 화합하는 변화의 과정을 보입니다. 이러한 과정은 다섯 가지 범주로 설명할 수 있는데, 그것이 바로 木火土金水목화토금수입니다. 목은 분출하는 기운, 화는 확산하는 기운, 토는 중계 전환하는 기운, 금은 수렴하는 기운, 수는 응축하는 기운을 상징합니다.

行행은 彳자축거리며 걸을 척자와 亍자축거릴 촉자가 결합한 모습입니다. 자축거리다는 표현은 가볍게 다리를 절며 걷는다는 의미를 가집니다. 彳척은 가볍게 발을 들어 올린 모양으로 앞으로 내뻗은 발입니다. 亍촉은 외발로 걷거나 발을 멈춘 상태를 표현한 것으로 뒷발로 땅을 딛고 있는 모습을 나타냅니다. 걷는 사람을 가만히 관찰해 보면, 한 발이 내뻗을 때 다른 한 발은 땅을 딛고 있어야 합니다. 내뻗은 발이 다시 땅을 디딜 때 땅을 딛고 있던 발은 다시 앞을 향해 내뻗습니다. 一進一退일진일퇴, 한 번 나아가고 한 번 물러가야 그 걸음걸음이 行행하며 나아감을 알 수 있습니다.

'하루'를 음양과 오행으로 다시 살펴봅시다. 깊은 어둠의 자정子正에는 陰음이 가득할 것입니다. 이러한 어둠과 정적의 상태를 오행에서는 水수의 특성으로 이야기합니다. 태양이 머리 위에 빛을 발하는 낮 동안은 陽양이 가득할 것입니다. 빛과 열이 찬란한 상태를 오행에서는 火화의 특성으로 이야기합니다.

아침이 밝아 올 때 솟구치는 태양을 마주할 수 있습니다. 솟구치는 태양은 陰음을 대변하는 水수의 상태에서 陽양을 대변하는 火화로 향하는 분출의 에너지를 가집니다. 오행의 木목이 분출하는 특성을 대변합니다. 火화의 확산된 에너지를 반대의 방향으로 중계하고 전환하는 에너지가 土토입니다. 태양은 점점 기울고 빛은 그 크기를 줄이며 수렴해 갑니다. 이처럼 陽양의 火화를 정리하고 陰음의 水수를 열어가는 특성을 오행에서는 金금의 에너지로 설명합니다.

五行오행을 陰陽음양으로 굳이 나누어 보자면, 木火목화는 陽양으로 金水금수는 陰음으로 이해할 수 있습니다. 土토는 매 순간 개입하며 木火金水목화금수의 움직임에 관여합니다. 쉽게 말하면 木土火土金土水土목토화토금토수토 순서일 수 있습니다. 火화에서 金금으로 넘어가는 과정에 확산된 火화를 수렴하고 그 에너지를 金금으로 전달하는 생生의 과정에서 木火목화와 金水금수 사이에 土토를 넣어 木火土金水목화토금수라고 이야기합니다. 사실 土토를 이해하는 것은 쉬운 일이 아닙니다. 간단하게 설명할 수 있는 부분이 아니므로 이 부분은 앞으로 천천히 풀어나가도록 하겠습니다.

한자는 많은 의미를 함축하고 있습니다. 木火土金水목화토금수를 오소五所 즉 다섯 가지의 개별화된 에너지로 보지 않고 五行오행이라 표현한 것에 주목해야 합니다. 五行오행이라는 것은 木火土金水목화토금수 각각의 기운이 한 번 나아가고 한 번 물러서며 변화하는 음양의 행로를 설명하는 것입니다. 이러한 음양의 순환 속에서 상생과 상극은 목화토금수가 서로를 낳고 제어하며 다음으로 전개되는 질서를 보여줍니다.

2

음양과 오행으로 바라보는 세상

　남자는 陽양, 여자는 陰음. 낮은 陽양, 밤은 陰음. 木목은 나무, 火화는 불, 土토는 흙, 金금은 쇠, 水수는 물. 이처럼 陰陽음양과 五行오행은 얼핏 매우 쉬운 개념으로 보입니다. 하지만 陰陽음양과 五行오행은 상대적 개념으로, 공부가 깊어지면 깊어질수록 깊은 궁리가 필요합니다. 빨주노초파남보 무지개의 색깔이 딱딱 끊어진 것이 아니듯이 음양오행도 순환 속에서 연결되어 있습니다. 수가 목이 되고, 목이 화가 됩니다. 화가 금이 되고, 금이 다시 수가 되지요. 음이 양이 되고, 양이 음이 됩니다.

　남자를 양이라고 하지만, 한 남성을 면밀히 관찰해 보면 음과 양의 속성이 혼재되어 있습니다. 남자는 양, 여자는 음이라고 규정짓고 음양의 이해를 그 틀에서 고정불변의 법칙으로 받아들이면 안 됩니다. 하지만 지금은 공부의 처음이므로, 가닥을 잡는 차원에서 큰 틀에서 陰陽음양으로 배속되는 것과 五行오행으로 배속되는 것들을 정리하면 도움이 됩니다.

　하늘은 양이고 땅은 음입니다. 남자는 양, 여자는 음입니다. 태양은 양, 달은 음입니다. 남쪽은 양, 북쪽은 음입니다. 따뜻함은 양, 차가움은 음입니다. 강한 것은 양, 약한 것은 음입니다. 홀수는 양, 짝수는 음입니다. 봄과 여름은 양, 가을과 겨울은 음입니다. 이러한 방식으로 상반된 두 가지 속성을 음양으로 배속할 수 있습니다. 하지만 음과 양은 고정할 수 없습니다. 봄과 여름은 가을과 겨울에 비하면 양입니다. 하지만 그 내부적으로 봄과 여름을 비교하면, 여름은 양, 봄은 음이라 이야기할 수 있습니다.

陽양	陰음	陽양	陰음	陽양	陰음	陽양	陰음
火화	水수	天干천간	地支지지	남자	여자	아버지	어머니
木목	金금	純순수	雜섞임	태양	달	홀수	짝수
甲갑목	乙을목	寅인목	卯묘목	하늘	땅	봄	가을
丙병화	丁정화	午오화	巳사화	강함	약함	여름	겨울
戊무토	己기토	辰戌진술	丑未축미	先먼저	後뒤	吉길함	凶흉함
庚경금	辛신금	申신금	酉유금	上위	下아래	福복	禍재난
壬임수	癸계수	子자수	亥해수	外밖	內안	明밝음	暗어둠

목화토금수 오행으로도 자연의 특성을 배속할 수 있습니다. 천간과 지지도 오행으로 배속할 수 있습니다. 맛, 색깔, 방위, 숫자, 신체 등 많은 것들이 오행에 배속합니다. 하지만 이 역시 칼로 자르듯 배속하는 것은 아닙니다. 음양과 오행의 배속에 대한 옛사람들의 이해는 『상서』『오행대의』『예기』『회남자』『황제내경』 등의 문헌을 통해 알 수 있습니다.

오행	木	火	土	金	水
형상	나무	불	흙	쇠	물
천간	甲, 乙	丙, 丁	戊, 己	庚, 辛	壬, 癸
지지	寅, 卯	巳, 午	辰戌, 丑未	申, 酉	亥, 子
오성	곡직曲直	염상炎上	가색稼穡	종혁從革	윤하潤下
절기	봄	여름	환절기	가을	겨울
방위	동쪽	남쪽	중앙	서쪽	북쪽
색상	청색	적색	황색	백색	흑색
인생	초년기	청년기	중년기	장년기	노년기
오상	인仁	예禮	신信	의義	지智
얼굴	눈	혀	입	코	귀
신체	신경계	심장, 순환계	피부, 근육계	뼈, 근골계	혈액계
오장	간	심	비	폐	신
오음	각	치	궁	상	우
맛	신맛	쓴맛	단맛	매운맛	짠맛
숫자	3, 8	2, 7	5, 10	4, 9	1, 6

바닷물을 모두 마셔 보지 않아도 바닷물이 짜다는 사실을 우리는 압니다. 음양오행은 세상 만물이 순환하며 연결되어 있음을 보여줍니다. 음양오행에 대한 이해는 나와 세상의 관계와 우주 만물을 이해하는 바탕이 될 수 있습니다.

음양오행과 연결된 것들

1 음양 배속(흐린 글씨 위로 따라 써 보세요.)

陽양	陰음	陽양	陰음	陽양	陰음	陽양	陰음
火화	水수	天干천간	地支지지	남자	여자	아버지	어머니
木목	金금	純순수	雜섞임	태양	달	홀수	짝수
甲갑목	乙을목	寅인목	卯묘목	하늘	땅	봄	가을
丙병화	丁정화	午오화	巳사화	강함	약함	여름	겨울
戊무토	己기토	辰戌진술	丑未축미	先먼저	後뒤	吉길함	凶흉함
庚경금	辛신금	申신금	酉유금	上위	下아래	福복	禍재난
壬임수	癸계수	子자수	亥해수	外밖	內안	明밝음	暗어둠

陽양	陰음	陽양	陰음	陽양	陰음	陽양	陰음
火화	水수	天干천간	地支지지	남자	여자	아버지	어머니
木목	金금	純순수	雜섞임	태양	달	홀수	짝수
甲갑목	乙을목	寅인목	卯묘목	하늘	땅	봄	가을
丙병화	丁정화	午오화	巳사화	강함	약함	여름	겨울
戊무토	己기토	辰戌진술	丑未축미	先먼저	後뒤	吉길함	凶흉함
庚경금	辛신금	申신금	酉유금	上위	下아래	福복	禍재난
壬임수	癸계수	子자수	亥해수	外밖	內안	明밝음	暗어둠

오행	木	火	土	金	水
형상	나무	불	흙	쇠	물
천간	甲, 乙	丙, 丁	戊, 己	庚, 辛	壬, 癸
지지	寅, 卯	巳, 午	辰戌, 丑未	申, 酉	亥, 子
오성	곡직曲直	염상炎上	가색稼穡	종혁從革	윤하潤下
절기	봄	여름	환절기	가을	겨울
방위	동쪽	남쪽	중앙	서쪽	북쪽
색상	청색	적색	황색	백색	흑색
인생	초년기	청년기	중년기	장년기	노년기
오상	인仁	예禮	신信	의義	지智
얼굴	눈	혀	입	코	귀
신체	신경계	심장, 순환계	피부, 근육계	뼈, 근골계	혈액계
오장	간	심	비	폐	신
오음	각	치	궁	상	우
맛	신맛	쓴맛	단맛	매운맛	짠맛
숫자	3, 8	2, 7	5, 10	4, 9	1, 6

음양오행과 연결된 것들

1 음양 배속

陽양	陰음	陽양	陰음	陽양	陰음	陽양	陰음

오행	木	火	土	金	水
형상					
천간					
지지					
오성					
절기					
방위					
색상					
인생					
오상					
얼굴					
신체					
오장					
오음					
맛					
숫자					

음양과 오행의
특성

1
세상의 시작

중국 신화를 보면 세상이 생겨나기 이전을 '혼돈'이라 합니다. 그리스 신화에서는 '카오스', 인도 신화에서는 '어두운 파동계'로 세상이 생기기 전을 설명합니다. 성경의 창세기 천지 창조 역시 어둠과 혼돈에서 시작하는데, '빛이 있으라'라는 말과 함께 세상이 시작됩니다. 혼돈과 어둠은 음도 양도 아닙니다. 빛이 있고 나서야 비로소 어둠은 밝음과 상반된 작용이 되며, 어둠을 陰음, 밝음을 陽양으로 지칭할 수 있게 됩니다.

『자평진전』은 명리학 공부에 기본이 되는 고서입니다. 자평진전 가장 첫 구절은 다음과 같습니다. '天地之間 一氣而已. 惟有動靜, 遂分陰陽. : 하늘과 땅 사이는 하나의 기운으로 되어 있다. 그것에는 움직임과 고요함만 있다. 이는 마침내 음과 양으로 나누어진다.' 음과 양의 분리는 세상의 모든 일들을 만들어 갑니다. 음과 양이 나뉜 상태가 끝이 아닙니다. 음양의 분리는 세상 만물의 섞임을 만들어 내고, 섞임은 다시 질서를 추구하며 변화합니다. 명리학 고서인 자평진전을 인용하여 이야기를 전개하지만, 이러한 이해는 동양학의 전반에서 찾아볼 수 있습니다.

음양이 나뉜 것을 시작으로 음은 양을, 양은 음을 끊임없이 갈구하며 질서를 만들어 간다는 것입니다. 음은 자신의 속성을 고집하며 양을 끌어내리는 데 주력하기도 하고, 양을 정복하기 위하여 자신을 희생하고 양을 향해 달려나가기도 합니다. 마찬가지로 양은 자신의 속성을 고집하며 음을 끌어올리는 데 주력하기도 하고, 음을 정복하기 위하여 자신을 희생하고 음을 향해 방향을 전환하기도 합니다. 우주 만물을 비롯한 인간 삶의 모든 이야기는 음과 양이 섞이는 과정에서 만들어집니다.

뜨거운 물과 차가운 물을 섞으면 차가운 물은 아래로 뜨거운 물은 위로 향하게 됩니다. 그러나 그 상태는 오래 유지되지 못합니다. 차가운 물은 뜨거운 물을 당겨 차갑게 만들려 하고, 뜨거운 물은 차가운 물을 당겨 뜨겁게 만들려 합니다. 차가운 물이 뜨거운 물을 정복하려 오르기도 하고, 뜨거운 물이 차가운 물을 정복하기 위해 내리기도 합니다. 이처럼 음양이 섞이는 운동성을 다섯 가지로 표현한 것이 五行오행입니다. 시간이 지나면 다른 온도로 시작되었던 물은 하나의 온도로 완성되게 됩니다.

세상의 시작, 우주의 시작, 만물의 시작, 나의 시작, 우리의 시작, 관계의 시작, 기쁨의 시작, 슬픔의 시작 등 그 모든 시작은 음과 양의 분리에서 비롯합니다. 분리된 음양은 끊임없이 작용하며 무언가를 소멸하기도 하고 창조하기도 하며 질서를 만들어 냅니다. 사건과 사고를 만들어 내고, 감정과 기분을 좌우하며 에너지가 섞이고 다시 분리됩니다.

인간은 소우주小宇宙라고 하였습니다. 한 인간이 태어났다는 것은 하나의 세상이 시작된 것과 같은 일입니다. 혼돈chaos에서 질서가 생겨나고, 그 질서 속에서 우주cosmos가 존재합니다. 세상의 시작으로 분리된 음양은 다양한 외부 환경과 작용하며 오행의 섞임을 경험하게 됩니다. 생로병사, 희노애락애오욕喜怒哀樂愛惡慾 그 모든 것이 음과 양의 상호작용이며 오행의 움직임으로 만들어지고 있습니다. 스스로 그러한 자연自然의 일인 것입니다.

2
물극필반物極必反

음은 양을 추구하고, 양은 음을 추구합니다. 밤은 낮이 되고, 낮은 밤이 됩니다. 음과 양은 상대성, 일원성, 역동성의 특성을 가집니다. 밤과 낮처럼 음양이 짝으로 되어 있다는 것이 음양의 상대성입니다. 음과 양은 그 힘이 함께 맞물려져 있어야 에너지를 품을 수 있고 그 형태를 유지할 수 있습니다. 지구의 반은 지금 낮이고, 반은 밤입니다. 이처럼 만물은 음과 양이 함께 하여야 존재할 수 있는 일원성을 가집니다. 지금 낮인 지구의 반은 점차 밤이 될 것입니다. 지금 밤인 지구의 반은 점차 낮이 될 것입니다. 음양은 고정되어 있지 않습니다. 이것이 음양의 역동성입니다.

인간은 어머니 뱃속에서 나와 숨을 내쉬면서 삶을 시작합니다. 숨을 내쉬며 시작한 일생—生은 숨을 들이쉬면서 죽음을 맞이합니다. 호흡呼吸이라는 단어는 숨 내쉴 호呼, 숨 들이쉴 흡吸 두 글자의 조합입니다. 호呼와 흡吸은 순서대로 한 쌍을 이룹니다. 음양의 상대성입니다. 하나의 개체는 호呼와 흡吸의 공존으로 생명을 유지합니다. 음양의 일원성입니다. 언제까지 내쉬는 숨인 호呼의 운동만 한다든지 언제까지 들이쉬는 숨인 흡吸의 운동만 한다는 것은 불가능합니다. 한 번 내쉬고, 한 번 들이쉽니다. 음양의 역동성인 것입니다. 상대성, 일원성, 역동성이라는 음양의 세 가지 특성을 기준으로 주변을 많이 관찰해 보기 바랍니다. 다각적 기준에서 사물을 바라보고 사고하는 동양적 세계관과 이해를 내면화하는 과정이 될 것입니다.

음양의 이러한 특성들에 의해 만물은 생겨나고 성장하고 수렴하고 감추어지는 순환을 끊임없이 반복합니다. 앞서 우리는 음양을 분류하였습니다. 이때 수를 음으로 화를 양으로 분류하였습니다. 물극필반物極必反, 사물이나 상황이 극한에 이르면 반드시 반대로 돌아간다는 의미입니다. 수가 극에 이르면 화를 추구하고, 화가 극에 이르면 수를 추구합니다. 또 금을 음으로 목을 양으로 분류하였습니다. 금이 극에 이르면 목을 추구하고, 목이 극에 이르면 금을 추구합니다.

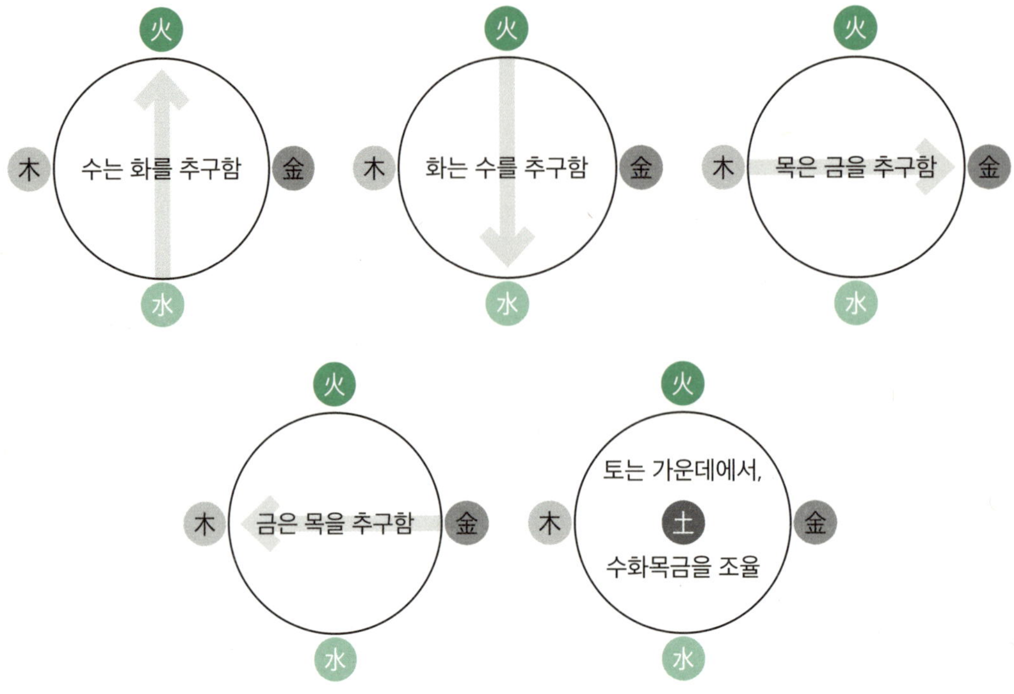

　세상이 시작되지 않았던 혼돈, 어둠을 오행으로 굳이 이야기하자면 水수라 할 수 있습니다. 오행 중 가장 陰음의 기운이 강하기 때문입니다. 다음으로 빛이 있으라 하였으니 그 빛을 오행으로 이야기하자면 火화라 이야기할 수 있습니다. 물웅덩이 水수가 있습니다. 여기에 강렬한 열과 빛이 작용하면, 즉 火화를 만나게 되면 물웅덩이의 水수는 위를 향해 증발합니다. 이렇게 아래에서 위로 향하는 작용력을 우리는 木목이라 일컫습니다. 뜨거운 여름 지표상의 水수들이 증발하면 대기 중에서는 구름이 형성됩니다. 수는 확산되어 화에 이르렀다가 다시 뭉쳐지며 형상을 만듭니다. 화가 다시 뭉쳐진 것을 우리는 金금이라 일컫습니다. 구름은 비를 뿌리고, 다시 水수는 아래로 흐릅니다.

『상서』 중 「홍범」 편에는 이런 문구가 있습니다. "첫째 오행은 물이요, 둘째 오행은 불이요, 셋째는 나무요, 넷째는 쇠이고, 다섯째는 흙이다." 어둠과 혼돈이 밝음과 빛을 만나며 세상은 시작됩니다. 어둠이 첫째가 되었고, 빛이 둘째가 되었습니다. 어둠에서 밝음을 향해 분출하는 나무와 같은 기운이 세 번째로 생겨나고, 밝음을 수렴하며 결실을 만드는 열매와 같은 金금의 기운이 네 번째로 생겨납니다. 이러한 순환을 중심에서 돌려내는 역할을 다섯째 오행인 土토가 하게 됩니다.

3
오행의 두 가지 마음

앞서 우리는 각 오행이 추구하는 바를 살펴보았습니다. 그런데 엄연히 따져 보면 해당 오행은 자신의 상태를 고수하고 싶어 하기도 합니다. 여기서 하나의 오행을 음과 양으로 다시 구분하게 됩니다.

사실 水수는 계속해서 응축 상태이기를 원합니다. 火화는 끝없이 확산하며 활동하기를 원합니다. 木목은 끊임없이 분출하려 하고, 金금은 계속해서 수렴하기를 원합니다. 水火수화와 木金목금은 각기 자신의 특성을 유지하고자 하는 속성을 지닙니다. 이러한 고집을 조화롭게 중재하는 것이 土토의 역할입니다. 수가 목으로 가는 과정, 목이 화가 되는 과정, 화가 금으로, 금이 수로 가는 모든 과정에 土토는 개입됩니다.

그런데 이때 각 오행의 상태를 조금 더 세밀하게 살펴보면 두 가지 마음이 있다는 것을 알 수 있습니다. 水수의 두 가지 마음은 계속해서 응축한 상태이기를 원하는 본연의 마음과 이제는 木목을 지나 火화로 가야겠다는 변화의 마음입니다. 水수의 형태를 유지하고자 하는 본연의 마음은 陽양적인 것으로 천간 글자 중 壬水임수가 여기에 해당됩니다. 목을 통해 화로 나아가겠다는 변화의 마음은 陰음적인 것으로 癸水계수가 여기에 해당합니다. 木목은 계속해서 분출하려는 양의 목인 甲木갑목과 火화를 지나 金금을 이루겠다는 변화의 마음을 가진 음의 목인 乙木을목으로 구분됩니다. 火화는 가장 높은 곳에서 확산하려 하는 丙火병화와 金금을 통해 水수를 정복하려는 변화의 마음을 지닌 丁火정화로 구분됩니다. 金금은 끊임없이 火화를 모으고 수렴하려는 庚金경금과 水수를 향하고 木목을 키워 내겠다는 변화의 마음을 지닌 辛金신금으로 나눠집니다. 앞선 오행의 정보를 받아들이는 戊土무토와 다음 오행을 만들어 가는 己土기토의 움직임은 오행이 순환할 수 있는 중심축이 됩니다.

각 오행은 뚜렷한 목적을 가지고 다른 오행과 상호작용합니다. 이러한 상호작용은 하나의 질서를 만들어 냅니다. 음과 양이 교차하는 것에 의한 오행의 도道는 태극太極입니다. 자연自然의 질서가 음양과 오행 안에 있음을 알 수 있습니다.

음양과 오행의 특성

1 음양의 특성

상대성	낮과 밤, 여자와 남자와 같이 음양은 서로의 상대 짝이 있음.
일원성	지구는 낮과 밤이 동시에 있는 것과 같이 음양은 함께 존재함.
역동성	낮은 밤이 되고, 밤은 낮이 되는 것과 같이 음은 양이 되고 양은 음이 됨. 음양은 고정되어 있지 않은 상태로 순환함.

2 「홍범」에서 소개하는 오행의 발생 순서대로 동그라미 해보세요.

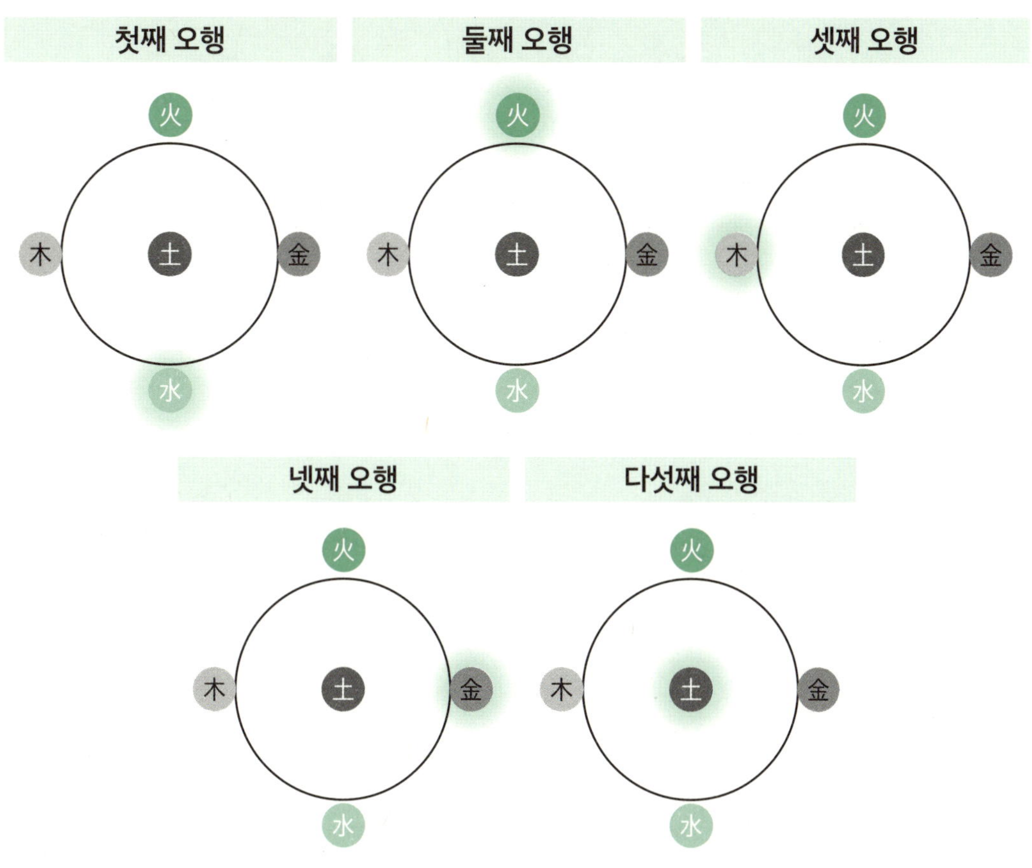

3 물극필반物極必反, 각 오행이 추구하는 방향성을 화살표로 표시해 보세요.

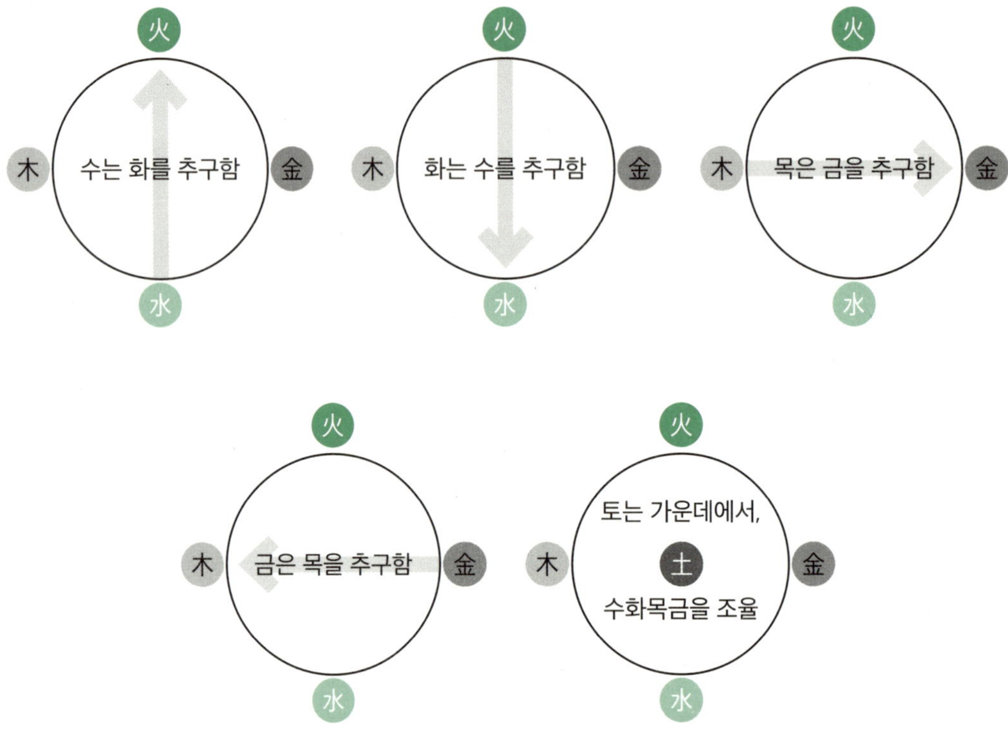

음양과 오행의 특성

1 빈 칸에 적절한 말을 써 보세요.

	낮과 밤, 여자와 남자와 같이 음양은 서로의 상대 짝이 있음.
	지구는 낮과 밤이 동시에 있는 것과 같이 음양은 함께 존재함.
	낮은 밤이 되고, 밤은 낮이 되는 것과 같이 음은 양이 되고 양은 음이 됨. 음양은 고정되어 있지 않은 상태로 순환함.

2 오행의 발생 순서대로 동그라미 해보세요.

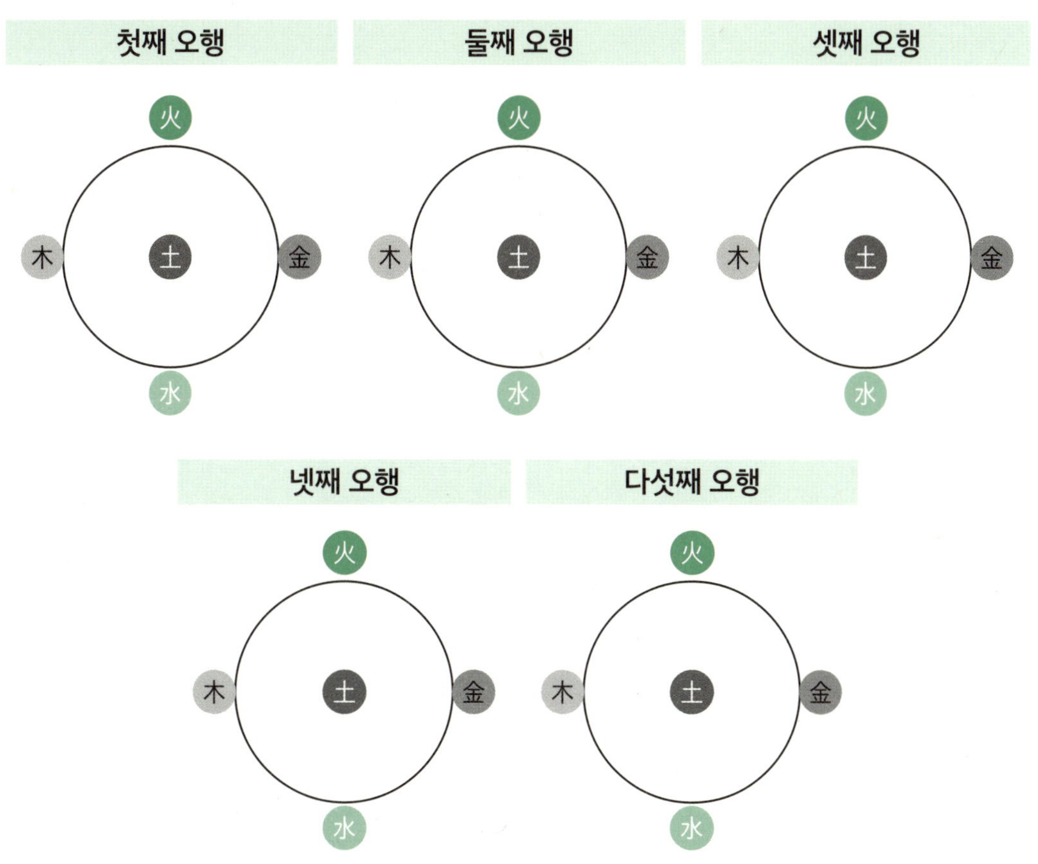

 각 오행이 추구하는 방향성을 화살표로 표시해 보세요.

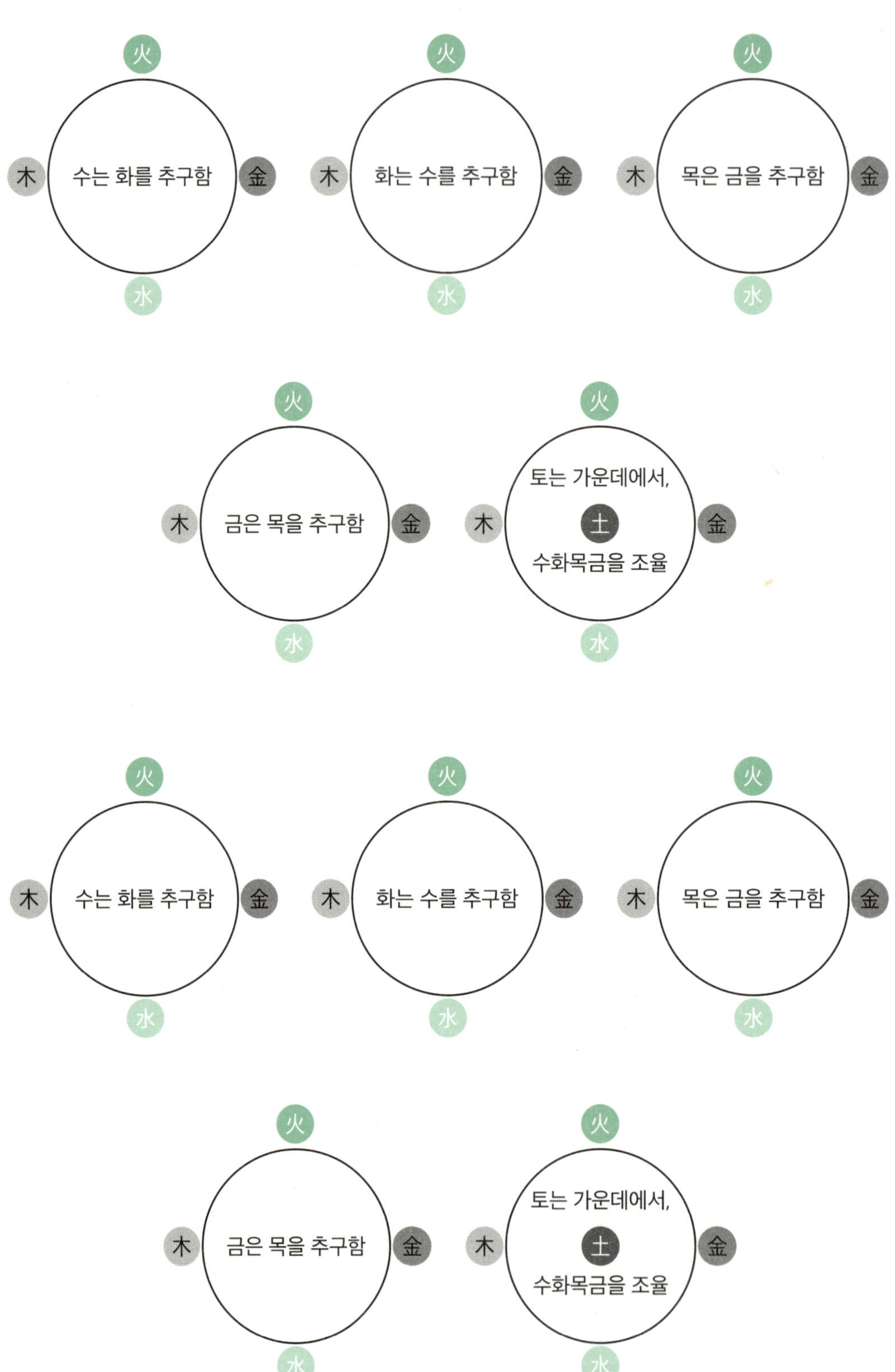

운과 명에 관하여

1

명命

명命이라는 글자는 삼합 집스, 입 구口, 병부 절卪자의 결합으로 만들어진 글자입니다. 이는 지붕 아래 무릎을 꿇고 명령을 내리는 사람을 표현한 글자로 보기도 합니다. 목숨을 걸고 완수해야 하는 임무라는 의미에서 목숨, 명령, 규칙, 하늘이라는 의미가 있습니다.

인간을 포함한 그 모든 것은 운運의 영향을 받고, 운과 함께 변화하고 순환합니다. 운이라는 글자는 쉬엄쉬엄 갈 착辶, 군사 군軍의 결합으로 만들어진 글자입니다. 군, 즉 군사는 적을 향해 전진하는 기능만 가지는 것이 아닙니다. 나아갈 때와 물러갈 때를 파악하고 전략을 도모하는 것이 군입니다. 운 역시 물러갈 때와 나아갈 때의 조절이 필요합니다.

인간은 태어남과 동시에 해당 시공간이 지닌 에너지의 영향을 받게 됩니다. 해당 시공간의 에너지는 한 사람의 명命이 됩니다. 특정 시공간의 에너지는 연월일시에 드러나며 이는 사주 여덟 글자로 코드화됩니다. 따라서 한 사람의 사주팔자 체계는 그 사람의 명命을 간략하게 표현한 상징이라 할 수 있습니다.

『주역』의 「건괘 단전乾卦 彖傳」에는 '건도변화 각정성명乾道變化 各正

性命'이라는 구절이 있습니다. 하늘의 도인 건도는 끊임없이 스스로 변화하며 만물을 낳고, 그 변화 속에서 모든 존재가 제각기 타고난 성품性과 생명命을 바로 세운다는 뜻입니다. 이 말은 단순히 우주의 생성 원리를 말하는 데 그치지 않습니다. 건도의 변화는 곧 하늘 기운의 흐름이며, 그 속에서 각 존재가 자신에게 주어진 성명性命을 따라 살아가게 된다는 통찰을 담고 있습니다.

명리학적으로 본다면, 이 구절은 한 사람이 태어난 시점의 하늘 기운, 즉 천간과 지지의 배열이 이미 그 사람의 성정과 운명적 방향을 결정짓는다는 원리와 연결됩니다. 하늘의 변화가 만물을 이루고, 만물은 그 변화의 한가운데서 각자의 본성을 세우며 명을 부여받는다는 것입니다. 그렇다면 건도乾道, 하늘의 길이 의미하는 바가 무엇일까요? 동양의 성인들은 하늘의 뜻에 맞게 사는 삶을 이야기합니다. 하늘의 뜻은 천리天理, 천도天道, 건도乾道 등으로 표현되는데, 명리를 공부하는 시각으로 보자면 연월일시의 함의가 하늘의 뜻과 다르지 않아 보입니다. 연월일시는 단순한 시간의 기록이 아니라, 우주 속에서 한 존재가 점하는 위치를 보여주는 좌표입니다. 지구의 자전과 공전을 바탕으로 형성된 이 네 기둥은 하늘의 운행, 즉 건도변화乾道變化를 구체적인 형태로 드러냅니다. 다시 말해, 연월일시는 하늘의 질서가 한 인간 안으로 응축된 결과이며, 그 흐름은 개인의 성性과 명命으로 나타납니다.

2

운運

태어나는 시점의 건도乾道가 명을 부여하였으나, 이 명은 살아 숨쉬는 한 건도의 변화, 즉 운運의 흐름 안에 있을 수밖에 없습니다. 명리에서 보는 운에는 대운, 세운, 월운, 일운 등이 있습니다. 대운大運은 십 년마다 바뀌는 운이며, 세운歲運은 매해 바뀌는 운으로 연운年運이라 표현하기도 합니다. 월운은 매달, 일운은 매일 달라지는 에너지를 의미합니다.

예를 들어, 나는 대형차로 태어났습니다. 대형차로 태어난 것은 나의 명입니다. 그런데 협소한 골목길을 지나야만 하는 때가 있고, 넓은 고속도로를 달릴 때도 있습니다. 이러한 상황은 운입니다. 또 다른 예를 들어 봅시다. 여기 딸기와 고구마가 있습니다. 딸기는 딸기로의 명을 고구마는 고구마로의 명을 부여받았습니다. 찜솥이라는 운運이 올 때 딸기는 녹아내려 잼이 될 수 있고, 고구마는 알맞게 익을 수 있습니다. 상온에 일주일을 두는 운이 올 때 딸기는 상하게 될 것이고, 고구마는 그 기간을 견딜 것입니다. 엉뚱한 예를 들었지만 이러한 발상으로 개별적으로 부여받은 명과 해당 명이 마주해야 하는 운에 대해 생각해 보면 좋겠습니다.

앞서 만세력 앱을 통해 자신의 사주명식을 알아보았을 것입니다.

사주명식 아래쪽에 보면 대운이라는 것이 적혀 있습니다. 대체로 '대운'이라는 뉘앙스에서 많은 사람들은 크게 좋은 운이 온다는 기대감을 가집니다. 하지만 대운은 십 년마다 바뀌며, 큰 틀에서 사주 구성에 작용력을 더하는 운이라 생각하면 좋겠습니다. 사실, 대운은 내가 태어날 때 부여받은 여덟 글자, 즉 사주 원국 만큼이나 중요하게 해석해야 할 부분입니다. 대운은 월지에서 시작하여 헤아려 나가는 계산식을 가집니다. 따라서 대운의 지지 환경은 계절적 의미로 꼼꼼하게 확인할 필요가 있습니다.

만세력 앱을 보면 대운大運 옆에 '대운수'가 함께 표시되어 있습니다. 예를 들어, 1919년 3월 1일 정오에 태어난 남자의 만세력을 살펴보면, 다음과 같이 대운이 흐릅니다. 사주나 대운을 읽을 때는 오른쪽에서 왼쪽으로 순서대로 보며, 대운 위에 적힌 숫자 8 18 28 38 48은 각 대운이 작용하는 나이를 뜻합니다. 즉, 만 8세에서 17세까지, 만 18세에서 27세까지, 만 28세에서 37세까지처럼 10년 단위로 같은 대운의 영향이 이어집니다. 따라서 지금 자신의 나이에 해당하는 대운을 확인해 보면, 현재 어떤 기운의 흐름 속에 있으며 삶의 방향이 어디로 향하고 있는지를 살펴볼 수 있습니다.

사주원국				대운							
				78	68	58	48	38	28	18	8
丙	壬	丙	己	戊	己	庚	辛	壬	癸	甲	乙
午	子	寅	未	午	未	申	酉	戌	亥	子	丑

대운은 월지를 기준으로 헤아려 나가며 산출하게 됩니다. 이때 '양남음녀陽男陰女'와 '음남양녀陰男陽女'라는 구분이 있습니다. 이는 태어난 해의 천간을 기준으로 남녀의 대운 흐름이 서로 다르게 전개됨을 의미합니다. 지금은 완전 기초 단계이므로 대운의 의미를 이 정도 선에서 이해하고 넘어가도록 하겠습니다.

세운은 누구나 동일하게 맞이하는 한 해의 운으로, 1년의 흐름을 뜻하기 때문에 연운이라고도 합니다. 우리가 나이를 이야기할 때 20세, 30세라고 표현하는 것과 같이 세歲라는 것은 나이를 나타내는 단위입니다. 운의 에너지가 왔을 때, 나의 명命 즉 사주팔자의 에너지들과 어떤 작용력을 가지고 변화하고 움직이는지를 보는 것이 운추론運推論입니다.

<table>
<tr><td colspan="4" align="center">【명命, 사주원국】</td><td colspan="2" align="center">【운運】</td></tr>
<tr><td>시주</td><td>일주</td><td>월주</td><td>연주</td><td>대운</td><td>세운</td></tr>
<tr><td>시간</td><td>일간★</td><td>월간</td><td>연간</td><td></td><td></td></tr>
<tr><td>시지</td><td>일지</td><td>월지★</td><td>연지</td><td>★</td><td></td></tr>
</table>

각 궁의 이름과 대운 및 세운을 읽을 수 있게 되었다면 다음과 같은 문장의 패턴으로 자신의 명과 운을 읽는 연습을 해보길 바랍니다.

"나는 ○ 월에 태어난 ●● 일주이다.
나는 ◇◇ 대운을 살고 있으며, 올해는 ◆◆ 년이다."

운명運命의 사전적 정의는 '인간을 포함한 모든 것을 지배하는 초인간적인 힘'입니다. 이 정의에서 우리가 다시 생각해 볼 부분은 '지배하는'입니다. 인간을 포함한 모든 것은 명이 있습니다. 각자 역할이 있고, 의무와 권리가 있다는 의미입니다. 한 개체의 존재 이유가 지배당했기 때문이라는 표현은 너무나 강압적입니다. 명은 인간을 지배하지 않습니다. 운 역시 인간을 지배하지 않습니다. 명리학을 공부하는 우리는 '운명'의 정의를 다시 생각해 볼 필요가 있습니다.

천체의 움직임 즉 건도乾道의 변화를 통해 지구 각 지역의 기후가 결정됩니다. 건조기후 지역은 그 지역만의 자연환경과 인문환경을 만들어 냅니다. 온대기후 지역 또한 그 지역만의 자연환경과 인문환경을 만들어 냅니다. 건조기후 지역의 온도와 습도가 온대기후 지역과 같이 작용하지는 않습니다. 위도에 따른 태양의 입사각 차이와 대기대순환의 영향입니다. 지구의 특정 시공간에서 탄생한 한 사람은 해당 시공간의 기운氣運을 받아 이루어졌다고 보는 것이 명리학의 기본 이해입니다. 따라서 명리학은 운명 결정론적 관점을 가진다는 비판에서 자유롭기 어렵습니다. 결정론적 관점을 완전히 부정하게 되면, 명리학이라는 학문 자체가 성립되지 않습니다. 이 공부는 하늘이 땅에 영향을 미친 기운을 바탕으로 땅이 형성되고, 만물이 탄생한 것을 토대로 전개됩니다.

운명을 초인간적 힘이라 벗어날 수 없는 그 무엇으로 정의 내리면 그 모든 것은 결정론으로 귀결됩니다. 인간은 자연自然입니다. 운명 역시 스스로 그러한 자연自然입니다. 자연의 인간은 자연의 운명 안에서 소우주로 존재하며 삶을 영위합니다. 따라서 명리학을 공부한다고 하여 흉함을 피하고, 길함을 좇을 수 없습니다. 명리학은 나의 본분을 알아차리고, 내가 처한 상황을 알아차리는 공부입니다. 끊임없이 흔들리는 삶의 가운데에서 '나'를 잃지 않고, 중심을 잡는 데 지침이 되는 공부입니다. 자신의 명命을 아는 사람은, 당장 눈앞의 일에 대한 유불리를 따지며 전전긍긍하지 않습니다. 단지 자신의 길을 갈 뿐입니다.

모든 인간은 살아있는 동안 자신만의 밝기로 신비롭게 빛납니다. 이러한 빛들은 이전 세대를 이어가고 다음 세대로 전해집니다. 사람은 낳고 낳으며 그 덕을 전합니다. 명리학 역시 오랜 세월 전승되었으며, 또 계승될 것입니다. 인류의 긴 지혜가 흐르고 흘러 전해지고 이어지는 어느 한 지점에서, 우리는 명리학을 공부하고 있습니다.

운과 명에 관하여

1 흐린 글씨를 따라 쓰며 명과 운에 대해 익혀 봅시다.

명命	사주원국 사주팔자
운運	대운, 소운, 세운, 월운, 일운, 시운

2 흐린 글씨를 따라 쓰며 운의 종류를 익혀 봅시다.

대운大運	월주를 기준으로 시작되는 10년 단위의 운
소운小運	대운이 시작되기 전의 어린 시절의 운
연운年運	일 년 동안 생길 일에 대해 살펴보는 운
월운月運	한 달 동안 생길 일에 대해 살펴보는 운
일운日運	오늘 생길 일에 대해 살펴보는 운
시운時運	몇 시에 어떤 일이 생길지 보는 것

3 예시 사주를 따라 쓰고, 아래 문장에 맞게 익혀 보세요.

[예시]

【명命, 사주원국】

시주	일주	월주	연주
丙	壬	丙	己
午	子	寅	未

【운運】

대운	세운
辛	乙
★未	巳

나는 (寅)월에 태어난 (壬子) 일주이다.

나는 (辛未) 대운을 살고 있으며,

올해는 (乙巳)년이다.

운과 명에 관하여

1 빈 칸에 들어갈 말을 써 보세요.

	사주원국 사주팔자
	대운, 소운, 세운, 월운, 일운, 시운

2 빈 칸에 들어갈 말을 써 보세요.

	월주를 기준으로 시작되는 10년 단위의 운
	대운이 시작되기 전의 어린 시절의 운
	일 년 동안 생길 일에 대해 살펴보는 운
	한 달 동안 생길 일에 대해 살펴보는 운
	오늘 생길 일에 대해 살펴보는 운
	몇 시에 어떤 일이 생길지 보는 것

3 빈 칸에 내 사주와 대운·세운을 적고, 아래 문장에 맞게 써 보세요.

【명命, 사주원국】　　　　　　　　　　【운運】

시주	일주	월주	연주		대운	세운

나는 (　　　　)월에 태어난 (　　　　　) 일주이다.

나는 (　　　　　) 대운을 살고 있으며,

올해는 (　　　　　)년이다.

60갑자
이해하기

1

10천간과 12지지

앞서 우리는 음과 양에 관하여 간략하게 살펴보았습니다. 음양은 상대적 개념으로 음이기만 하거나 양이기만 한 그 무엇은 존재하지 않습니다. 사과는 딸기에 비하면 크지만, 수박과 비교하면 작습니다. 큰 틀에서 남자를 陽양으로 분류하지만, 남성 가운데 양기가 강한 사람과 음기가 강한 사람으로 다시 구분할 수 있습니다. 햇빛이 비치는 반대 사면인 그늘은 陰음으로 분류하지만, 그 그늘은 낮이라는 陽양의 때에 생겨납니다.

오행의 木목과 火화는 큰 틀에서 陽양이며, 金금과 水수는 큰 틀에서 陰음입니다. 이때 火화는 木목에 비해 陽양이며, 水수는 金금에 비해 陰음입니다. 火화라는 오행은 극양極陽이지만 丙火병화라는 陽양의 火화와 丁火정화라는 陰음의 火화로 다시 구분할 수 있습니다. 음양은 계속해서 잘게 쪼개어 들어갈 수 있으며, 다시 그 영역을 넓혀가며 큰 틀에서 이야기할 수도 있습니다.

천간은 하늘의 기운입니다. 태양계를 비롯한 우주는 놀랍게도 정확한 주기로 운동하고 있습니다. 이러한 하늘의 운동 주기는 상이한 에너지를 만들어 냅니다. 이러한 하늘의 변화를 디지털 코드로 표현한 것이 열 개의 천간입니다. 사람들은 무지개를 보며 일곱 가지 색깔로 구간화하여 '빨주노초파남보'로 단순하게 일반화하였습니다. 하늘의 기운을 열 가지 에너지 상태로 구간화하여 그 대상을 일반화한 것이 '갑을병정무기경신임계' 10천간입니다.

지지는 땅의 기운입니다. 이때 하늘의 기운이 반듯하게 일대일로 땅에 작용하지 않습니다. 하늘의 기운과 땅의 기운이 맞물려 있지 않은 이유는 지구의 움직임에서 찾아볼 수 있습니다. 지구는 23.5도 기울어진 상태로 자전하고 공전합니다. 하늘의 기운이 땅으로 반듯하게 일대일로 반응하지 않는 이유입니다. 하늘의 기운을 받아들이는 북반구와 남반구의 모습이 다르며, 낮과 밤의 모습이 다릅니다.

지구가 1년에 한 번 태양 주위를 공전하는 동안 태양의 고도는 끊임없이 변화합니다. 이러한 태양의 변화는 농경사회에 생존을 좌우하는 관찰 대상이었을 것입니다. 동양의 옛사람들은 이러한 태양의 변화를 관찰하여 24절기를 만들어 냈습니다. 1년은 12개월로 구분되며 각각의 달에 두 개의 절기가 배치됩니다. 1년을 12개월로 구분하여 땅의 에너지를 구간화한 것이 '자축인묘진사오미신유술해' 12지지입니다.

큰 틀에서 낮은 陽양, 밤은 陰음이라 하였습니다. 하늘은 陽양, 땅은 陰음입니다. 상대적으로 나무의 줄기는 陽양, 가지는 陰음으로 표현할 수도 있을 것입니다. 천간의 干간은 줄기를 의미합니다. 지지地支의 支지는 가지를 의미합니다. 따라서 천간天干과 지지地支라는 단어는 하늘天이 陽양이고 땅地은 陰음이라는 뜻을 내포하고 있습니다.

    열 개의 천간은 땅의 상태와 관계없이 순서대로 흘러갑니다. 자전하고 공전하는 땅의 변화로 인해 밤낮이 바뀌고 계절이 변화하며 열두 개의 지지가 순서대로 흘러갑니다. 인간은 밤인지 낮인지, 여름인지 겨울인지에 따라 살아가는 행동 양식이 매우 달라집니다. 땅의 변화에 영향을 받으며 살아갈 수밖에 없기에, 그 흐름에 민감하게 반응하고 삶의 리듬과 방식 또한 달라집니다. 이러한 이유로, 천간보다 지지의 글자들이 훨씬 더 다양한 의미와 상징을 품게 된 것입니다. 지지의 글자들은 각각 월月을 의미하기도 하고 시간時間이나 공간空間을 대변하기도 합니다. 해당 에너지의 특성을 동물로 표현하여 이야기를 만들어 내기도 합니다.

地支 지지	子	丑	寅	卯	辰	巳	午	未	申	酉	戌	亥
동물	쥐	소	호랑이	토끼	용	뱀	말	양	원숭이	닭	개	돼지
월月 양력	12월	1월	2월	3월	4월	5월	6월	7월	8월	9월	10월	11월
시간 時間	23:30~ 1:30	1:30~ 3:30	3:30~ 5:30	5:30~ 7:30	7:30~ 9:30	9:30~ 11:30	11:30~ 13:30	13:30~ 15:30	15:30~ 17:30	17:30~ 19:30	19:30~ 21:30	21:30~ 23:30

    '사람은 땅을, 땅은 하늘을, 하늘은 도를 법으로 삼고, 도는 자연을 법으로 삼는다.' 『도덕경』 25장의 글귀입니다. 천간과 지지를 공부하다 보면, 하늘과 땅의 에너지를 생각해 볼 수 있습니다. 또한 하늘과 땅 사이에서 존재하는 사람에 대해 생각할 수 있습니다. 사람이

하늘에 '하늘天'이라는 이름을 부여하고, 땅에 '땅地'이라는 이름을
부여하여 비로소 하늘은 하늘이 되고, 땅은 땅이 되었습니다.

　하늘은 하늘이라는 이름을 부여받기 이전부터 존재했고, 땅 역시
그러합니다. 자연自然인 것입니다. 하늘과 땅을 관찰하고 알아가고
자 하는 사람人이 있습니다. 오감을 통한 사람의 관찰과 언어적 표
현 역시 자연自然입니다. 천지인天地人은 자연自然입니다. 天干천간,
즉 하늘에 대한 이해와 地支지지 즉 땅에 대한 이해는 인간의 그 모
든 것이 자연自然으로 연결됨을 알 수 있는 대목입니다.

2

60갑자

　간지干支는 천간 글자로 그 앞 단위를 이루고, 지지 글자로 그 뒤
단위를 이룹니다. 간지란 하나의 천간과 하나의 지지가 만들어 내는
기둥입니다. 천간 글자는 10개, 지지의 글자는 12개입니다. 10개의
천간 글자와 12개의 지지 글자로 순환적 조합을 만들어 내야 하니,
최소공배수를 구해 보면 60이 됩니다. 따라서 순서대로 하나씩 짝
을 이루어 가면 60개의 간지가 만들어집니다.

天干	甲	乙	丙	丁	戊	己	庚	辛	壬	癸		
地支	子	丑	寅	卯	辰	巳	午	未	申	酉	戌	亥

　위 표를 보면 천간의 첫 번째 글자 甲갑과 지지의 첫 번째 글자 子자의 조합인 甲子갑자에서부터 60갑자가 시작됩니다. 甲子갑자, 乙丑을축, 丙寅병인, 丁卯정묘, 戊辰무진, 己巳기사, 庚午경오, 辛未신미, 壬申임신, 癸酉계유까지 천간 10개 글자와 지지 10개 글자로 조합을 만들고 나면, 지지의 술戌과 해亥가 남게 됩니다. 이때 남은 두 개의 지지인 술戌과 해亥는 갑자에서 시작하는 열 개 간지들과 달리 조합을 이루지 못하였으므로 '공망'이라 부르기도 합니다. 공망의 의미는 뒤에 설명하도록 하겠습니다. 癸酉계유로 끝난 천간 글자는 다시 처음으로 돌아와 甲戌갑술, 乙亥을해가 되고 지지 글자가 다시 처음으로 돌아가 丙子병자, 丁丑정축의 순서로 이어집니다.

　아래 표를 살펴보면 천간의 갑甲은 陽양의 木목이고 을乙은 陰음의 木목입니다. 천간 글자 열 개는 양과 음이 반복되어 전개됩니다. 지지의 자子는 陽양의 水수이고 축丑은 陰음의 土토이며, 인寅은 陽양의 木목입니다. 천간과 지지의 글자 개수는 각각 10개, 12개로 짝수입니다. 따라서 천간의 陽양은 지지의 陽양과 함께, 陰음은 陰음과 함께 간지를 이룹니다. 천간은 陽양이고 지지는 陰음이거나 천간은 陰음이고 지지는 陽양인 간지는 없습니다. 예를 들면, 갑자甲子라는 간지는 있으나, 갑축甲丑이라는 간지는 없습니다. 마찬가지로, 을축乙丑이라는 간지는 있으나, 을자乙子라는 간지는 없습니다.

양+	음-	양+	음-	양+	음-	양+	음-	양+	음-
甲	乙	丙	丁	戊	己	庚	辛	壬	癸

양+	음-	양+	음-	양+	음-	양+	음-	양+	음-	양+	음-
子	丑	寅	卯	辰	巳	午	未	申	酉	戌	亥

甲갑, 丙병, 戊무, 庚경, 壬임 은 양의 천간입니다. 따라서 양의 지지인 子자, 寅인, 辰진, 午오, 申신, 戌술과만 짝이 되어 간지를 이룰 수 있습니다. 乙을, 丁정, 己기, 辛신, 癸계는 음의 천간입니다. 따라서 음의 지지인 丑축, 卯묘, 巳사, 未미, 酉유, 亥해와만 짝이 되어 간지를 이룹니다. 앞으로 십신十神과 육친六親을 공부하다 보면, 해亥와 자子, 사巳와 오午의 음양이 다르게 설명되는 경우를 보게 됩니다. 이는 지지의 본래 음양이 바뀐 것이 아니라, 천간이 어느 지지에서 자기 작용력을 발휘하느냐에 따라 달라지기 때문입니다. 예를 들어 亥水해수는 음수이지만 천간의 임수壬水, 양수가 해수에서 힘을 얻어 작용하고, 子水자수는 양수이지만 천간의 계수癸水, 음수가 자수에서 자신의 기운을 펼칩니다.

마찬가지로 사화巳火는 음화이고 오화午火는 양화이지만, 천간의 병화丙火, 양화는 사화에서 자신의 힘을 드러내고, 정화丁火, 음화는 오화에서 작용합니다. 이처럼 십신을 해석할 때는 지지의 본래 음양보다는 천간이 실제로 작용하는 위치를 기준으로 판단해야 합니다. 따라서 해亥, 자子, 사巳, 오午는 60갑자에서의 음양 구분과 달리, 십신을 해석할 때는 천간이 실제로 작용하는 위치에 따라 다르게 이해된다는 점을 미리 기억해 두면 좋겠습니다.

3

간지의 응용

60갑자를 비롯한 천간과 지지의 글자들은 오늘날 익숙하게 사용되는 개념이 아닙니다. 하지만 60갑자는 서양력이 전해지기 이전에는 시기 및 시간을 나타내는 일반적 이해였습니다. 한국사에서는 신미양요, 병인양요, 갑오개혁, 을미사변, 임진왜란, 병자호란, 을사늑약, 경술국치 등 역사적 사건이 일어난 시기를 60갑자로 표기하고 있습니다. 이는 서양력이 도입되기 전까지 동아시아 문화권에서 널리 사용되던 연도 표기 방식이었기 때문입니다.

갑자순	甲子	乙丑	丙寅	丁卯	戊辰	己巳	庚午	辛未	壬申	癸酉
갑술순	甲戌	乙亥	丙子	丁丑	戊寅	己卯	庚辰	辛巳	壬午	癸未
갑신순	甲申	乙酉	丙戌	丁亥	戊子	己丑	庚寅	辛卯	壬辰	癸巳
갑오순	甲午	乙未	丙申	丁酉	戊戌	己亥	庚子	辛丑	壬寅	癸卯
갑진순	甲辰	乙巳	丙午	丁未	戊申	己酉	庚戌	辛亥	壬子	癸丑
갑인순	甲寅	乙卯	丙辰	丁巳	戊午	己未	庚申	辛酉	壬戌	癸亥

甲갑으로 시작하는 60갑자는 모두 여섯 개입니다. 모든 천간 글자는 여섯 개의 간지를 가지게 됩니다. 갑자부터 시작하여 계유로 끝

나는 열 개의 간지를 갑자순 간지라고 이야기합니다. 갑술부터 시작하여 계미로 끝나는 열 개의 간지를 갑술순 간지라하며, 갑신에서 계사까지를 갑신순, 갑오에서 계묘까지를 갑오순, 갑진에서 계축까지를 갑진순, 갑인에서 계해까지를 갑인순의 간지로 분류합니다.

우리 생활 속 다양한 언어들에 60갑자에 대한 이해가 녹아 있습니다. 甲子갑자에서 시작하여 癸亥계해까지 하나의 사이클로 60갑자가 순환하면 다시 甲子갑자의 간지부터 헤아려 나가게 됩니다. 사람이 태어나서 60년을 살면 60갑자의 에너지를 모두 경험하게 되는 셈입니다. 61번째 생일을 회갑回甲, 환갑環甲이라 일컫는 것은 태어난 간지가 60년 뒤에 그 출생했던 간지로 돌아옴을 의미합니다. '같은 나이'를 이르는 말인 동갑同甲 역시 60갑자가 같다는 뜻입니다.

우리가 사용하는 서기의 년도는 십진법의 수를 사용합니다. 천간의 글자도 열 개이므로 년도의 끝자리 숫자가 같으면 60갑자에서 천간의 글자가 같게 나타납니다. 2024년은 갑진甲辰 년이었습니다. 2014년, 2004년, 1994년 등 마지막이 4로 끝나는 해는 甲갑 천간의 해입니다. 순서대로 5는 乙을, 6은 丙병, 7은 丁정, 8은 戊무, 9는 己기, 0은 庚경, 1은 辛신, 2는 壬임, 3은 癸계와 연결됩니다.

년도 마지막 수	4	5	6	7	8	9	0	1	2	3
60갑자의 천간	甲	乙	丙	丁	戊	己	庚	辛	壬	癸

1988년 서울올림픽이 있었습니다. 1988년은 무진戊辰년이었을 것입니다. 어떻게 유추했을까요? 지지는 12개이므로 해당 년도를 12로 나눈 나머지를 보면 해당 년도의 간지를 알아낼 수 있습니다. 12로 나누었기 때문에 나머지는 0에서 11까지 열두 개의 경우가 나올 수 있습니다.

12로 나눈 나머지	4	5	6	7	8	9	10	11	0	1	2	3
60갑자의 천간	子	丑	寅	卯	辰	巳	午	未	申	酉	戌	亥

1988을 12로 나누어 보겠습니다. 몫은 165가 되고 나머지는 8이 됩니다. 이때 계산기로 나누게 되면 나머지까지 계속 나누어지므로 직접 나눗셈을 해보기 바랍니다. 나머지가 8인 경우 지지는 辰진이 됩니다. 이런 방법으로 1988년은 戊辰무진년이었다는 것을 알아낼 수 있습니다.

천간과 지지가 하나의 간지를 이루며 맞물려 돌아가는 60갑자는 시간 흐름의 순환 과정을 상징적으로 보여줍니다. 천간 글자들의 의미와 지지 글자들의 의미를 각각 학습하고, 천간과 지지의 관계를 이해할 수 있을 때 60개의 간지가 보여주는 에너지의 변화를 느낄 수 있습니다. 간지의 에너지 변화와 순환에 대한 이해는 명리 공부에서 아주 중요한 부분이기도 합니다. 일단 암기해야 할 것들을 외우고, 천천히 공부해 나가도록 하겠습니다.

60갑자

1 천간과 지지 순서대로 적어 보기

양+	음-	양+	음-	양+	음-	양+	음-	양+	음-
甲	乙	丙	丁	戊	己	庚	辛	壬	癸

양+	음-	양+	음-	양+	음-	양+	음-	양+	음-	양+	음-
子	丑	寅	卯	辰	巳	午	未	申	酉	戌	亥

※ 하나의 간지는 천간이 음이면 지지도 음이 되며, 천간이 양이면 지지도 양이 됩니다.
천간의 양과 지지의 음은 하나의 간지가 되지 않습니다.

양+	음-	양+	음-	양+	음-	양+	음-	양+	음-
甲	乙	丙	丁	戊	己	庚	辛	壬	癸

양+	음-	양+	음-	양+	음-	양+	음-	양+	음-	양+	음-
子	丑	寅	卯	辰	巳	午	未	申	酉	戌	亥

※ 하나의 간지는 천간이 음이면 지지도 음이 되며, 천간이 양이면 지지도 양이 됩니다.
천간의 양과 지지의 음은 하나의 간지가 되지 않습니다.

양+	음-	양+	음-	양+	음-	양+	음-	양+	음-
甲	乙	丙	丁	戊	己	庚	辛	壬	癸

양+	음-	양+	음-	양+	음-	양+	음-	양+	음-	양+	음-
子	丑	寅	卯	辰	巳	午	未	申	酉	戌	亥

※ 하나의 간지는 천간이 음이면 지지도 음이 되며, 천간이 양이면 지지도 양이 됩니다.
천간의 양과 지지의 음은 하나의 간지가 되지 않습니다.

2 10개의 천간을 고정으로 두고, 12지지를 순서대로 적어 봅시다.
   (갑자, 을축으로 간지를 읽으며 적어 보세요.)

	甲	乙	丙	丁	戊	己	庚	辛	壬	癸	
갑자순	子	丑	寅	卯	辰	巳	午	未	申	酉	戌亥 공망
갑술순	戌	亥	子	丑	寅	卯	辰	巳	午	未	申酉 공망
갑신순	申	酉	戌	亥	子	丑	寅	卯	辰	巳	午未 공망
갑오순	午	未	申	酉	戌	亥	子	丑	寅	卯	辰巳 공망
갑진순	辰	巳	午	未	申	酉	戌	亥	子	丑	寅卯 공망
갑인순	寅	卯	辰	巳	午	未	申	酉	戌	亥	子丑 공망

3 갑자부터 계해까지 한 사이클이 마무리되면 다시 갑자가 시작됩니다. 따라서 한 사람이
   태어나 60번의 세운을 모두 경험한 이후 다시 자기가 태어난 년도의 간지가 될 때, 즉
   61번째 생일을 일컫는 말은 무엇일까요?

회갑 回甲, 환갑 環甲

60갑자

1 천간과 지지 순서대로 적어 보기

양 +	음 -	양 +	음 -	양 +	음 -	양 +	음 -	양 +	음 -
甲									

양 +	음 -	양 +	음 -	양 +	음 -	양 +	음 -	양 +	음 -	양 +	음 -
子											

2 10개의 천간을 고정으로 두고, 12지지를 순서대로 적어 봅시다.
(갑자, 을축으로 간지를 읽으며 적어 보세요.)

갑자순	甲	乙	丙	丁	戊	己	庚	辛	壬	癸	
갑술순	甲	乙	丙	丁	戊	己	庚	辛	壬	癸	
갑신순	甲	乙	丙	丁	戊	己	庚	辛	壬	癸	
갑오순	甲	乙	丙	丁	戊	己	庚	辛	壬	癸	
갑진순	甲	乙	丙	丁	戊	己	庚	辛	壬	癸	
갑인순	甲	乙	丙	丁	戊	己	庚	辛	壬	癸	

60갑자

1 천간과 지지 순서대로 적어 보기

양+	음-	양+	음-	양+	음-	양+	음-	양+	음-
甲									

양+	음-	양+	음-	양+	음-	양+	음-	양+	음-	양+	음-
子											

2 10개의 천간을 고정으로 두고, 12지지를 순서대로 적어 봅시다.
　　(갑자, 을축으로 간지를 읽으며 적어 보세요.)

갑자순	甲	乙	丙	丁	戊	己	庚	辛	壬	癸	
갑술순	甲	乙	丙	丁	戊	己	庚	辛	壬	癸	
갑신순	甲	乙	丙	丁	戊	己	庚	辛	壬	癸	
갑오순	甲	乙	丙	丁	戊	己	庚	辛	壬	癸	
갑진순	甲	乙	丙	丁	戊	己	庚	辛	壬	癸	
갑인순	甲	乙	丙	丁	戊	己	庚	辛	壬	癸	

오행의
상생과 상극

굽이굽이 흐르는 강물을 보면, 침식과 퇴적이 되풀이 됩니다. 바닷가 해안선도 바다로 향한 곳이 있고, 육지로 움푹 들어간 만이 있습니다. 작용이 있으면 반작용이 있기 마련입니다. 음이 있으면 양이 있듯이 생과 극도 짝으로 작용합니다. 생 없는 극은 있을 수 없으며, 극 없는 생 역시 있을 수 없습니다.

오행에는 목화토금수가 있습니다. 앞서 살펴본 『서경書經』「홍범洪範」 제5장에서 첫째 오행을 수水라 하였습니다. 따라서 수의 움직임을 시작으로 오행의 상생과 상극 순환을 살펴보겠습니다. 수가 목이 됩니다. 목이 화가 됩니다. 화가 토가 되고, 토는 금이 됩니다. 금은 다시 수가 되고, 수는 다시 목이 됩니다. 오행은 이렇게 계속해서 다음을 낳습니다. 다음으로 이어지는 흐름을 우리는 생生이라 일컫습니다. 따라서 수생목, 목생화, 화생토, 토생금, 금생수로 오행의 생生이 이어집니다.

그런데, 앞서 말한 것처럼, 생生만으로는 순환이 일어나지 않습니다. 극의 작용력이 함께 하여야 생이 이루어집니다. 수水가 흐르기 시작하는 데에는 이유가 있습니다. 수를 움직이게 하는 힘은 바로 토입니다. 이것을 토극수土剋水라 합니다. 토가 수를 누르고 단단히 감싸면 수는 압력을 받아 흘러나가게 됩니다. 극을 받은 수가 흘러나가게 되는 것을 수생목水生木이라 합니다. 오행의 극剋에는 토극수土剋水, 수극화水剋火, 화극금火剋金, 금극목金剋木, 목극토木剋土가 있습니다. 생生과 극剋은 서로 분리된 개념이 아니라, 하나의 순환 속에서 맞물려 작용하는 두 축으로 이해해야 합니다.

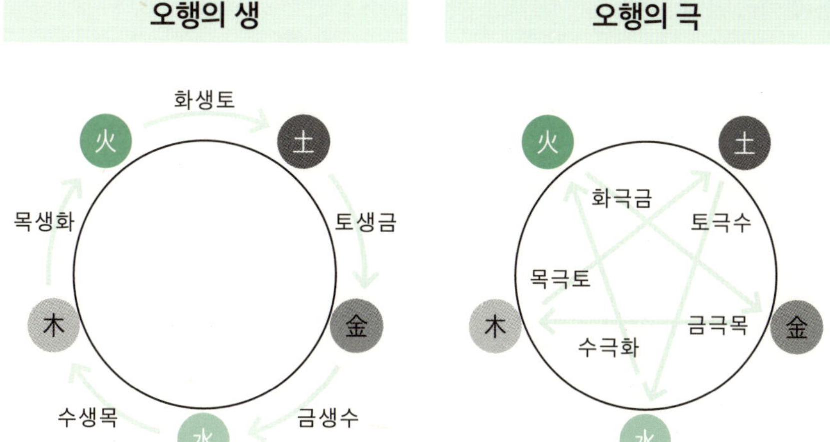

오행의 상생과 상극은 명리를 공부해 나감에 있어 반드시 익혀야 하는 부분입니다. 생과 극의 개념을 쉽게 이해하기 위하여 자연에 빗대어 설명하는 경우가 많습니다. 생의 개념을 먼저 생각해 봅시다. 물이 나무를 키우는 것을 연상하면 수생목이 자연스럽게 이해가 됩니다. 나무를 태워 불을 일으키는 것으로 목생화를 떠올릴 수 있고, 화전농업에서 나무를 태운 재로 토양을 비옥하게 하는 것처럼, 화생토를 생각해 볼 수 있습니다. 땅이 다양한 광물을 품고 있는 것으로 토생금을 생각합니다. 바위틈에서 나오는 물을 떠올리며 금생수를 생각합니다.

극의 개념 역시 자연에 빗대어 생각해 봅시다. 나무가 토양에 뿌리를 내리면 토양은 영향을 받습니다. 목극토가 자연스럽게 연상됩니다. 흙은 물을 차단할 수 있으니 토극수가 되고, 물은 불을 끄는 것으로 수극화가 됩니다. 불은 쇠를 녹이는 것으로 화극금을 생각합니다. 쇠는 나무를 잘라낼 수 있으니 금극목 또한 자연스럽게 연상해 볼 수 있습니다.

　여기서 염두에 둘 것은 극이 없으면 생이 일어나지 않으며, 생이 없으면 극이 일어나지 않는다는 것입니다. 극은 생을 유발하고, 생은 다시 극으로 이어집니다. 상생과 상극은 서로 서로 작용하며 오행을 행行하여 나아가게 만듭니다. 생과 극을 상호 관계성 속에서 다시 찬찬히 생각해 봅시다.

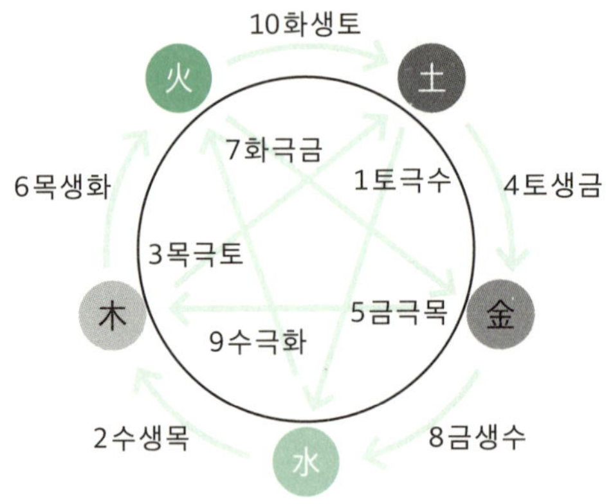

　토극수부터 볼까요? ① 토극수 토가 수를 극하면, 수는 그대로 수인 상태를 유지하지 못합니다. ② 수생목 수는 다음으로 나아가며 목을 생합니다. ③ 목극토 목이 생겨나면 목은 다시 토를 극합니다. ④ 토생금 극을 받은 토는 토생금을 합니다. ⑤ 금극목 그러면 금은 다시 목을 극합니다. ⑥ 목생화 극을 받은 목은 목생화를 합니다. ⑦ 화극금 화는 다시 금을 극합니다. ⑧ 금생수 극을 받은 금은 금생수를 합니다. ⑨ 수극화 생을 받은 수는 다시 화를 극합니다. ⑩ 화생토 극을 받은 화는 다시 토를 생합니다.

다시 처음으로 돌아왔습니다. 토극수, 생을 받은 토는 수를 극합니다. 극을 받으면 생의 방향으로 움직이고, 생이 이루어지면 다시 극의 작용력이 생겨납니다. 즉 극이 생을 일으키고, 생은 다시 극을 낳습니다. 이렇게 생과 극은 서로를 밀어내면서도 동시에 이어주는 순환의 원리를 이룹니다. 이러한 방식으로 상생과 상극은 상호 작용하며 오행을 행行하게 합니다.

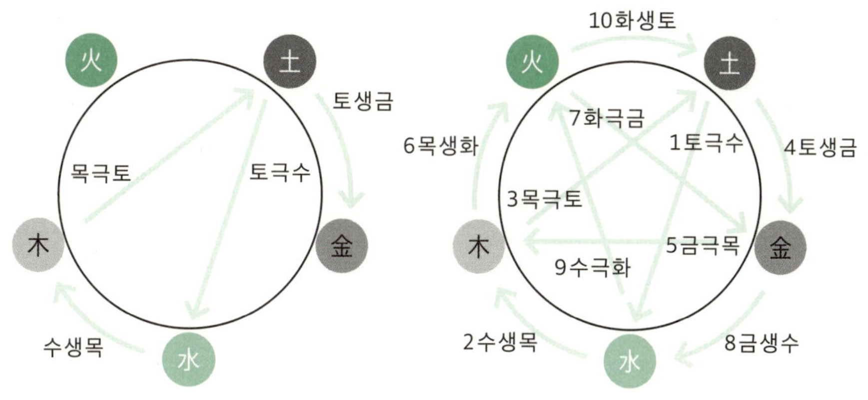

처음 명리를 공부하다보면, 생의 의미를 긍정적으로 이해하고, 극을 부정적으로 받아들이는 경우가 있습니다. 생과 극은 긍정과 부정이 아닙니다. 극을 받는다는 것은 나아감의 계기가 되는 것입니다. 나는 극의 작용을 통해 방향성을 부여받고, 그 안에서 책임과 의무를 자각하게 됩니다. 내게 주어진 책임은 나를 일으켜 세우고, 다시 다음으로 나아가게 합니다. 우리는 상생과 상극의 이치 속에서 끊임없이 다음을 향해 나아가고 있습니다.

오행의 상생과 상극

1 오행의 상생

수생목	목생화	화생토	토생금	금생수

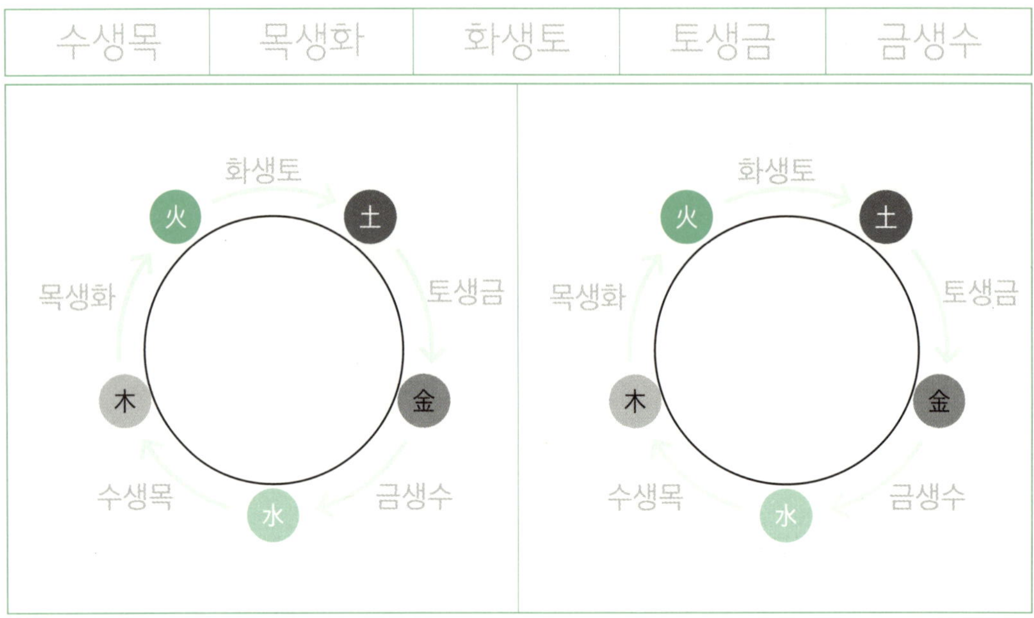

2 오행의 상극

목극토	토극수	수극화	화극금	금극목

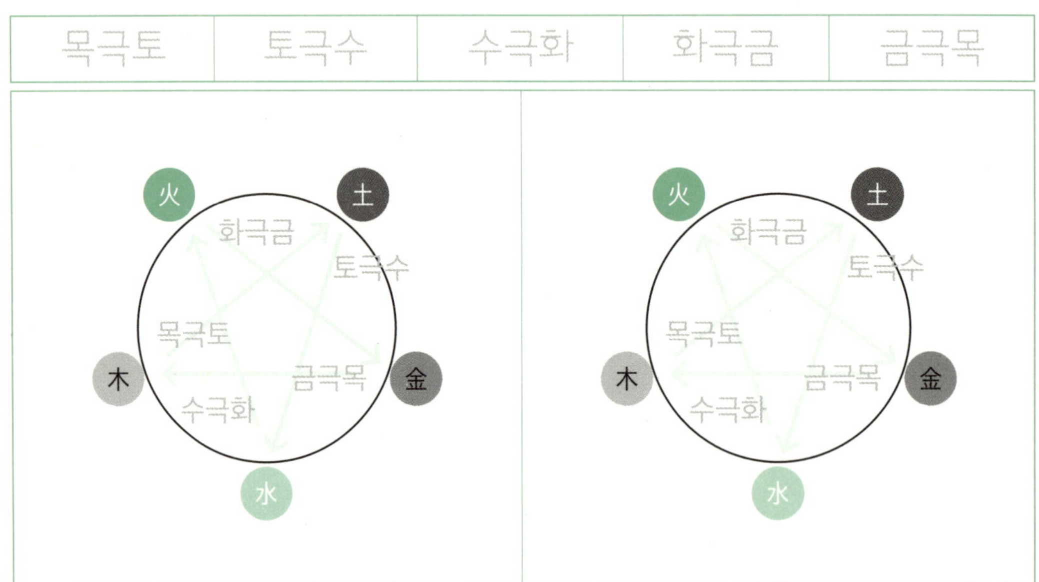

 흐린 글씨를 따라 쓰며 오행의 생과 극의 순서를 익혀 봅시다.

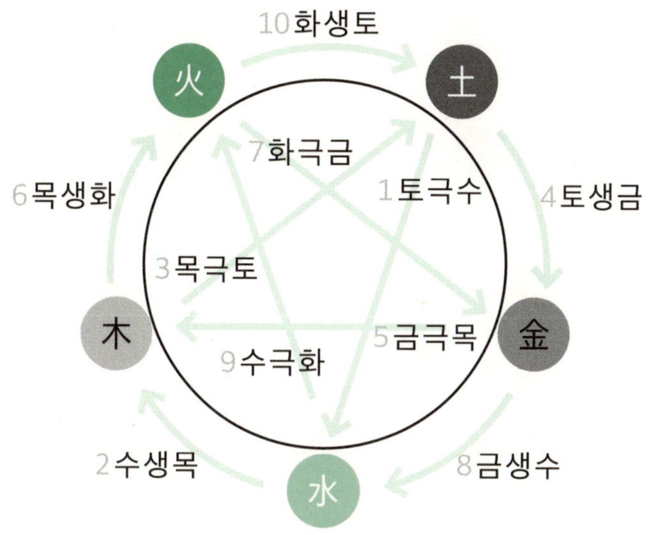

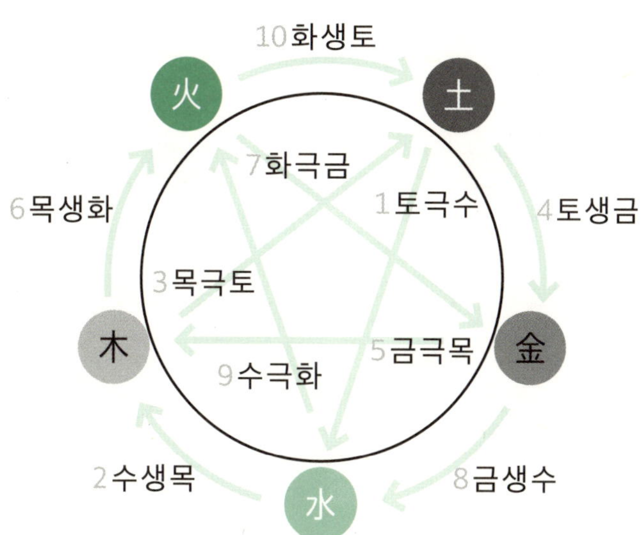

오행의 상생과 상극

1 오행의 상생

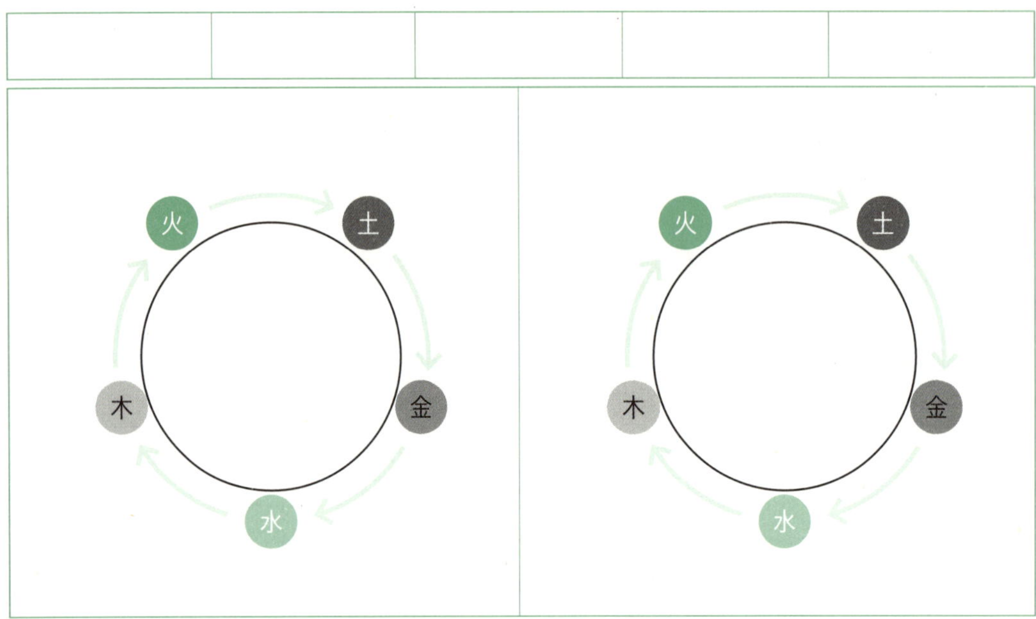

2 오행의 상극

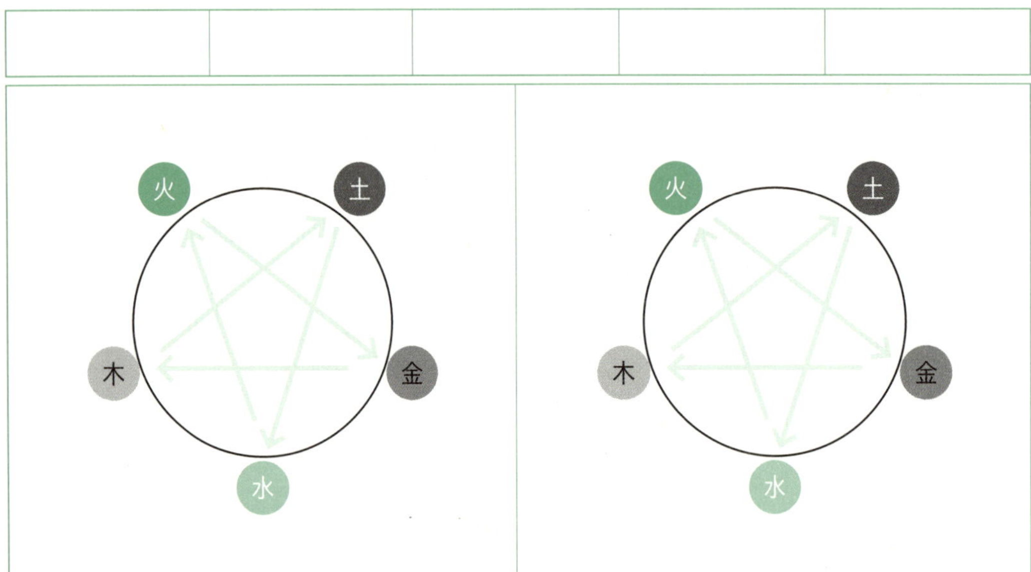

3 화살표를 따라 그리며 생과 극의 순서를 익혀 보세요.

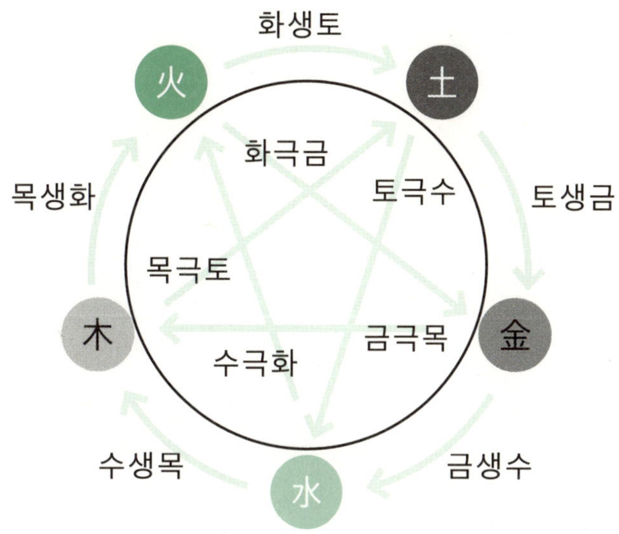

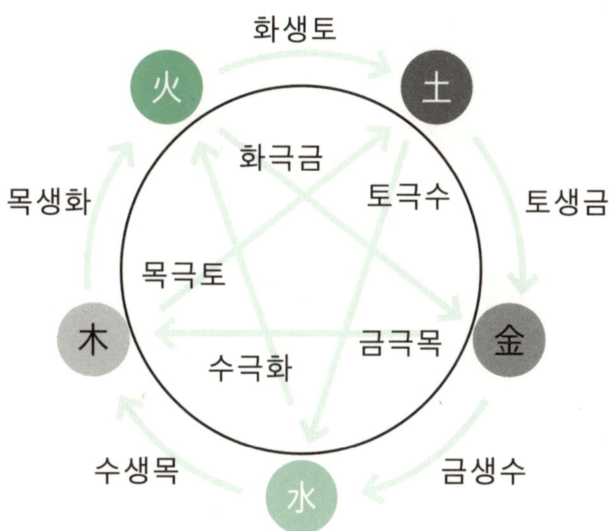

4   극과 생을 반복하는 오행과 작용을 순서대로 써 보세요.

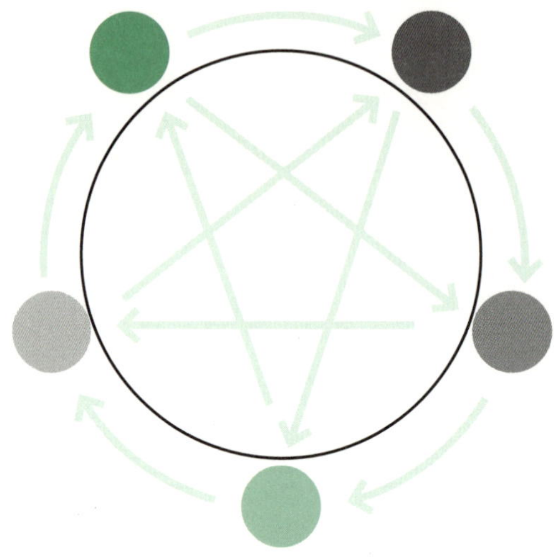

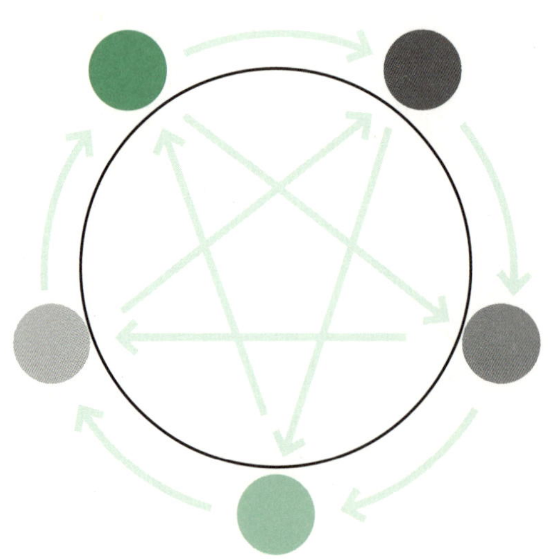

천간과 지지

1

천원지방 天圓地方

'욕학명자 필수선지간지지설 연후가이입문欲學命者 必須先知干支之說 然後可以入門' 명리를 공부하려면 천간과 지지의 이치를 안 다음에 입문해야 마땅하다는 의미입니다. 이 문장은 『자평진전』의 도입부에 적혀 있습니다. 『자평진전』은 명리 공부에서 매우 중요한 고전입니다. 천간과 지지를 구분하지 않고 그냥 사주를 보게 되면 명리 공부가 산으로 갑니다. 천간과 지지의 차이를 간단하게나마 먼저 정리하고 공부를 이어갈 필요가 있습니다.

12지지地支는 다양한 시공간의 의미를 함축하고 있지만, 천간과 지지의 관계를 이해하기 위해 각 월月의 특성으로 살펴보도록 하겠습니다. 천간은 하늘의 기운으로 순일합니다. 매월의 지지는 천간의 기운을 받아 이루어지며, 복잡한 기운이 혼재되어 있습니다. 12개의 지지는 세 개씩 짝을 이루어 4계절을 순환합니다.

천원지방天圓地方은 예로부터 동양인이 하늘과 땅을 어떻게 인식해 왔는지를 잘 보여주는 개념입니다. 하늘의 기운은 순일하게 원운동을 하며, 땅의 기운은 4계절을 이루며 회전의 모서리를 가진다고 생각한 것입니다. 천간 10개 글자가 각자의 포지션으로 하나의 지지를 형성합니다. 앞으로 배우게 될 십이운성은 하나의 지지에서 작용하는 10개 천간의 포지션을 의미합니다.

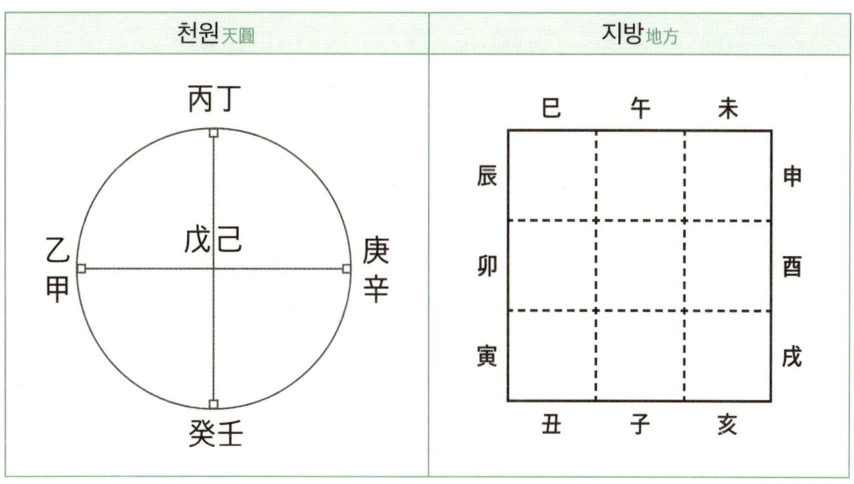

앞에서 우리는 천간 갑목을 양의 목이라고 배웠습니다. 그리고 지지 인목을 양의 목이라 배웠습니다. 이러한 과정에서 천간의 갑목과 지지의 인목을 같은 것으로 인지하게 됩니다. 하지만, 천간의 갑목과 지지의 인목은 엄연하게 다른 개념입니다.

인寅월의 하늘에는 甲乙丙丁戊己庚辛壬癸갑을병정무기경신임계 열 개 천간이 각자의 자리를 지니고 제 역할을 하고 있습니다. 열 개의 천간이 인월의 질서 안에서 제자리를 지닐 때, 땅에서는 생명이 움트고 새로운 순환이 시작되는 봄의 첫 문이 열립니다.

이는 천체 움직임과 관련이 있습니다. 우리는 느끼지 못하지만, 지구는 일정한 규칙 속에서 태양 주위를 돌며 공전하고 또 스스로 자전하며 밤과 낮을 펼쳐냅니다. 이러한 천체의 운행에 따라 10개의 천간 에너지 가운데 甲갑의 기운이 가장 강하고 순일하게 드러나는 때에, 땅에서는 寅인의 기운이 나타납니다. 록祿은 하늘이 인간에게 내려준 자리와 역할, 복과 권위를 뜻하며, 천간 자체를 곧 이러한 녹명祿命으로 보았습니다. 따라서 천간이 자신의 록祿을 가장 안정적으로 드러낼 수 있는 지지를 만나면, 그 지지가 천간에게는 건록建祿이 되는 자리입니다. 따라서 갑은 자신의 록祿을 가장 뚜렷하게 펼칠 수 있는 자리인 인寅에서 건록建祿을 이루며, 이때 갑목의 기운이 가장 순일하고 안정적으로 드러나게 됩니다. 이처럼 천간과 지지를 구분하고 그 차이를 인식하지 못하면, 갑과 인을 같은 것으로 착각하여 잘못된 이해로 이어질 수 있습니다.

인寅월의 하늘에서 갑목은 자신의 자리를 지니고 중심이 되는 역할을 합니다. 이때 갑목은 봄을 여는 기운으로, 만물이 움트는 시작의 힘을 상징합니다. 입문 단계에서는 열 개 천간이 하나의 지지 안에서 어떻게 작용하는지를 모두 이해하려 하기보다, 우선 '건록建祿'과 '관대冠帶'의 개념만 기억해 두면 좋습니다. 진술축미 토土의 지지에서는 건록 대신 관대의 기운이 중심이 되어 계절의 전환과 균형을 이끌어 갑니다. 천간의 기운이 어떤 지지 위에서 주된 작용력을 가지는지를 구분해 이해하는 일은 매우 중요합니다. 이러한 구분을 통해 천간과 지지가 서로 다른 차원의 기운임을 이해할 수 있습니다.

건록	甲+	乙-	×	丙+ 戊+	丁- 己-	×	庚+	辛-	×	壬+	癸-	×
지지	寅+	卯-	辰+	巳-	午+	未-	申+	酉-	戌+	亥-	子+	丑-

건록 관대	甲 건록	乙 건록	乙丙 관대	丙戊 건록	丁己 건록	丁己庚 관대	庚 건록	辛 건록	辛壬 관대	壬 건록	癸 건록	癸甲 관대
지지	寅	卯	辰	巳	午	未	申	酉	戌	亥	子	丑

앞의 표는 지지별로 건록과 관대에 해당하는 천간을 정리한 것입니다. 자세히 살펴보면 진술축미辰戌丑未의 지지에는 건록하는 천간이 존재하지 않습니다. 건록은 천간이 자신의 기운을 가장 안정적이고 힘 있게 펼치는 자리를 뜻합니다. 그러나 진술축미의 지지는 하나의 계절을 마무리하고 다음 계절을 열어가는 경계에 놓여 있습니다. 따라서 한 가지 기운만으로는 그 시기를 온전히 이끌 수 없습니다. 이때 자기 계절의 기운을 대표하는 천간과 다음 계절의 기운을 이어갈 천간이 함께 관대冠帶로 작용하며, 해당 시기를 책임집니다. 진술축미의 토土 지지는 잡기雜氣라 하여 여러 기운이 뒤섞여 있으며, 이는 천간이 하나의 주체로 독립적으로 건록할 수 없음을 의미합니다.

2
천부지재 天覆地載

천부지재는 하늘이 기운을 덮고 땅은 그 기운을 싣는다는 뜻입니다. 하늘 즉 천간의 기운은 천체 움직임에 따라 그 작용력이 달라집니다. 천체의 움직임 덕분에 지구는 각 지역마다 해당 지역 특유의 기후를 만들어 냅니다. 기후 특성은 그 땅의 식생을 다르게 만들며,

해당 지역만의 독특한 생활양식과 문화를 이끌어 냅니다. 하늘의 움직임에 따른 천간 기운은 땅에 영향을 미치며, 땅은 그 기운에 따라 만물을 만들어 냅니다.

어느 시골집 마당을 떠올려 봅시다. 봄이 되면 파릇파릇 새싹이 돋아납니다. 여름이 되면 나무가 무성하게 자라납니다. 가을이 되면 낙엽이 떨어지고 열매가 익어갑니다. 겨울이 되면 앙상한 나뭇가지가 바람에 흔들리고, 하얀 눈이 마당을 덮습니다. 하늘의 움직임은 계절을 만들어 내고, 각 계절은 땅의 모습을 변화하게 합니다. 천간의 기운을 받은 땅은 그 기운에 맞게, 계절에 맞게 만물을 만들어 냅니다. 하늘과 땅 사이에 존재하는 인간 역시 하늘의 기운에 맞게, 땅의 계절에 맞게 삶을 영위합니다. 명리학은 하늘과 땅 사이에 존재하는 인간이 어떤 때를 맞아, 어떤 방식으로 삶을 이끌어 가는지를 보여줍니다. 인간도 자연의 일부임을 이야기하는 것입니다.

명리학에서 절기는 매우 중요한 개념입니다. 오午월에는 하지가 있고, 자子월에는 동지가 있습니다. 하지는 태양의 고도가 가장 높은 때이고, 동지는 태양의 고도가 가장 낮은 때입니다. 동지가 있는 자월에 대해 생각해 봅시다. 자월은 수水 기운이 강한 시기입니다. 천간 계수가 건록하며, 임수는 제왕으로 작용합니다. 이때 반대 기운인 화의 기운은 사라지고 없어지는 것일까요? 보통 병화를 태양이라 비유하는데, 12월 자子월에도 태양은 사라지지는 않습니다. 남중고도가 낮아질 뿐이지요. 자월에 병화는 태胎의 상태로 존재하고, 정화는 절節의 상태로 존재합니다. 열 개 천간은 각각의 포지션으로 자월을 이루어 냅니다.

　아래의 표는 천간이 한 지지 안에서 어떻게 작용하는지를 보여주는 십이운성을 정리한 것입니다. 십이운성이란 천간의 작용력을 열두 단계로 구분한 것으로, 각 단계마다 기운의 흐름과 역할이 다르게 드러납니다. 세부적인 내용은 차차 익혀도 괜찮지만, 한 가지는 반드시 기억해 두어야 합니다. 하나의 지지 안에는 열 개의 천간이 모두 작용하며 제 역할을 하고 있다는 점입니다. 그중에서도 특히 건록과 관대의 작용을 주의 깊게 살펴보시기 바랍니다. 인신사해寅申巳亥월의 건록과 자오묘유子午卯酉월의 건록, 그리고 진술축미辰戌丑未월의 관대는 해당 지지에서 어떤 천간의 기운이 주가 되어 작용하는지를 이해하는 핵심입니다.

지지	천간 작용력							
	甲	乙	丙戊	丁己	庚	辛	壬	癸
인寅	건록	제왕	장생	사	절	태	병	목욕
묘卯	제왕	건록	목욕	병	태	절	사	장생
진辰	쇠	관대	관대	쇠	양	입묘	입묘	양
사巳	병	목욕	건록	제왕	장생	사	절	태
오午	사	장생	제왕	건록	목욕	병	태	절
미未	입묘	양	쇠	관대	관대	쇠	양	입묘
신申	절	태	병	목욕	건록	제왕	장생	사
유酉	태	절	사	장생	제왕	건록	목욕	병
술戌	양	입묘	입묘	양	쇠	관대	관대	쇠
해亥	장생	사	절	태	병	목욕	건록	제왕
자子	목욕	병	태	절	사	장생	제왕	건록
축丑	관대	쇠	양	입묘	입묘	양	쇠	관대

천간과 지지의 관계

1 천간 글자와 지지 글자를 아래 그림에 적어 보세요.

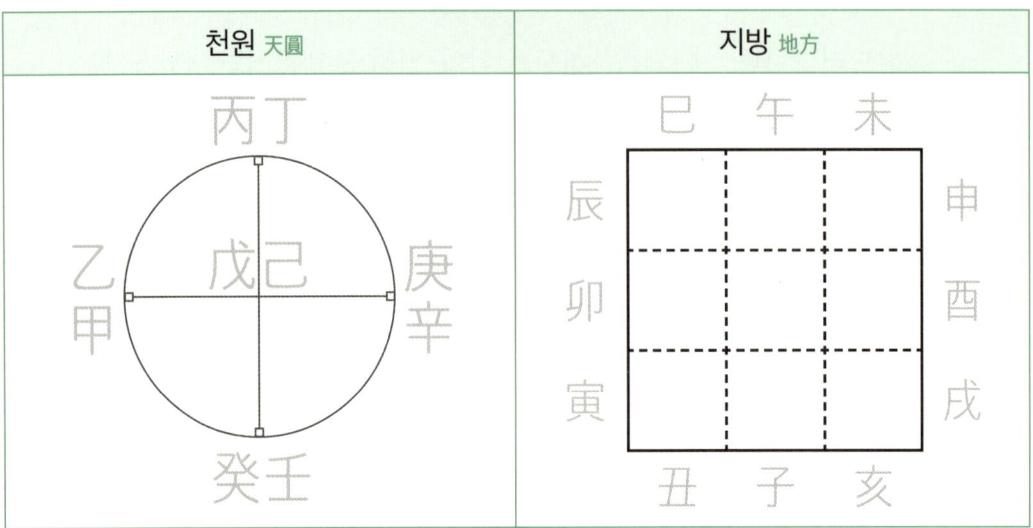

2 해당 지지에서 주된 역할을 하는, 즉 '건록'이나 '관대'로 작용하는 천간에 동그라미를 표시해 보세요.

지지	천간 작용력							
인 寅	甲	乙	丙(戊)	丁(己)	庚	辛	壬	癸
묘 卯	甲	乙	丙(戊)	丁(己)	庚	辛	壬	癸
진 辰	甲	乙	丙(戊)	丁(己)	庚	辛	壬	癸
사 巳	甲	乙	丙(戊)	丁(己)	庚	辛	壬	癸
오 午	甲	乙	丙(戊)	丁(己)	庚	辛	壬	癸
미 未	甲	乙	丙(戊)	丁(己)	庚	辛	壬	癸
신 申	甲	乙	丙(戊)	丁(己)	庚	辛	壬	癸
유 酉	甲	乙	丙(戊)	丁(己)	庚	辛	壬	癸
술 戌	甲	乙	丙(戊)	丁(己)	庚	辛	壬	癸
해 亥	甲	乙	丙(戊)	丁(己)	庚	辛	壬	癸
자 子	甲	乙	丙(戊)	丁(己)	庚	辛	壬	癸
축 丑	甲	乙	丙(戊)	丁(己)	庚	辛	壬	癸

천간과 지지의 관계

1 천간 글자와 지지 글자를 아래 그림에 적어 보세요.

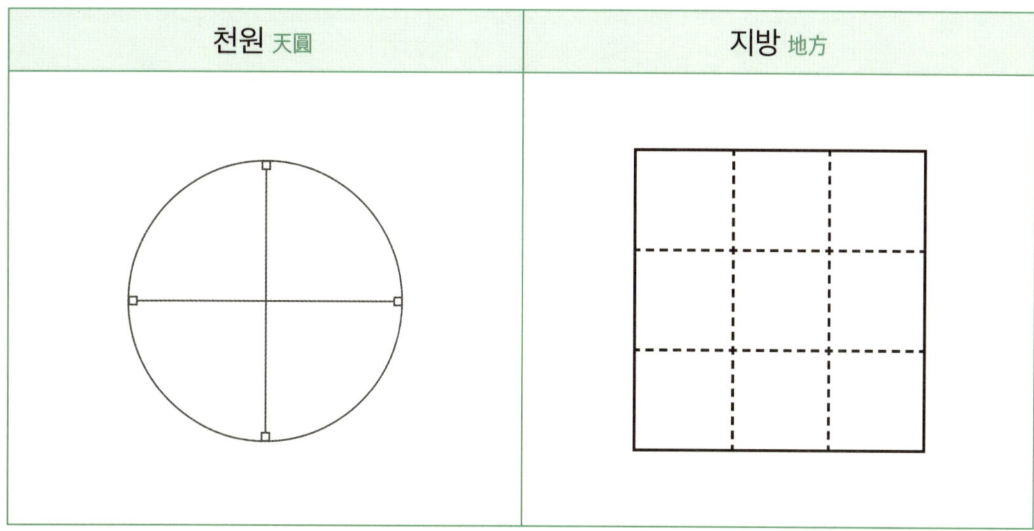

천원 天圓	지방 地方

2 해당 지지에서 주된 역할을 하는, 즉 '건록'이나 '관대'로 작용하는 천간에 동그라미를 표시해 보세요.

지지	천간 작용력							
인 寅	甲	乙	丙(戊)	丁(己)	庚	辛	壬	癸
묘 卯	甲	乙	丙(戊)	丁(己)	庚	辛	壬	癸
진 辰	甲	乙	丙(戊)	丁(己)	庚	辛	壬	癸
사 巳	甲	乙	丙(戊)	丁(己)	庚	辛	壬	癸
오 午	甲	乙	丙(戊)	丁(己)	庚	辛	壬	癸
미 未	甲	乙	丙(戊)	丁(己)	庚	辛	壬	癸
신 申	甲	乙	丙(戊)	丁(己)	庚	辛	壬	癸
유 酉	甲	乙	丙(戊)	丁(己)	庚	辛	壬	癸
술 戌	甲	乙	丙(戊)	丁(己)	庚	辛	壬	癸
해 亥	甲	乙	丙(戊)	丁(己)	庚	辛	壬	癸
자 子	甲	乙	丙(戊)	丁(己)	庚	辛	壬	癸
축 丑	甲	乙	丙(戊)	丁(己)	庚	辛	壬	癸

천간과 지지의 관계

1 천간 글자와 지지 글자를 아래 그림에 적어 보세요.

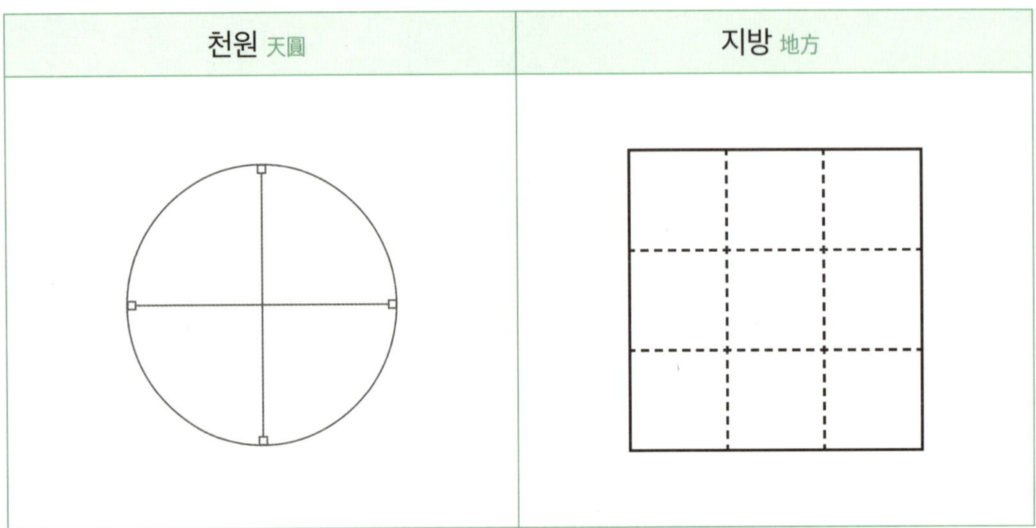

천원 天圓	지방 地方

2 해당 지지에서 주된 역할을 하는, 즉 '건록'이나 '관대'로 작용하는 천간에 동그라미를 표시해 보세요.

지지	천간 작용력							
인 寅	甲	乙	丙(戊)	丁(己)	庚	辛	壬	癸
묘 卯	甲	乙	丙(戊)	丁(己)	庚	辛	壬	癸
진 辰	甲	乙	丙(戊)	丁(己)	庚	辛	壬	癸
사 巳	甲	乙	丙(戊)	丁(己)	庚	辛	壬	癸
오 午	甲	乙	丙(戊)	丁(己)	庚	辛	壬	癸
미 未	甲	乙	丙(戊)	丁(己)	庚	辛	壬	癸
신 申	甲	乙	丙(戊)	丁(己)	庚	辛	壬	癸
유 酉	甲	乙	丙(戊)	丁(己)	庚	辛	壬	癸
술 戌	甲	乙	丙(戊)	丁(己)	庚	辛	壬	癸
해 亥	甲	乙	丙(戊)	丁(己)	庚	辛	壬	癸
자 子	甲	乙	丙(戊)	丁(己)	庚	辛	壬	癸
축 丑	甲	乙	丙(戊)	丁(己)	庚	辛	壬	癸

천간 속성 이해

'물은 적시며 아래로 흐르고潤下윤하, 불은 불타오르고 태우며炎上염상, 나무는 굽으면서 곧고曲直곡직, 금은 따르면서 단단하고從革종혁, 흙은 심고 거둔다稼穡가색.'『서경』「홍범5장」에 나오는 설명입니다. 수화목금토의 특성을 이러한 맥락으로 이해하는 것은 매우 중요한 일입니다. 「홍범 5장」에는 '목화금수에 대한 설명은 성질로 말한 것이고, 토에 대한 설명은 덕으로 말한 것'이라는 문장이 있습니다. 토는 정해진 자리가 없고 성질을 이룸이 없다는 설명도 중요하게 살펴볼 부분입니다.

진평 송재호의 「사행도와 십이운성」에서는 『서경』「홍범 5장」의 구절을 바탕으로, 오행의 성질을 십천간의 작용으로 구체화해 설명하고 있습니다. 오행은 십천간으로 나누어지며, 각 천간은 그에 맞는 성질과 작용을 지니고 있습니다. 먼저 목木은 곡직曲直의 성질을 지닙니다. 갑甲은 직直의 기운으로 곧게 솟구치며 수의 기운을 위로 끌어올리고, 을乙은 곡曲의 기운으로 수의 기운을 부드럽게 확산시켜 화로 이어지게 합니다. 화火는 염상炎上의 성질을 지닙니다. 병丙은 상上의 기운으로 가장 높은 곳에서 아래의 수를 끌어당기며, 정丁은 염炎의 기운으로 그 열을 모아 만물을 변화시키고 다시 아래로 내려가는 작용을 합니다.

토土는 가색稼穡의 성질을 지닙니다. 무戊는 색穡의 기운으로 만물을 거두어들이며 수화水火의 균형을 조절하는 역할을 하고, 기己는 가稼의 기운으로 만물을 길러내어 목木과 금金의 생성을 매개합니다. 금金은 종혁從革의 성질을 지닙니다. 경庚은 혁革의 기운으로 화火를 수렴하고, 신辛은 종從의 기운으로 그 변화를 정제하며 수水

로 향해 수렴합니다. 수水는 윤하潤下의 성질을 지닙니다. 임壬은 하
下의 기운으로 가장 아래에서 화火의 기운을 끌어당기고, 계癸는 윤
潤의 기운으로 만물을 적시며 목木을 이루고, 다시 화로 향해 상승합
니다. 이처럼 오행의 성질을 천간의 작용으로 살펴보면, 십천간 각
각이 어떤 방향성과 역할을 가지고 서로 순환하는지를 명확히 이해
할 수 있습니다.

甲	直 곧을 직	수를 직선적으로 위로 올림.
乙	曲 굽을 곡	수를 흩트리며 확산하며 위로 향함.
丙	上 위 상	가장 위에 드러난 상태.
丁	炎 불탈 염	만물을 태우며 아래로 향하는 화의 속성.
戊	穡 거둘 색	음양을 주고받으며 기운을 거두어 조절함.
己	稼 심을 가	기운을 바탕으로 물질을 생산함.
庚	革 가죽 혁	화를 안으로 넣고 결실을 추구함.
辛	從 좇을 종	화를 더욱 압축하여 아래로 향함.
壬	下 아래 하	가장 아래에 응축한 상태.
癸	潤 적실 윤	만물을 적시며 위로 향하는 수의 속성.

1
수의 속성, 윤하潤下

　수水는 윤하潤下의 의미를 가집니다. 이는 수의 두 가지 속성을 의미합니다. 대체로 하천은 바다를 향해 아래로 흐릅니다. 물은 기본적으로 아래로 향한다는 의미에서 하下의 의미를 생각하면 좋겠습니다. 하지만 물은 중력을 거슬러 위로 향하기도 합니다. 나무뿌리를 적셔 나무를 성장하게 하고, 뜨거운 열기에 의해 증발되어 상승하기도 합니다. 위로 향하는 수의 속성에서 적실 윤潤이라는 수의 또다른 의미를 생각할 수 있습니다.

　수라는 오행은 천간에서 양의 수인 임수壬水와 음의 수인 계수癸水로 구성되어 있습니다. 이때 임수는 아래로 향하는 수의 속성인 하下의 성질을 가집니다. 계수는 위로 향하는 수의 속성인 윤潤의 성질을 가집니다. 임壬이라는 글자를 가만 보면 삐침 별ノ 아래에 있는 선비 사士가 마치 토土처럼 보입니다. 임은 땅土 위에서 아래로 흘러내리는ノ 물의 속성으로 생각할 수 있습니다. 계癸는 위로 상승하는 수의 성질을 가진다고 이야기했습니다. 발癶은 화살을 상징하기도 합니다. 또한 '가다'라는 의미를 가지는데, 하늘天을 향해 상승하는 수의 속성을 나타냅니다.

2

화의 속성, 염상炎上

화火는 염상炎上의 의미를 가집니다. 이는 화火의 두 가지 속성을 의미합니다. 대체로 불이라는 것은 빛으로 존재하거나 열로 작용합니다. 태양과 같이 높은 곳에서 빛의 형태로 작용한다는 의미에서 상上의 의미를 생각하면 좋겠습니다. 하지만 불은 만물을 태워 없애며 아래로 내려오기도 합니다. 아래로 향하며 만물을 태우는 화의 속성에서 태울 염炎이라는 의미를 생각할 수 있습니다.

화라는 오행은 천간에서 양의 화인 병화丙火와 음의 화인 정화丁火로 구성되어 있습니다. 이때 병화는 위로 향하는 화의 속성인 상上의 성질을 가집니다. 정화는 만물을 태우며 아래로 향하는 염炎의 속성을 가집니다. 병丙이라는 글자를 가만 보면 하늘— 아래 빛이 쏟아지는 듯한 모양새人입니다. 정丁은 하늘— 아래 빛이 하나로 모아져 아래로 향하는 것을 상징하기도 합니다.

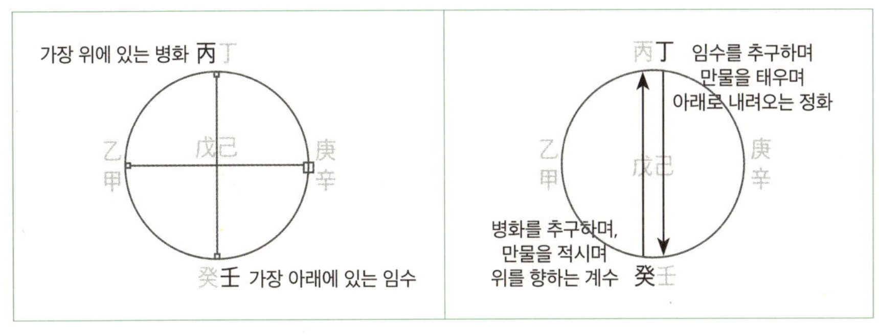

수水와 화火는 서로 반대되는 기운입니다. 낮이 밤으로, 밤이 낮으로 바뀌듯 상반된 기운은 서로를 향해 순환합니다. 병화丙火는 가장 높은 곳에 머물며 만물을 성장시키는 기운이고, 임수壬水는 가장 낮은 곳으로 흘러가 모든 기운을 수렴하는 작용을 합니다. 정화丁火는 같은 화火이지만 아래로 향해 수水로 향하고, 계수癸水는 같은 수水이지만 위로 올라가 화火를 향합니다. 이렇게 수는 화로 이어지고, 화는 다시 수로 돌아가며, 서로의 흐름 속에서 순환의 질서가 완성됩니다.

3
목의 속성, 곡직曲直

수水는 화火가 되고, 화火는 다시 수水가 됩니다. 수가 화를 향해 위로 상승하는 작용력이 목입니다. 목은 곡직曲直의 의미를 가집니다. 이는 목의 두 가지 속성을 의미합니다. 상승하는 것은 곧게도 올라야 하지만, 회전력도 가져야 합니다. 수가 화가 되는 과정에서 수를 안정적으로 위로 향하게 하는 데에는 곧은直 작용력이 필요합니다. 이러한 직선 작용은 끝도 없이 이루어질 수 없습니다. 회전력을 가지고 유연하게 성장하는 과정에서 곡曲의 운동성이 필요합니다.

목이라는 오행은 천간에서 양의 목인 갑목甲木과 음의 목인 을목乙
木으로 구성되어 있습니다. 이때 갑목은 수가 화로 이동하는 과정에
서 직直하며 직선적으로 위로 향하며 분출하는 에너지를 상징합니
다. 을목은 곡曲의 유연성을 바탕으로 수水를 더 펼쳐내며 화로 향하
게끔 작용하게 됩니다. 나무를 관찰해 보면, 기둥은 직선적으로 올
라가며 자라고 가지는 다양한 갈래로 펼쳐집니다. 가지들은 하나하
나가 직선적으로 뻗어나가며 또 다른 잔가지들을 다양한 갈래로 펼
쳐냅니다. 나뭇잎 하나만 보더라도 잎자루에서 나아가는 잎의 몸체
는 직선적으로 뻗어나가며 잎맥들은 다양한 갈래로 펼쳐집니다. 갑
甲의 운동성 안에서도 갑甲이라는 직선운동과 을乙이라는 곡선운동
이 혼재되어 있음을 알 수 있는 부분입니다.

4
금의 속성, 종혁從革

수는 화가 되고, 화는 다시 수가 된다고 하였습니다. 수가 화가 되
는 과정에서 생겨나는 것이 목이고, 화가 다시 수가 되는 과정에서
나타나는 작용력이 금입니다. 목은 수를 품으며, 금은 화를 품습니
다. 펼쳐진 기운의 화를 경계 지우고 수렴하여 하나의 결실을 만드

는 과정은 과히 혁명과도 같습니다. 혁革은 '급격하게 바꾸어 아주 달라지게 한다'는 의미를 가집니다. 모든 화는 완전하게 수렴하여야 수로 향할 수 있습니다. 그런 의미에서 모든 화를 따라오게 하여 마무리하며, 다음으로 나아간다는 의미에서 종從의 작용력이 필요합니다.

금이라는 오행은 천간에서 양의 금인 경금庚金과 음의 금인 신금辛金으로 구성되어 있습니다. 이때 경금은 화가 수로 이동하는 과정에서 완전한 혁신이 필요합니다. 경금은 혁革하며 경계를 굳게 하고 큰 틀을 설정하여 화를 자신의 안으로 가두는 역할을 하게 됩니다. 신금은 화를 더욱 강렬하게 수렴하여 종從하게 합니다. 화가 완전하게 금의 내부로 수렴되어야, 화와 반대 기운인 수를 열어갈 수 있습니다.

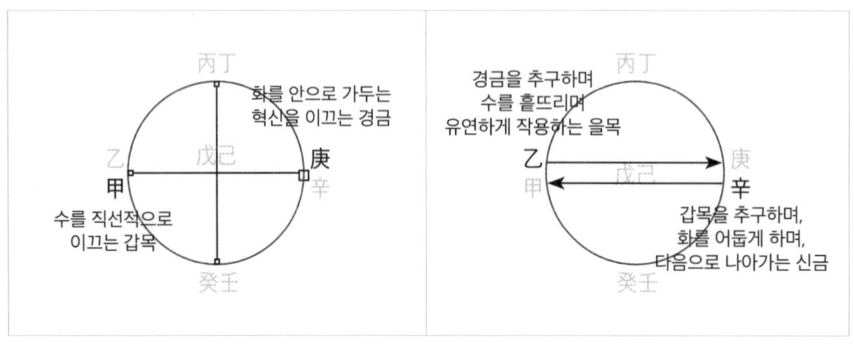

목木과 금金은 서로 반대되는 기운입니다. 위로 뻗어 오르는 기운과 아래로 응축되는 기운처럼, 두 에너지는 서로를 향해 흐르며 순환합니다. 을목乙木은 가지를 뻗어 꽃을 피우고, 그 끝에서 경금庚金

이라는 열매를 맺습니다. 신금辛金은 단단한 씨앗이 되어 수水를 거쳐 다시 갑목甲木이라는 새싹을 틔웁니다. 목은 금을 향해 완성을 추구하고, 금은 다시 목을 향해 생명의 시작을 준비합니다. 이렇게 목은 금으로 이어지고, 금은 다시 목으로 돌아가며, 서로의 대립 속에서 순환의 질서가 이루어집니다.

5

토의 속성, 가색稼穡

앞서 수가 화로 향하는 과정에서 목이 생겨나고, 화가 수로 향하는 과정에서 금이 생겨난다고 하였습니다. 그러면 이러한 회전력은 누가 만들어 내는 것일까요? 회전력이라 하였으니, 이를 원운동으로 생각해 보도록 하겠습니다. 쥐불놀이할 때 보면, 중심을 잘 잡아야 원이 뱅글뱅글 잘 돌아가는 것을 볼 수 있습니다. 원운동이 제대로 이루어지기 위해서 가장 중요한 역할을 하는 것은 가운데의 중간 지점입니다. 「홍범 5장」에서 토는 정해진 자리가 없고 성질을 이룸이 없다고 설명하였습니다. 『자평진전』에서 역시 토는 목화금수 사이의 충기冲氣로 설명합니다. 토는 중간에서 그 중심을 잡는 역할을 합니다. 원운동을 안정감 있게 돌려내는 작용력을 하게 됩니다.

토라는 오행은 천간에서 양의 토인 무토戊土와 음의 토인 기토己土로 구성되어 있습니다. 무토는 때를 잘 아는 토입니다. 지금이 수가 화로 향하는 때인지, 화가 수로 향하는 때인지를 알아채려 합니다. 따라서 무토는 다양한 기운을 거두어들이고 상황을 조절하는 능력을 가집니다. 토의 성질에서 거두어들인다는 색穡의 성질이 무토의 속성을 이야기하고 있습니다. 토는 계절에 따라 꽃을 흐드러지게 내놓기도 하고, 열매를 가득 내놓기도 합니다. 기토는 만물을 생성해 내는 토입니다. 따라서 심는다는 의미의 가稼는 기토의 역할을 상징하는 것입니다.

「홍범 5장」에서 제시한 오행의 성질을 「사행도와 십이운성」에서 제시하는 것과 같이 천간 글자로 분류하여 살펴보는 공부는 매우 중요합니다. 천간 글자 각각의 성질은 이전 기운을 이어가고, 다음으로 나아가는 순환의 역할을 함축적으로 설명하고 있습니다.

일간의 특성과 기질도 이러한 의미 속에서 유추해 나갈 수 있습니다. 사주를 구성하는 천간 네 개의 작용력을 이러한 이해를 바탕으로 해석하고 추론해 나갈 필요가 있습니다. 한자漢字가 등장하니 무언가 어려워 보일 수도 있겠습니다. 하지만 그 의미를 오래도록 곱씹으며, 반드시 이해하고 정리하면 좋겠습니다.

천간 속성 이해

1 흐린 글자를 따라 쓰면서 천간을 익혀 봅시다.

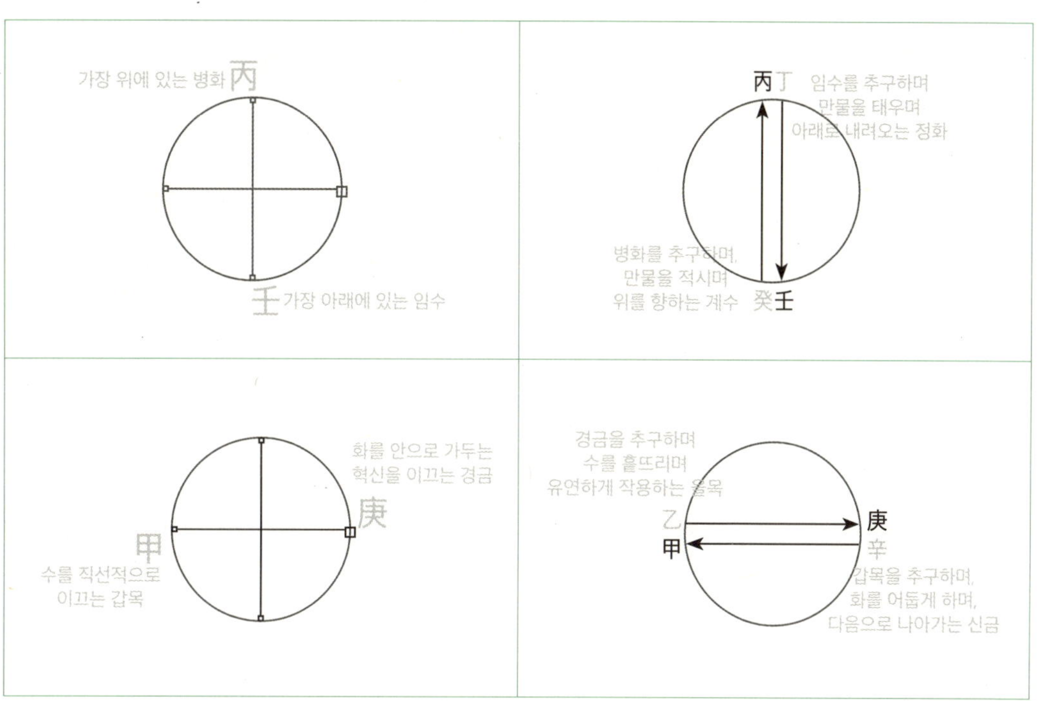

2 흐린 글씨를 따라 쓰면서 천간별 속성을 익혀 봅시다.

甲	直 곧을 직	수를 직선적으로 위로 올림.
乙	曲 굽을 곡	수를 흩트리며 확산하며 위로 향함.
丙	上 위 상	가장 위에 드러난 상태.
丁	炎 불탈 염	만물을 태우며 아래로 향하는 화의 속성.
戊	穡 거둘 색	음양을 주고받으며 기운을 거두어 조절함.
己	稼 심을 가	기운을 바탕으로 물질을 생산함.
庚	革 가죽 혁	화를 안으로 넣고 결실을 추구함.
辛	從 좇을 종	화를 더욱 압축하여 아래로 향함.
壬	下 아래 하	가장 아래에 응축한 상태.
癸	潤 적실 윤	만물을 적시며 위로 향하는 수의 속성.

천간 속성 이해

1 천간 속성을 그림 위에 적어 봅시다.

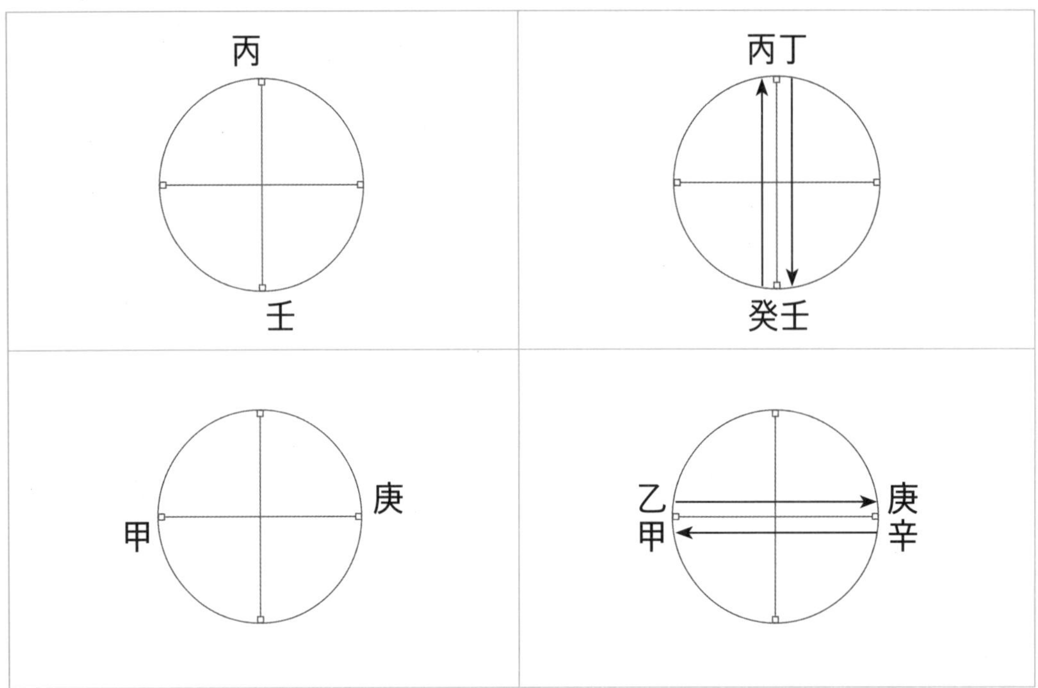

2 빈 칸에 천간별 속성을 적어 봅시다.

甲	直 곧을 직	
乙	曲 굽을 곡	
丙	上 위 상	
丁	炎 불탈 염	
戊	穡 거둘 색	
己	稼 심을 가	
庚	革 가죽 혁	
辛	從 좇을 종	
壬	下 아래 하	
癸	潤 적실 윤	

갑목 일간

갑목甲木 일간이거나, 갑목의 특성이 강한 사주의 특징을 공부해 보도록 하겠습니다. 앞서 우리는 천간 속성 이해에서 목은 곡직曲直의 속성을 가진다고 하였고, 갑목은 수가 화로 이동하는 과정에서 직直하는 성정으로 드러나는 양상이라고 하였습니다. 또 천간의 신금辛金이 목적하는 것이 甲갑이라는 이야기도 하였습니다. 신辛은 씨앗에 많이 비유합니다. 이 씨앗이 수분을 공급받게 되면 발아하게 됩니다. 갑甲이라는 글자는 씨앗이 뚫고 나오는 기상이라고도 볼 수 있습니다.

발아된 씨앗이 점차 하늘을 향해 직선적으로 자라 오르는 것으로 갑甲의 속성을 기억하면 좋겠습니다. 갑을 나무에 비유한다면, 씨앗이 물을 머금고 직선적으로 성장하는 것입니다. 수가 보이지 않는 어둠이었다면, 갑은 그 어둠을 뚫고 처음으로 탄생한 그 무엇입니다. 명리학에서는 하나의 글자를 보며, 다양한 해석을 하게 됩니다. 거침없이 어둠을 뚫고 처음으로 세상을 마주한 갑甲의 기운과 비슷한 단어들을 떠올려 봅시다.

직선적, 인간적, 미래 지향성, 개척 정신, 성장, 발전, 진취성, 리더십, 강직함, 대표, 맏이, 호기심, 순수함 등의 단어들이 어울려 보입니다. 이제 갑목 일간 혹은 갑의 기질이 강한 사람들에게서 이런 속성들을 살펴보면 됩니다. 물론, 사주의 구성이 어떠한가에 따라 앞서 제시한 단어들은 의미가 달라집니다.

또한 특정 단어에 이해가 매몰 되어서도 안 됩니다. 예를 들면, 무토의 특성에도 리더십을 이야기할 수 있고, 경금의 특성에도 리더십을 이야기할 수 있습니다. 앞으로 배워 나가겠지만, 무토의 리더십은 주변을 조화롭게 조율하고 조정하는 리더십을 의미하고, 경금의 리더십은 강단 있는 리더십을 의미합니다. '리더십'이라는 단어 하나도 갑甲만 갖고 있는 속성이라고 이야기할 수 없는 것입니다. 따라서 단어들을 외우는 것보다 기질을 먼저 이해하는 것이 중요합니다.

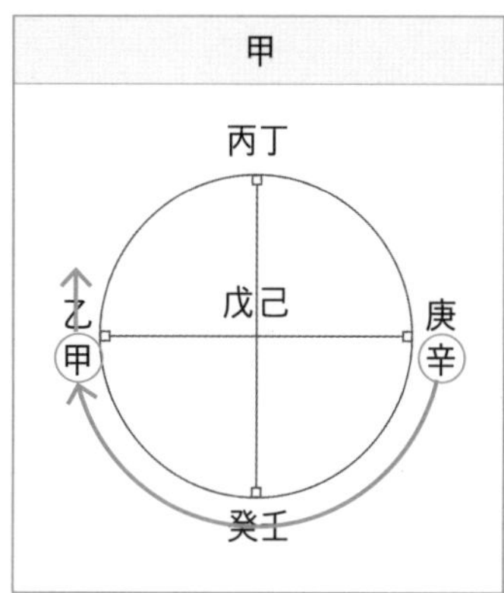

갑목이 자기 안으로 수를 넣는다는 의미는 배움의 중요성을 이야기합니다. 갑목은 호기심과 순수함을 바탕으로 지혜를 자기 안으로 채우려 합니다. 또한 병화를 향해 뻗어나가게 되는데, 이는 밖으로 드러나는 리더십과 개척 정신을 발휘하는 기질로 나타날 수 있습니다. 갑목 일간, 갑목의 기운이 강한 사람의 기질적 속성을 앞서 제시한 단어들을 바탕으로 정리해 보도록 하겠습니다.

1

갑목의 기질

직선적	꾸밈없고 솔직한 태도.
강직함	원칙과 신념을 굽히지 않는 성향.
개척 정신	낯선 길을 두려워하지 않고 시도하는 힘.
진취성	앞으로 나아가려는 적극적 기질.
성장	자기 안에 깊은 지혜와 배움을 담으려는 속성이 강함.
리더십	솔선수범하여 이끌며 조직에서 방향을 제시하는 힘.
대표성	맏이, 중심인물로서의 책임감.
호기심	새로운 지식과 경험을 향한 갈망.
순수함	본능적이고 꾸밈없는 마음.
교육	지혜를 습득하고 지식을 추구하려는 성향.
미래 지향성	현재에 머무르지 않고 장기적 비전을 향함.
자립성	스스로 뿌리내리고 성장하려는 독립심.

2

돌아볼 점

고집	직선적 성향은 장점이지만, 때로는 완고함으로 비칠 수 있음. 상황에 따라 유연하게 방향을 조절하는 지혜가 필요.
배려	리더십과 대표성을 띠고 앞장서다 보면 상대의 마음을 놓칠 수 있음. 직설적 태도는 신뢰를 주지만, 감정을 고려한 소통이 부족할 수 있음.
성급함	진취성과 개척 정신이 강해 성과를 서두르는 경향. 성장 과정에서 완급 조절을 배우는 것이 필요.
내면 성찰	성장을 좇는 데 집중하다 보면 자기 내면의 안정을 놓칠 수 있음. 자기 안에 채워 넣는 지혜가 외부 성과와 균형을 이루어야 함.
과부담	맏이, 대표 기질로 늘 책임을 떠안으려는 성향. 모든 짐을 홀로 지려 하지 말고, 함께 나누는 법을 배워야 함.

　갑목 기질을 우리 삶에 끌어와 단어와 연결 지어 보았습니다. 지금은 기초를 익혀가는 과정이므로 특징적 키워드를 기억해서, 갑목 기질에 연관 지어 공부할 필요가 있습니다. 하지만 갑목이 반드시 그렇다는 고정관념을 가져서는 안 됩니다. 천간 속성은 주변 글자들과 지지와의 관계 및 운의 변화에 의해 다양하게 작용합니다. 따라서 갑목 속성에 대하여 큰 틀에서 정리한 것을 정답이라 생각해서는 곤란합니다.

갑甲의 특성

1   흐린 글씨를 따라 쓰면서 갑의 특성을 파악해 봅시다.

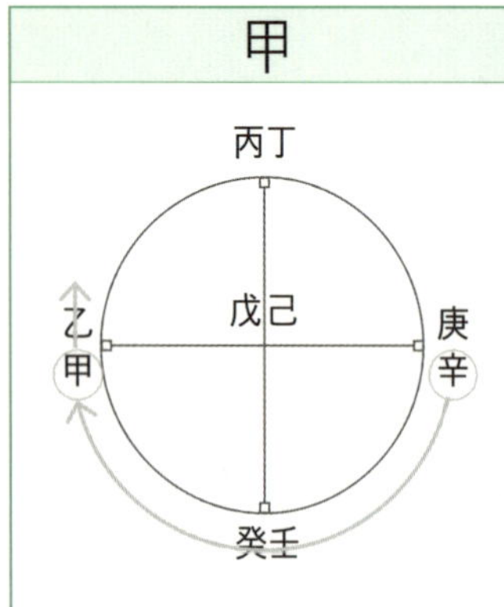

갑甲은 흔히 큰 나무에 비유합니다.
신금이 수를 지나며, 변하여 이룬 것이 갑목입니다.
씨앗이 수분을 만나, 변하여 발아한 것이 갑목입니다.
갑목은 직선적으로 위로 향하여 오릅니다.
수를 자기 안으로 넣고, 화를 향해 자라납니다.

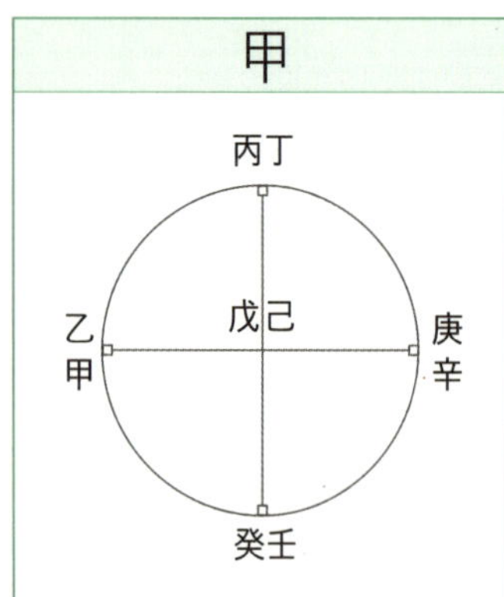

갑甲은 흔히 큰 나무에 비유합니다.
신금이 수를 지나며, 변하여 이룬 것이 갑목입니다.
씨앗이 수분을 만나, 변하여 발아한 것이 갑목입니다.
갑목은 직선적으로 위로 향하여 오릅니다.
수를 자기 안으로 넣고, 화를 향해 자라납니다.

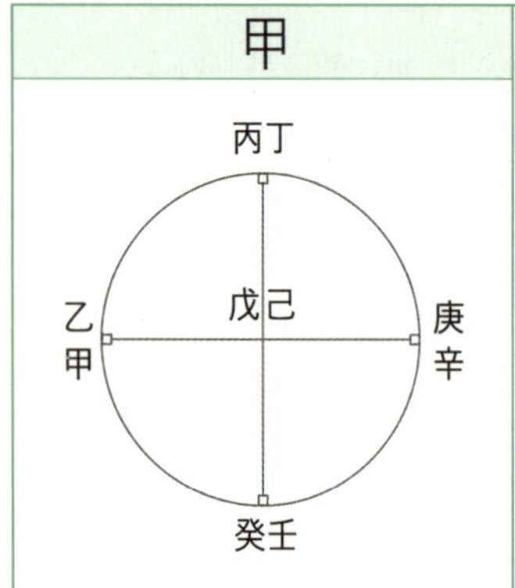

갑甲은 흔히 큰 나무에 비유합니다.
신금이 수를 지나며, 변하여 이룬 것이 갑목입니다.
씨앗이 수분을 만나, 변하여 발아한 것이 갑목입니다.
갑목은 직선적으로 위로 향하여 오릅니다.
수를 자기 안으로 넣고, 화를 향해 자라납니다.

2 **갑목의 기질은 어떠한지 흐린 글씨를 따라 쓰면서 익혀 봅시다.**

직선적	꾸밈없고 솔직한 태도.
강직함	원칙과 신념을 굽히지 않는 성향.
개척 정신	낯선 길을 두려워하지 않고 시도하는 힘.
진취성	앞으로 나아가려는 적극적 기질.
성장	자기 안에 깊은 지혜와 배움을 담으려는 속성이 강함.
리더십	솔선수범하여 이끌며 조직에서 방향을 제시하는 힘.
대표성	맏이, 중심인물로서의 책임감.
호기심	새로운 지식과 경험을 향한 갈망.
순수함	본능적이고 꾸밈없는 마음.
교육	지혜를 습득하고 지식을 추구하려는 성향.
미래 지향성	현재에 머무르지 않고 장기적 비전을 향함.
자립성	스스로 뿌리내리고 성장하려는 독립심.

3 **갑목의 돌아볼 점을 적어 봅시다.**

고집	직선적 성향은 장점이지만, 때로는 완고함으로 비칠 수 있음. 상황에 따라 유연하게 방향을 조절하는 지혜가 필요.
배려	리더십과 대표성을 띠고 앞장서다 보면 상대의 마음을 놓칠 수 있음. 직설적 태도는 신뢰를 주지만, 감정을 고려한 소통이 부족할 수 있음.
성급함	진취성과 개척 정신이 강해 성과를 서두르는 경향. 성장 과정에서 완급 조절을 배우는 것이 필요.
내면 성찰	성장을 좇는 데 집중하다 보면 자기 내면의 안정을 놓칠 수 있음. 자기 안에 채워 넣는 지혜가 외부 성과와 균형을 이루어야 함.
과부담	맏이, 대표 기질로 늘 책임을 떠안으려는 성향. 모든 짐을 홀로 지려 하지 말고, 함께 나누는 법을 배워야 함.

갑甲의 특성

1 갑의 특성을 적어 보고, 기운의 방향을 표시해 보세요.

2 갑목의 기질을 적어 봅시다.

3 갑목의 돌아볼 점을 적어 봅시다.

을목 일간

을목乙木 일간이거나, 을목의 특성이 강한 사주의 특징을 알아보겠습니다. 목의 성정은 곡직曲直입니다. 그중에서 갑목甲木은 대체로 직直의 성정을 지니며, 을목乙木은 주로 곡曲의 성정을 드러냅니다. 수가 화로 오르는 과정에서 생성된 기운이 목입니다. 이때 갑목은 수를 직선적으로 위로 올리며, 을은 갑목이 이끈 수水를 넘겨받습니다. 을목은 갈래갈래 뻗어나간 가지와도 같습니다. 갈래갈래 나누어진 가지들의 끝까지 수가 따라갑니다. 무성한 나무를 생각해 보세요. 나뭇잎의 잎맥까지 수水들은 따라 올라와 있습니다.

을목은 병화를 향하여 흐드러지게 펼쳐집니다. 을목을 가지에 비유하면, 병화는 그 가지 끝에 피어난 꽃이라 생각해도 좋겠습니다. 꽃이 떨어진 자리에는 열매가 맺힙니다. 흔히 우리는 경금을 열매라 일컫습니다. 을목은 갈래갈래 구부러지고 나누어지며 수를 흩뜨립니다. 수가 완전하게 흐트러진 상태가 화입니다. 을목乙木은 병화丙火를 생하는 목생화木生火를 거쳐, 경금庚金이라는 결실을 이루는 것을 소망합니다. 화려하게 펼쳐내고 결실을 이루려는 을乙의 기운과 유사한 단어들을 떠올려 봅시다.

유연함, 관계 지향성, 화려함, 현실성, 협력성, 성실함, 생명력, 배려심, 타인 의식, 의존성, 설득력 등의 단어들이 어울려 보입니다. 을목 일간 혹은 을목의 기질이 강한 사람들에게서 이러한 속성을 살펴보면 됩니다. 하지만 사주 구성이 어떠한가에 따라 앞서 제시한 단어들의 의미가 달라질 수 있다는 것도 잊어서는 안 됩니다.

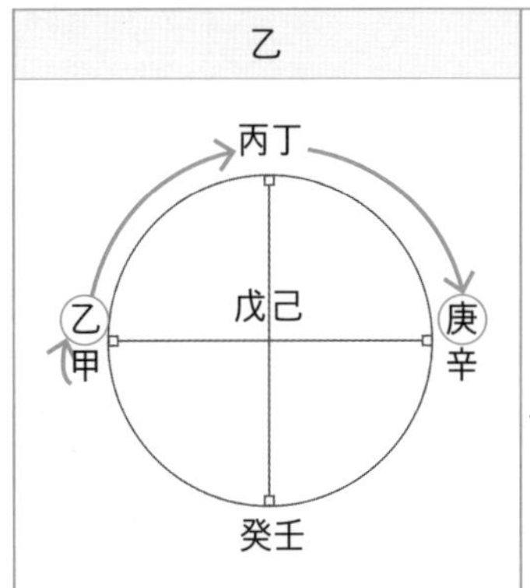

을乙은 넝쿨, 나뭇가지, 바람 등으로 비유합니다.
갑이 가져온 수를 나누어 펼쳐진 것이 을입니다.
을목은 갈래갈래 나누어지며 곡曲하며 흩날립니다.
을목은 병화를 보며 활짝 펼쳐집니다.
을목은 궁극적으로 멋진 열매인 경금을 만들려 합니다.

수는 목을 통해 화가 됩니다. 갑목은 수를 강력하게 끌어올립니다. 갑목이 끌어올린 수를 나누고 흩날려 화까지 펼쳐내는 역할을 을목이 담당합니다. 을목은 수를 활용해야 하는 과정에서 생각을 많이 하거나 고민을 많이 하는 경향이 있습니다. 또한 을목은 여러 갈래로 뻗어갑니다. 따라서 타인과의 관계를 매우 중시하는 경향이 있습니다. 을목은 병화를 보며 더욱 무성하게 자라납니다. 태양을 향해 부드럽게 가지를 뻗으며 주변과 어우러지는데, 이는 사회적 활동의 폭을 넓혀 나가는 모습으로 드러납니다.

을목은 유연함과 섬세함을 바탕으로 관계와 협력을 이루고, 화려하게 드러나면서도 결실을 이루려는 끈질김과 성실한 기질을 보입니다. 을목 일간, 을목 기운이 강한 사람의 기질적 속성을 앞서 제시한 단어들을 바탕으로 정리해 보도록 하겠습니다.

1

을목의 기질

유연함	상황에 맞게 몸을 바꾸며 적응하는 능력.
관계 지향성	유대감을 바탕으로 함께 하는 것을 중시하는 태도.
화려함	꽃처럼 자신을 드러내고 빛나려는 성향.
현실성	실속을 따지고 현실적인 선택을 중시.
협력성	함께할 때 힘을 발휘하고, 네트워크 속에서 성장.
성실함	작은 힘을 지속적으로 쌓아 성과를 꾸준하게 만드는 기질.
생명력	풀과 넝쿨처럼 꺾이지 않고 살아남는 지속력.
배려심	약자나 주변을 살피며 함께하려는 따뜻함.
타인 의식	타인의 시선을 의식하고 규범과 질서를 갈망.
의존성	스스로 성장하면서도 갑목 같은 강한 존재에 기대려는 심리.
설득력	섬세하고 유연하게 관계를 맺으며, 현실적인 실속을 챙기려 함.

을목의 기질을 인간의 삶에 비유하여 몇 가지 단어로 연결해 보았습니다. 다만 을목은 다른 천간과의 관계에 따라 그 작용력이 달라진다는 점을 기억해야 합니다. 목에는 갑목과 을목이 있습니다. 나중에 다시 꼼꼼하게 공부하겠지만, 갑목은 수와 가깝고 을목은 화와 가깝습니다. 갑목은 수생목으로 자신을 이루고, 을목은 목생화로 펼쳐집니다. 앞서 우리는 음陰과 양陽을 배웠습니다. 음 중에도 양이 있고, 양 중에도 음이 있습니다. 갑의 작용력과 을의 작용력은 서로를 조율하고 함께 움직이며 큰 틀에서 목木 운동을 해나갑니다.

2

돌아볼 점

의존성	타인과 함께 하려함이 지나치다 보면 자기 주체성을 잃을 수 있음. 관계 속에서 힘을 얻되, 자기 뿌리를 단단히 세우는 노력이 필요.
우유부단함	결정의 순간에 주저하거나 선택을 미루는 약점으로 작용할 수 있음. 때로는 명확한 기준과 결단력이 요구됨.
타인 의식	타인의 시선과 규범을 중시하다 보면, 겉모습에 치중할 수 있음. 자신의 내면과 진실한 목소리를 따르는 것이 더 중요할 때가 있음.
관계 얽힘	관계 중심적인 면이, 때로는 인간관계가 지나치게 복잡해질 수 있음. 모든 사람을 챙기려 하기보다, 관계를 분별할 필요가 있음.
실속 집착	현실적인 것은 좋으나, 지나치면 계산적으로 보일 수 있음. 단기적 이익보다 장기적 신뢰와 가치를 중시하는 균형이 필요.

갑목 일간을 큰 나무, 을목 일간을 넝쿨로 비유해 일간의 속성을 이야기하는 경우가 많습니다. 큰 나무라서 진취적이다, 넝쿨이라서 유연하고 관계를 중시한다는 식으로 공부하기도 합니다. 그러한 공부법도 매우 좋습니다. 하지만 갑甲이라는 천간 글자의 속성이 무엇인지, 을乙이라는 천간 글자의 속성이 무엇인지를 이해하고 그 특성을 궁리해 보면 좋겠습니다. 또 갑과 을은 음양으로 함께 움직이며, 수가 화가 되는 과정에서 드러나는 작용력임을 계속 생각해 보면 좋겠습니다.

을乙의 특성

1 흐린 글씨를 따라 쓰면서 을의 특성을 파악해 봅시다.

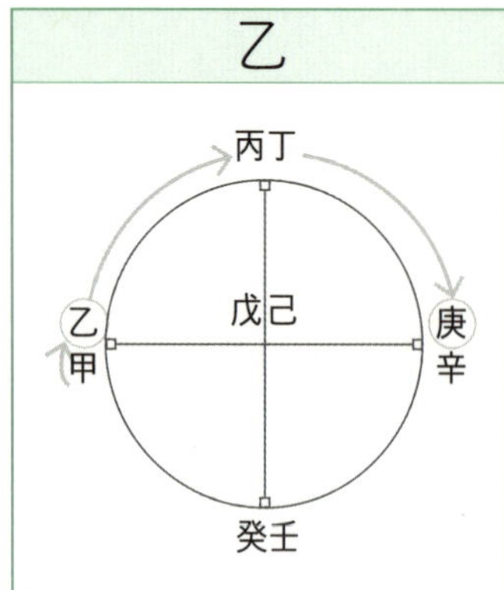

을乙은 넝쿨, 나뭇가지, 바람 등으로 비유합니다.
갑이 가져온 수를 나누어 펼쳐진 것이 을입니다.
을목은 갈래갈래 나누어지며 곡曲하며 흩날립니다.
을목은 병화를 보며 활짝 펼쳐집니다.
을목은 궁극적으로 멋진 열매인 경금을 만들려 합니다.

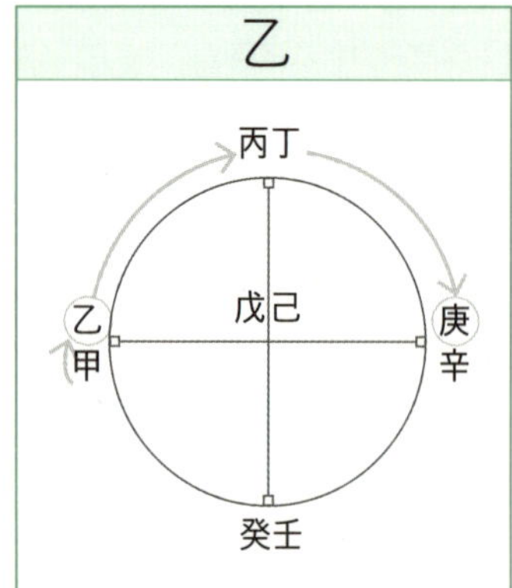

을乙은 넝쿨, 나뭇가지, 바람 등으로 비유합니다.
갑이 가져온 수를 나누어 펼쳐진 것이 을입니다.
을목은 갈래갈래 나누어지며 곡曲하며 흩날립니다.
을목은 병화를 보며 활짝 펼쳐집니다.
을목은 궁극적으로 멋진 열매인 경금을 만들려 합니다.

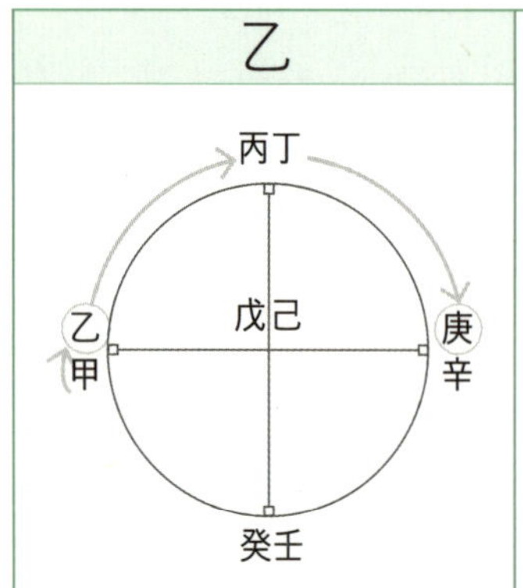

을乙은 넝쿨, 나뭇가지, 바람 등으로 비유합니다.
갑이 가져온 수를 나누어 펼쳐진 것이 을입니다.
을목은 갈래갈래 나누어지며 곡曲하며 흩날립니다.
을목은 병화를 보며 활짝 펼쳐집니다.
을목은 궁극적으로 멋진 열매인 경금을 만들려 합니다.

2 을목의 기질은 어떠한지 흐린 글씨를 따라 쓰면서 익혀 봅시다.

유연함	상황에 맞게 몸을 바꾸며 적응하는 능력.
관계 지향성	유대감을 바탕으로 함께 하는 것을 중시하는 태도.
화려함	꽃처럼 자신을 드러내고 빛나려는 성향.
현실성	실속을 따지고 현실적인 선택을 중시.
협력성	함께할 때 힘을 발휘하고, 네트워크 속에서 성장.
성실함	작은 힘을 지속적으로 쌓아 성과를 꾸준하게 만드는 기질.
생명력	풀과 넝쿨처럼 꺾이지 않고 살아남는 지속력.
배려심.	약자나 주변을 살피며 함께하려는 따뜻함.
타인 의식	타인의 시선을 의식하고 규범과 질서를 갈망.
의존성	스스로 성장하면서도 갑목 같은 강한 존재에 기대려는 심리.
설득력	섬세하고 유연하게 관계를 맺으며, 현실적인 실속을 챙기려 함.

3 을목의 돌아볼 점을 적어 봅시다.

의존성	타인과 함께 하려함이 지나치다 보면 자기.주체성을 잃을 수 있음. 관계 속에서 힘을 얻되,자기 뿌리를 단단히 세우는 노력이 필요.
우유부단함	결정의 순간에 주저하거나 선택을 미루는 약점으로 작용할 수 있음. 때로는 명확한 기준과 결단력이 요구됨.
타인 의식	타인의 시선과 규범을 중시하다 보면, 겉모습에 치중할 수 있음. 자신의 내면과 진실한 목소리를 따르는 것이 더 중요할 때가 있음.
관계 얽힘	관계 중심적인 면이, 때로는 인간관계가 지나치게 복잡해질 수 있음. 모든 사람을 챙기려 하기보다, 관계를 분별할 필요가 있음.
실속 집착	현실적인 것은 좋으나, 지나치면 계산적으로 보일 수 있음. 단기적 이익보다 장기적 신뢰와 가치를 중시하는 균형이 필요.

을乙의특성

1 을의 특성을 적어 보고, 기운의 방향을 표시해 보세요.

2 을목의 기질을 적어 봅시다.

3 을목의 돌아볼 점을 적어 봅시다.

병화 일간

오행 가운데 화火의 속성을 염상炎上이라 하였습니다. 이때 가장 위에 존재하며, 높은 곳에서 자신을 드러내는 상上의 속성이 병화丙火입니다. 수가 화가 되고, 화는 수가 된다고 하였습니다. 병화는 수가 가장 위에서 펼쳐진 것입니다. 병화는 높은 곳에 강렬하게 존재하며 자기 쪽으로 수를 당기려 합니다. 그 과정에서 생겨나는 것이 목입니다. 따라서 병화는 목을 기르는 것으로 작용력이 나타납니다.

병화를 흔히 태양에 비유하곤 합니다. 태양이 작열하는 뜨거운 여름을 생각해 보면, 대지의 수분들이 하늘을 향해 증발합니다. 대지의 수분이 나무를 만나면, 나무는 물기를 머금고 태양을 향해 무성하게 자라납니다. 솔직하고 담백하게 자신을 드러내고 행동하는 데서, 병화의 순수함을 엿볼 수 있습니다. 또한 만물을 자라나게 하는 역할을 보면, 타인을 이끌고 교육하는 기질에 대해 이야기할 수 있습니다. 이러한 과정을 통해 병화는 세상으로부터 주목받고 존경이나 추앙을 받고자 하는 마음이 생겨납니다. 하늘 높은 곳에 드러나 만물을 비추고, 생명을 길러내는 병丙의 기운과 비슷한 단어들을 떠올려 봅시다.

명료함, 긍정적, 열정, 표현력, 관대함, 개방성, 활동성, 적극성, 자신감, 추진력, 존재감, 영향력 등의 단어들이 어울려 보입니다. 병화 일간 혹은 병화 기질이 강한 사람들에게서 이런 속성들을 살펴보면 됩니다. 사주의 구성이 어떠한가에 따라 이러한 단어들의 의미는 다양하게 구사되겠지만, 중심을 잡아간다는 측면에서 정리를 해보면 좋겠습니다.

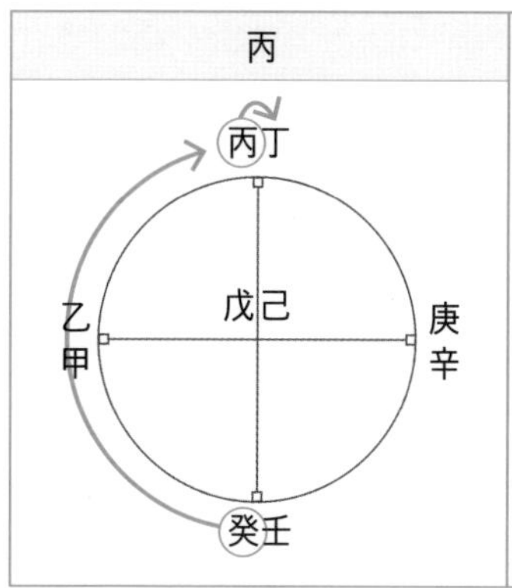

병丙은 태양, 빛 등으로 비유합니다.
가장 높은 곳에 있으면서, 화의 상징성을 가집니다.
수가 자신 쪽으로 올라오기를 원하며,
그 과정에서 목을 길러냅니다.

병화丙火는 밝음과 자신감을 바탕으로 열정과 추진력을 펼치며, 세상을 비추고 영향력을 드러내는 태양 같은 존재입니다. 수가 병화 자신 쪽으로 올라오기를 원한다는 것은 세상의 규율과 규칙, 제도와 관념에 자신이 규정되고 얽매이고 싶지 않음을 의미합니다. 사회적인 틀보다 자신의 존재 자체를 더욱 중시하는 경향이 있습니다. 병화는 밝게 빛나며 세상을 아름답게 드러내고, 생명의 목木을 길러냅니다. 병화는 수를 당기고, 목을 키워내는 과정을 통해 자신의 존재감을 높게 드러내게 됩니다. 병화 일간, 병화 기운이 강한 사람의 기질적 속성을 앞서 제시한 단어들을 바탕으로 정리해 보도록 하겠습니다.

1

병화의 기질

드러남	태양과 같이 밝게 드러나는 중심적 존재.
드러냄	돌려 말하기보다, 명료함과 진실 추구.
낙관성	긍정적이고 미래를 밝게 보는 시선.
지도력	소통능력을 통해 사람들을 지도하고 관리함.
표현력	솔직하고 직설적이며 자기감정을 드러냄.
개방성	숨김없이 공개적이고 시원스러움.
활동성	늘 움직이고 외부로 뻗어나가는 에너지.
자신감	스스로를 믿고 당당하게 표현.
존재감	자연스럽게 주목받고 중심에 서는 에너지.
영향력	주변을 따뜻하게 만들거나 조직을 운영할 수 있는 힘.
예의 중시	사회적 체면과 바른 태도를 지키려는 성향.

2

돌아볼 점

자기 과잉	때로는 지나친 자기중심성으로 보일 수 있음. 빛을 나누되, 주변의 그늘을 살피는 균형이 필요.
자기 체계	질서와 규범을 스스로 세우지 못하면 에너지가 흩어짐. 바깥의 규칙만 기대하지 말고, 자기 안의 기준을 세워야 함.
지속력	순간의 열정은 강하나, 장기적으로 이어가는 힘은 약해질 수 있음. 한번 붙은 불꽃을 꺼뜨리지 않고 지켜내는 꾸준함이 필요.
타인 배려	솔직함이 장점이지만, 때로는 상대에게 상처가 될 수 있음. 진실을 전하더라도 부드럽게 전하는 기술을 배워야 함.
자기 소모	과열되어 자신과 타인을 지치게 만들 수 있음. 에너지를 균형 있게 쓰는 법을 익히는 것이 중요.

병화의 기질을 인간 삶에 끌어와 유사한 단어들과 연결 지어 보았습니다. 음과 양이 분리되지 않고, 항상 함께 존재하는 것처럼, 단어들은 양면성을 가집니다. '자신감'이라는 단어를 보더라도 그것이 적절할 때의 긍정성과, 지나친 경우의 부정성을 함께 생각해 볼 필요가 있습니다. 키워드들을 단순하게 외우려는 시도보다 병화라는 천간 글자가 가지는 의미와 속성을 제대로 파악하는 일이 더욱 중요합니다.

병丙의 특성

1 흐린 글씨를 따라 쓰면서 병의 특성을 파악해 봅시다.

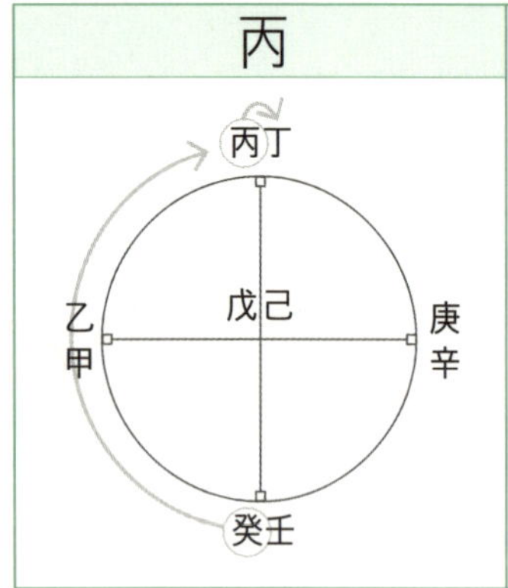

병丙은 태양, 빛 등으로 비유합니다.
가장 높은 곳에 있으면서, 화의 상징성을 가집니다.
수가 자신 쪽으로 올라오기를 원하며,
그 과정에서 목을 길러냅니다.

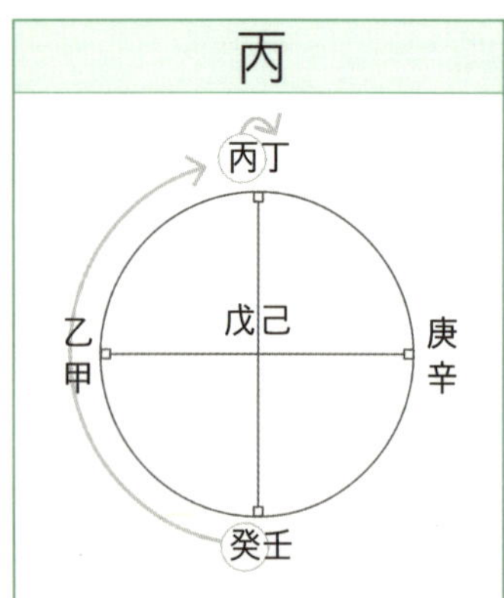

병丙은 태양, 빛 등으로 비유합니다.
가장 높은 곳에 있으면서, 화의 상징성을 가집니다.
수가 자신 쪽으로 올라오기를 원하며,
그 과정에서 목을 길러냅니다.

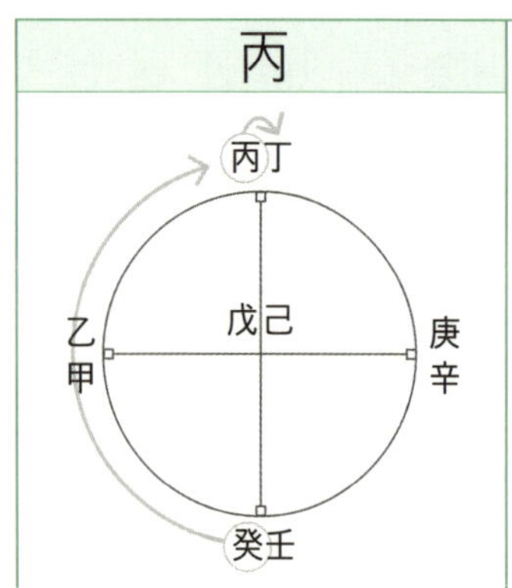

병丙은 태양, 빛 등으로 비유합니다.
가장 높은 곳에 있으면서, 화의 상징성을 가집니다.
수가 자신 쪽으로 올라오기를 원하며,
그 과정에서 목을 길러냅니다.

2 병화의 기질은 어떠한지 흐린 글씨를 따라 쓰면서 익혀 봅시다.

드러남	태양과 같이 밝게 드러나는 중심적 존재.
드러냄	돌려 말하기보다, 명료함과 진실 추구.
낙관성	긍정적이고 미래를 밝게 보는 시선.
지도력	소통능력을 통해 사람들을 지도하고 관리함.
표현력	솔직하고 직설적이며 자기감정을 드러냄.
개방성	숨김없이 공개적이고 시원스러움.
활동성	늘 움직이고 외부로 뻗어나가는 에너지.
자신감	스스로를 믿고 당당하게 표현.
존재감	자연스럽게 주목받고 중심에 서는 에너지.
영향력	주변을 따뜻하게 만들거나 조직을 운영할 수 있는 힘.
예의 중시	사회적 체면과 바른 태도를 지키려는 성향.

3 병화의 돌아볼 점을 적어 봅시다.

자기 과잉	때로는 지나친 자기중심성으로 보일 수 있음. 빛을 나누되, 주변의 그늘을 살피는 균형이 필요.
자기 체계	질서와 규범을 스스로 세우지 못하면 에너지가 흩어짐. 바깥의 규칙만 기대하지 말고, 자기 안의 기준을 세워야 함.
지속력	순간의 열정은 강하나, 장기적으로 이어가는 힘은 약해질 수 있음. 한 번 붙은 불꽃을 꺼뜨리지 않고 지켜내는 꾸준함이 필요.
타인 배려	솔직함이 장점이지만, 때로는 상대에게 상처가 될 수 있음. 진실을 전하더라도 부드럽게 전하는 기술을 배워야 함.
자기 소모	과열되어 자신과 타인을 지치게 만들 수 있음. 에너지를 균형 있게 쓰는 법을 익히는 것이 중요.

병丙의 특성

1 병의 특성을 적어 보고, 기운의 방향을 표시해 보세요.

2 병화의 기질을 적어 봅시다.

3 병화의 돌아볼 점을 적어 봅시다.

정화 일간

정화 일간이거나, 정화의 특성이 강한 사주의 특징을 생각해 보도록 하겠습니다. 염상이라는 화의 속성에서 병화는 가장 높이 위치한 화이며, 상上으로 나타납니다. 정화는 염炎의 속성을 가지며, 만물을 태우며 아래로 내려가는 기질을 가집니다. 병화와 정화는 추구하는 바가 매우 다릅니다. 병화는 만물을 세상에 드러내려는 반면, 정화는 그것과 반대 작용력을 가집니다. 펼쳐진 화가 수렴을 통해 다시 수로 내려가는 시작점이 정화인 것입니다. 정화를 촛불에 비유하기도 하는데, 그 열성을 통해 초를 태워 녹이며 사라지게 만드는 정화의 속성을 중요하게 살펴볼 필요가 있습니다.

정화는 펼쳐진 기운을 수렴해 들어가 경庚을 이루어 냅니다. 정화의 열기는 경금이라는 열매를 더욱 견고하게 무르익게 만드는 작용을 하게 됩니다. 정화는 대체로 열성으로 작용하며 만물을 태우는 염炎의 속성이 있기 때문에 대상을 변형시키고 변질시키려는 속성으로 그 기질이 드러납니다. 앞서 수는 화로, 화는 수로 간다는 이야기를 했습니다. 정화는 수를 향해 내려가는 작용력을 합니다. 따라서 정화는 궁극적으로 임수壬水라는 자신을 규정하는 틀을 통해 안정감을 추구하려는 속성을 가집니다. 집요하게 대상에 집중하여 변화를 도모하는 정丁의 기운과 유사한 단어들을 떠올려 봅시다.

성실, 헌신, 배려, 영향력, 이타심, 본질 파악, 실용 추구, 고지식함, 자기 확신, 자기중심적, 열정, 섬세함, 기술, 전문성, 질투심, 집요함 등의 단어들을 생각할 수 있습니다. 정화 일간 혹은 정화 기질이 강한 사람들에게서 이러한 속성을 살펴보면 됩니다. 하지만 정화라는

글자 하나만 보고 이러한 단어들을 무턱대고 적용할 수 없음을 기억
해야 합니다.

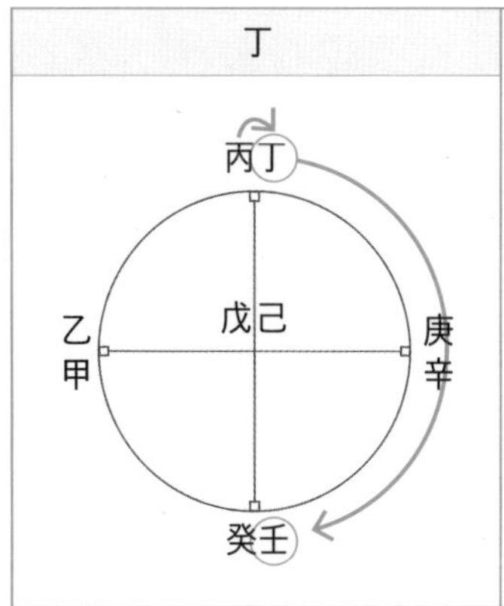

정화의 열기는 금의 가치를 이루어 냅니다. 금이라는 것은 전체
오행의 사이클에서 가시적 결과물 혹은 결실이라 생각할 수 있습니
다. 따라서 정화는 사물의 본질과 실용적 가치를 중시합니다. 정화
는 금을 통해 수라는 궁극의 목적까지 이르고자 합니다. 정화는 성
실과 헌신, 배려와 나눔을 통해 영향력을 발휘합니다. 그 과정에서
자기 확신과 열정, 기술성을 통해 변화를 만들어 내는 역할을 하게
됩니다.

1

정화의 기질

헌신	자신을 태워서라도 타인에게 도움과 빛을 주려는 마음.
이타심	세심하게 살피고 따뜻하게 감싸며 베풀려는 성향.
열정	집중된 불꽃처럼 대상에 몰입하고 끝까지 태우는 에너지.
영향력	은은하지만 오래 남아 주변에 변화를 일으키는 힘.
기술성	섬세한 손재주와 전문성을 발휘하는 능력.
통찰력	현상을 꿰뚫고 핵심을 읽어내어 사물의 본질을 파악하고자 함.
실용적	추상보다 현실에서 쓰임 있는 결과를 중시하며 실용적 가치를 추구함.
고지식	타인을 관찰하고, 옳고 그름을 따지며 가르치거나 조언하려는 태도.
자기 확신	강한 자의식으로 자기 신념과 판단에 대한 강한 믿음.
질투심	비교와 경쟁 속에서 생겨나는 내면적 갈등.

2
돌아볼 점

교훈적 태도	옳고 그름에 민감해 타인을 교정하려는 태도가 강할 수 있음. 상대의 입장을 받아들이고, 가르침보다 공감을 우선할 필요가 있음.
자의식	스스로의 옳음을 확신하지만, 그 확신이 지나치면 독단으로 이어짐. 자신의 불빛이 모두에게 동일한 온기로 닿지는 않음을 인식해야 함.
질투	섬세한 감정이 때로는 비교와 경쟁심으로 변질됨. 타인의 성취보다 자신이 켜 온 불빛의 방향에 집중할 필요가 있음.
과도한 헌신	남을 돕고 챙기려다 자신을 소진시킬 수 있음. 남을 비추기 전에 스스로의 온도부터 지켜야 함.
융통성	성실하고 원칙적인 성향이 때로는 고지식함으로 비침. 기준을 세우되, 상황에 맞게 행동을 조절하는 유연함이 필요함.

정화의 기질을 인간 삶에 끌어와 유사한 단어들과 연결 지어 보았습니다. 단어를 단순하게 암기하는 것에 앞서, 대상에 접촉하여 사물을 변형시키고 현실적 가치를 만들어 가는 정화의 기질적 특성을 이해하는 것이 중요합니다. 천간과 지지, 60갑자는 자연의 순환을 이야기합니다. 그런데 자연의 순환을 인간 삶에 적용하여 설명해도 그 논리가 유사함이 참으로 신기합니다. 천인합일天人合一. 인간은 자연의 일부이며, 개인의 성정과 사회적 관계 역시 순리 안에 있음을 알 수 있습니다.

정丁의 특성

1 흐린 글씨를 따라 쓰면서 정의 특성을 파악해 봅시다.

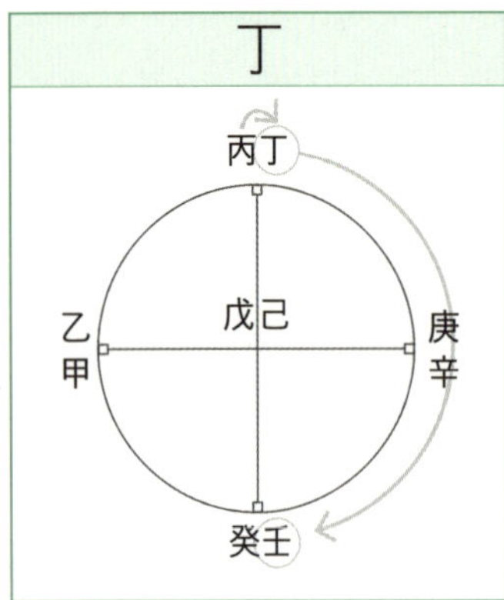

정丁은 촛불, 화로 등으로 비유합니다.
빛을 밝히는 병화와 달리, 열성의 화를 상징합니다.
정화는 대상에 집중하며 염炎하며 변질시킵니다.
정화는 경금을 보며 자신을 응축해 들어갑니다.
정화는 궁극적으로 가장 아래에 있는 임수로 향합니다.

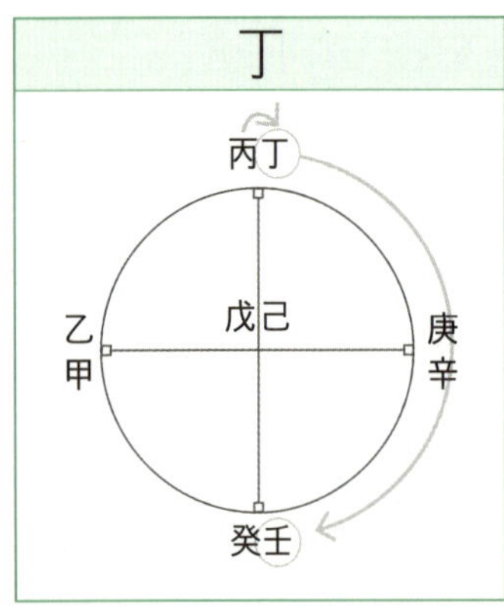

정丁은 촛불, 화로 등으로 비유합니다.
빛을 밝히는 병화와 달리, 열성의 화를 상징합니다.
정화는 대상에 집중하며 염炎하며 변질시킵니다.
정화는 경금을 보며 자신을 응축해 들어갑니다.
정화는 궁극적으로 가장 아래에 있는 임수로 향합니다.

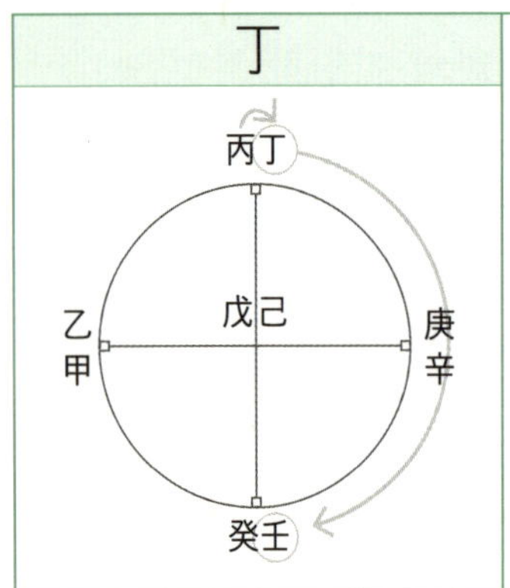

정丁은 촛불, 화로 등으로 비유합니다.
빛을 밝히는 병화와 달리, 열성의 화를 상징합니다.
정화는 대상에 집중하며 염炎하며 변질시킵니다.
정화는 경금을 보며 자신을 응축해 들어갑니다.
정화는 궁극적으로 가장 아래에 있는 임수로 향합니다.

2 정화의 기질은 어떠한지 흐린 글씨를 따라 쓰면서 익혀 봅시다.

헌신	자신을 태워서라도 타인에게 도움과 빛을 주려는 마음.
이타심	세심하게 살피고 따뜻하게 감싸며 베풀려는 성향.
열정	집중된 불꽃처럼 대상에 몰입하고 끝까지 태우는 에너지.
영향력	은은하지만 오래 남아 주변에 변화를 일으키는 힘.
기술성	섬세한 손재주와 전문성을 발휘하는 능력.
통찰력	현상을 꿰뚫고 핵심을 읽어내어 사물의 본질을 파악하고자 함.
실용적	추상보다 현실에서 쓰임 있는 결과를 중시하며 실용적 가치를 추구함.
고지식	타인을 관찰하고, 옳고 그름을 따지며 가르치거나 조언하려는 태도.
자기확신	강한 자의식으로 자기 신념과 판단에 대한 강한 믿음.
질투심	비교와 경쟁 속에서 생겨나는 내면적 갈등.

3 정화의 돌아볼 점을 적어 봅시다.

교훈적 태도	옳고 그름에 민감해 타인을 교정하려는 태도가 강할 수 있음. 상대의 입장을 받아들이고, 가르침보다 공감을 우선할 필요가 있음.
자의식	스스로의 옳음을 확신하지만, 그 확신이 지나치면 독단으로 이어짐. 자신의 불빛이 모두에게 동일한 온기로 닿지는 않음을 인식해야 함.
질투	섬세한 감정이 때로는 비교와 경쟁심으로 변질됨. 타인의 성취보다 자신이 켜 온 불빛의 방향에 집중할 필요가 있음.
과도한 헌신	남을 돕고 챙기려다 자신을 소진시킬 수 있음. 남을 비추기 전에 스스로의 온도부터 지켜야 함.
융통성	성실하고 원칙적인 성향이 때로는 고지식함으로 비침. 기준을 세우되, 상황에 맞게 행동을 조절하는 유연함이 필요함.

정丁의 특성

1 정의 특성을 적어 보고, 기운의 방향을 표시해 보세요.

2 정화의 기질을 적어 봅시다.

3 정화의 돌아볼 점을 적어 봅시다.

무토 일간

　무토戊土 일간이거나, 무토의 특성이 강한 사주에 대해 알아보도
록 하겠습니다. 토의 성정은 가색稼穡이라 하였습니다. 심는다는 의
미의 가稼는 음의 토인 기토와 가깝습니다. 무토는 거둔다는 의미의
색穡의 성정이 주가 됩니다. 거둔다는 것은 때에 맞게 음의 기운을
거두거나, 양의 기운을 거두며 조화와 조절을 이끌어 내는 것을 의
미합니다.

　앞서 우리는 수가 화로 향하는 과정에서 목이 생겨나고, 화가 수
로 향하는 과정에서 금이 생겨남을 이야기하였습니다. 이러한 수화
목금이 원을 그리며 순환하는 가운데 토가 중앙에 위치하며 이들의
움직임을 조율하고 조절한다고 공부했습니다. 천간의 무토는 지지
에서 진토와 술토로 작용력을 나타내고, 천간의 기토는 지지에서 미
토와 축토로 작용력을 드러냅니다. 토土는 본래 중앙에 자리하여 수
水·목木·화火·금金·수水의 순환 전체에 관여하지만, 지금은 초급 단
계이므로 천간의 순서 속에서 무토와 기토의 작용력만 살펴보겠습
니다.

　천간의 토는 화와 금 사이에 위치합니다. 화가 다시 수로 내려가
는 과정에서 금이 생겨난다고 이야기했습니다. 이때 펼쳐진 화에 경
계를 설정하고 확산을 제어하는 과정이 필요합니다. 따라서 화와 금
사이에 토가 개입하게 됩니다. 천간의 무토戊土는 대음양大陰陽 상 양
陽의 마지막 지점으로 완전하게 확산된 화火에 경계를 설정한 것을
의미합니다. 따라서 무토는 내부적으로 화를 품고 있음을 알 수 있
습니다.

포용력, 중재력, 리더십, 신념, 고집, 스케일, 우직함, 신뢰감, 자존심, 갈등 조정, 고독감, 중립, 숨겨진 열정 등의 단어들이 무토와 어울려 보입니다. 무토 일간 혹은 무토 기질이 강한 사람들에게서 이러한 속성을 살펴보면 됩니다. 하지만 사주 구성이 어떠한가에 따라 제시한 단어들의 깊은 의미가 달라짐을 잊어서는 안 됩니다. 특히 토의 경우는 지지와의 관계에서 그 쓰임이 달라지므로 조금 더 유연한 시각으로 접근할 필요가 있습니다.

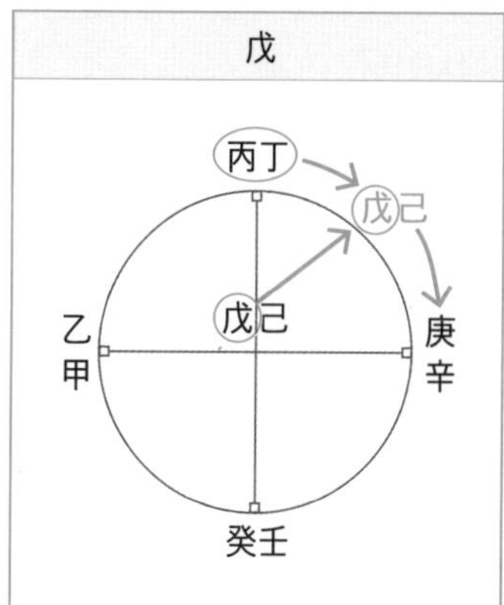

무戊는 큰 산, 넓은 들판 등으로 비유합니다.
중앙에서 작용하며,
음양을 조율합니다. 천간 순서에서 무는
화를 덮어 경계를 지우며,
확산된 화를 조율하고 조절합니다.

무토는 넓은 대지와 같이 만물을 포용합니다. 또한 계절에 맞게 때에 맞게 세상을 펼쳐내기 위하여 음과 양을 조율하고 조절합니다. 따라서 무토는 중심을 잡고 세상을 지탱하게 하는 중요한 역할을 담당합니다. 큰 틀에서 사고하고 고민하며, 묵직하게 주변을 이끕니다. 신념과 자존심으로 자신만의 세계를 구축하지만, 그 단단함 속에는 고독과 책임의 무게가 함께 깃들어 있습니다. 무토 일간, 무토의 기운이 강한 사람의 기질적 속성을 앞서 제시한 단어들을 바탕으로 정리해 보도록 하겠습니다.

1

무토의 기질

포용력	다양한 사람과 상황을 품어주는 대지 같은 마음.
중재력	갈등을 조율하고 중심을 잡는 조정자적 성향.
리더십	묵직한 신뢰를 바탕으로 조직을 안정시키는 지도력.
신념	옳다고 믿는 원칙을 끝까지 지켜내는 확고한 의지.
고집	한 번 정한 방향을 쉽게 바꾸지 않는 단단함.
우직함	꾸준하고 성실하게 묵묵히 나아가는 태도.
신뢰감	안정된 태도와 일관성으로 주변의 믿음을 얻음.
갈등 조정	대립 속에서도 균형과 질서를 찾아내는 능력.
고독감	중심에 서 있지만 그 무게만큼 외로움을 감내하는 존재.
열정	넓은 시야와 큰 틀에서 사물을 바라보는 기질.

　무토의 기질을 인간 삶에 끌어와 유사한 단어들과 연결 지어 보았습니다. 무토 역시 다른 천간과의 관계에서 그 기질이 달라질 수 있고, 지지와의 연결과 운의 변화에 의해 다양한 작용력이 나타납니다. 무토는 때에 맞게 행동하려는 마음이 강합니다. 지금이 어떠한 때인가에 대한 생각을 바탕으로, 물러나야 할 때인지 나아가야 할 때인지를 생각합니다.

2

돌아볼 점

완고함	신념이 강한 만큼 유연함이 부족할 수 있음. 원칙은 지키되, 변화하는 상황에 맞게 시각을 조정하는 여유가 필요.
고집	결정한 일에 집착하여 타인의 의견을 배척하기 쉬움. 자신과 다른 방식도 같은 목표에 이를 수 있음을 인정해야 함.
감정 표현 부족	속은 따뜻하지만 겉으로는 무뚝뚝하고 거리감이 생김. 마음을 드러내는 소통이 신뢰를 더 깊게 만들어 줌.
과한 책임감	모든 짐을 혼자 지려는 성향. 지나친 책임감은 자신을 고립되게 만들 수도 있음.
고독감	중심을 잡는 자리에 서 있지만, 그 무게로 인한 고독감. 혼자의 시간도 소중하지만, 사람과의 정서적 연결 필요.

무토 일간을 큰 산, 황무지, 넓은 대지 등으로 그 속성을 이야기하는 경우가 많습니다. 큰 산이라서 만물을 수용한다고 외우되, 무토라는 글자가 가진 역할을 계속 생각해 보면 좋겠습니다. 음과 양을 조절하고, 지금이 어떤 계절인지를 살피며, 봄을 봄답게, 여름을 여름답게, 가을을 가을답게, 겨울을 겨울답게 이끌어가는 역할을 무토가 하게 됩니다. 그러한 무토의 기질이 인간 삶에서 강한 책임감과 신념으로 드러납니다. 음과 양을 조절하며 때에 맞는 역할에 대해 끊임없이 고민하는 무토에 대하여 생각해 보면 좋겠습니다.

무戊의 특성

1 흐린 글씨를 따라 쓰면서 무의 특성을 파악해 봅시다.

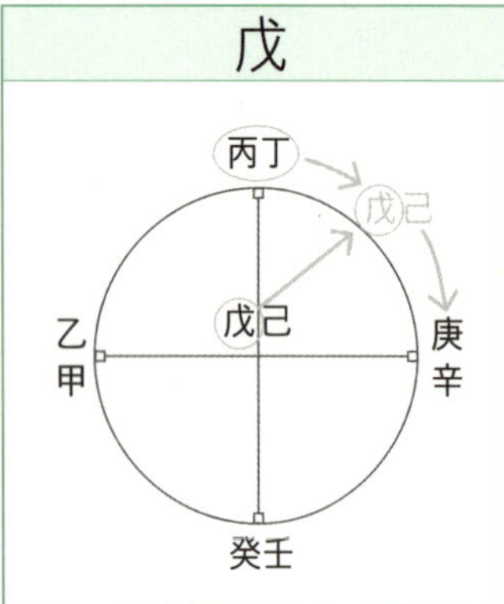

무戊는 큰 산, 넓은 들판 등으로 비유합니다.
중앙에서 작용하며,
수와 화를 조절하며 조율합니다.
화를 덮어 경계를 지우며,
확산된 화를 조율하고 조절합니다.

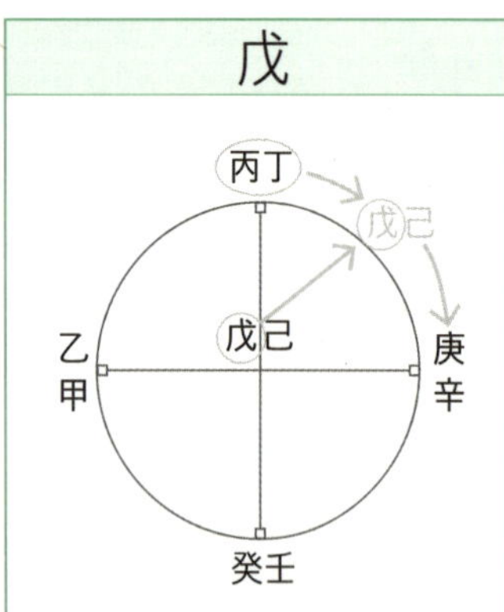

무戊는 큰 산, 넓은 들판 등으로 비유합니다.
중앙에서 작용하며,
수와 화를 조절하며 조율합니다.
화를 덮어 경계를 지우며,
확산된 화를 조율하고 조절합니다.

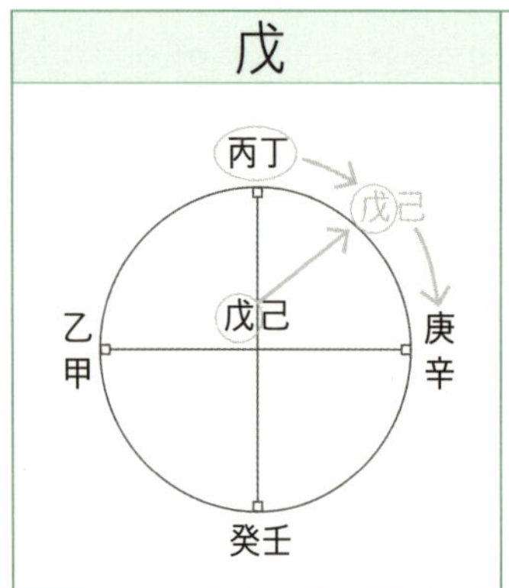

무戊는 큰 산, 넓은 들판 등으로 비유합니다.
중앙에서 작용하며,
수와 화를 조절하며 조율합니다.
화를 덮어 경계를 지우며,
확산된 화를 조율하고 조절합니다.

2 무토의 기질은 어떠한지 흐린 글씨를 따라 쓰면서 익혀 봅시다.

포용력	다양한 사람과 상황을 품어주는 대지 같은 마음.
중재력	갈등을 조율하고 중심을 잡는 조정자적 성향.
리더십	묵직한 신뢰를 바탕으로 조직을 안정시키는 지도력.
신념	옳다고 믿는 원칙을 끝까지 지켜내는 확고한 의지.
고집	한 번 정한 방향을 쉽게 바꾸지 않는 단단함.
우직함	꾸준하고 성실하게 묵묵히 나아가는 태도.
신뢰감	안정된 태도와 일관성으로 주변의 믿음을 얻음.
갈등 조정	대립 속에서도 균형과 질서를 찾아내는 능력.
고독감	중심에 서 있지만 그 무게만큼 외로움을 감내하는 존재.
열정	넓은 시야와 큰 틀에서 사물을 바라보는 기질.

3 무토의 돌아볼 점을 적어 봅시다.

완고함	신념이 강한 만큼 유연함이 부족할 수 있음. 원칙은 지키되, 변화하는 상황에 맞게 시각을 조정하는 여유가 필요.
고집	결정한 일에 집착하여 타인의 의견을 배척하기 쉬움. 자신과 다른 방식도 같은 목표에 이를 수 있음을 인정해야 함.
감정 표현 부족	속은 따뜻하지만 겉으로는 무뚝뚝하고 거리감이 생김. 마음을 드러내는 소통이 신뢰를 더 깊게 만들어 줌.
과한 책임감	모든 짐을 혼자 지려는 성향. 지나친 책임감은 자신을 고립되게 만들 수도 있음.
고독감	중심을 잡는 자리에 서 있지만, 그 무게로 인한 고독감. 혼자의 시간도 소중하지만, 사람과의 정서적 연결 필요.

무戊의 특성

1 무의 특성을 적어 보고, 기운의 방향을 표시해 보세요.

2 무토의 기질을 적어 봅시다.

3 무토의 돌아볼 점을 적어 봅시다.

기토 일간

기토己土 일간이거나, 기토의 특성이 강한 사주의 특징을 생각해 보도록 하겠습니다. 앞서도 보았지만 토의 성정은 가색稼穡입니다. 이때 무토戊土는 거둘 색穡과 그 성정을 같이 한다고 하였고, 기토己土는 심을 가稼와 그 성정이 유사하다고 하였습니다. 수가 화를 향해 올라가고, 화가 다시 수를 향해 내려오는 과정에서 목과 금이 생겨나는데, 이때 목과 금을 이루어 내는 토대의 역할을 기토가 하게 됩니다. 무토와 기토는 짝이 되어 토의 역할을 수행하며, 음양을 조절하고 목금을 만들어 냅니다.

아직 방위에 대한 이야기는 하지 않았지만, 수는 북방, 화는 남방, 목은 동방, 금은 서방을 나타냅니다. 이때 토는 주어진 방향이 없습니다. 다만 가운데에 위치하며 수화와 목금을 조율하고 돌려내는 중간적 역할을 하는 것이 천간의 토입니다. 앞서 무토의 속성을 정리하며, 포용과 중재, 조절자로서의 역할을 이야기하였습니다. 무토가 큰 틀에서 음과 양을 조절하고 조율하는 역할을 하는데 반하여, 기토는 목이나 금과 같은 현실적 가치를 만들어 내는 데에 그 역할이 치중되어 있습니다. 질적으로 존재하는 현실적 가치인 목과 금을 창조하는 기己의 기운과 유사한 단어들을 떠올려 봅시다.

관리능력, 섬세함, 현실감각, 실용성, 실속, 포용, 조정, 인내심, 책임감, 신용, 믿음, 타인 배려, 희생, 보수성과 현실성, 균형감각, 융통성, 내면의 강인함 등의 단어들이 어울려 보입니다. 기토 일간 혹은 기토의 기질이 강한 사람들에게서 이러한 속성을 살펴보면 됩니다.

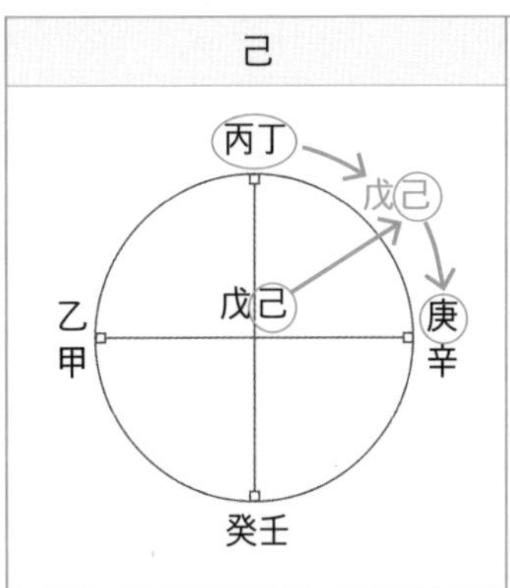

기토는 지지에서 축토와 미토로 작용합니다. 축토는 목을 일으키려는 토이고, 미토는 금을 형성하려는 토입니다. 따라서 기축己丑이라는 간지와 기미己未라는 간지의 의미가 달라집니다. 다른 천간의 글자들도 지지들과 어떤 관계를 가지는가에 따라 그 작용력이 달라지지만, 토의 경우는 특히 지지와 함께 살펴갈 필요가 있습니다.

기토는 한정된 땅을 정성껏 가꿉니다. 작은 영역을 철저히 관리하며 실질적 이익과 안정감을 추구하고, 관계에서는 가족처럼 가까운 사람 중심으로 깊은 신뢰와 헌신을 보입니다. 겉으로는 온화하고 수용적이지만, 내면에는 생존을 위한 냉철한 현실감과 자기 영역에 대한 강한 의식이 자리합니다. 기토 일간, 기토의 기운이 강한 사람의 기질적 속성을 앞서 제시한 단어들을 바탕으로 정리해 보도록 하겠습니다.

1

기토의 기질

영역 관리	자신이 다룰 수 있는 영역을 정하고, 책임감 있게 유지하는 능력.
섬세함	작은 변화에도 민감하게 반응하며 질서를 유지.
현실감각	구체적 상황 속에서 실용과 실속을 중시.
포용과 조정	갈등 속에서도 균형을 잡고 조화를 만들어 냄.
인내심	환경에 묵묵히 적응하며 끝까지 버티는 힘.
신용과 믿음	맡은 일과 관계를 책임 있게 끌어나가며, 신뢰를 쌓는 안정된 성향.
배려	가족·친족 등 가까운 관계를 세심하게 챙김.
희생	자신을 내세우지 않고 뒤에서 지원하는 모습.
보수성	안정과 지속을 우선시하고, 급격한 변화를 경계.
균형감각	융통성 있게 감정·이익·관계를 조율하는 힘.

　기토의 기질을 인간 삶에 끌어와 단어와 연결 지어 보았습니다. 기토는 현실 속에서 실질적인 성취를 이루는 특성을 가집니다. 그 성실함이 때로는 자신을 가두는 틀이 되기도 하기에 유연함과 표현, 확장과 휴식이 필요합니다. 토는 가운데에 자리하며, 수화의 조절과 목금의 생성에 중요한 역할을 하게 됩니다. 토가 있다는 것은 때에 맞게 무언가를 한다는 것이고, 환경에 맞게 무언가를 만들어 낸다는 것을 의미합니다.

2

돌아볼 점

과도한 통제	모든 일을 세밀하게 통제하려는 습관이 스스로를 힘들게 할 수 있음. 타인과 일에도 여유로운 틈을 남겨야 함.
좁은 시야	자신의 영역 안에서만 판단하려다 더 큰 가능성을 놓칠 수 있음. 안정 속에서도 새로운 자극과 시야 확장을 받아들일 필요가 있음.
감정 억제	속마음을 드러내지 않아 스트레스가 쌓이기 쉬움. 진심을 나누는 대화가 관계의 신뢰를 더 깊게 만듦.
지나친 희생	가족과 가까운 사람을 위해 자신을 지나치게 소모함. 돌봄의 마음은 소중하지만, 자기 회복을 위한 시간도 필요함.
자기중심성	현실적 판단이 강해 새로움이나 변화를 경계하는 보수성. 현실감은 유지하되, 융통성과 타인의 시선을 인정해야 함.

무토戊土는 큰 산, 기토己土는 비옥한 토양으로 일간의 속성을 이야기하는 경우가 많습니다. 큰 산은 더 많은 것들을 품고 중재할 수 있을 것 같습니다. 비옥한 토양은 많은 작물들을 생성해 낼 수 있을 것 같습니다. 물상을 하나 정해 두고 천간의 속성을 기억하는 것도 좋은 방법입니다. 하지만 긴 공부를 위해서 무토의 작용력과 기토의 작용력을 이해할 필요가 있습니다. 기운을 거두고, 새로운 것을 창조해 내는 가색稼穡의 토에 대하여 궁리하며 공부를 이어가면 좋겠습니다.

기己의특성

1 흐린 글씨를 따라 쓰면서 기의 특성을 파악해 봅시다.

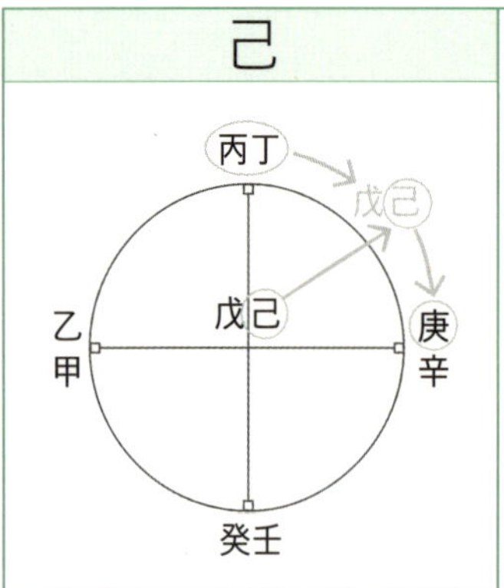

기己는 밭, 정원, 토양 등으로 비유합니다.
중앙에서 작용하며,
목과 금을 형성해 나갑니다.
수를 목으로 만들어가거나,
화를 금으로 만들어 가는 역할을 합니다.

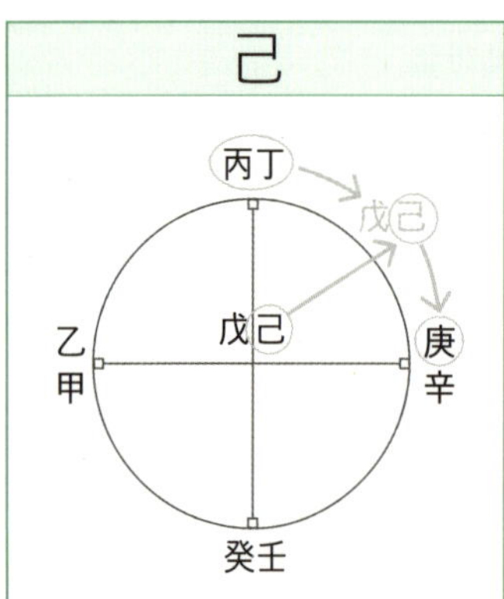

기己는 밭, 정원, 토양 등으로 비유합니다.
중앙에서 작용하며,
목과 금을 형성해 나갑니다.
수를 목으로 만들어가거나,
화를 금으로 만들어 가는 역할을 합니다.

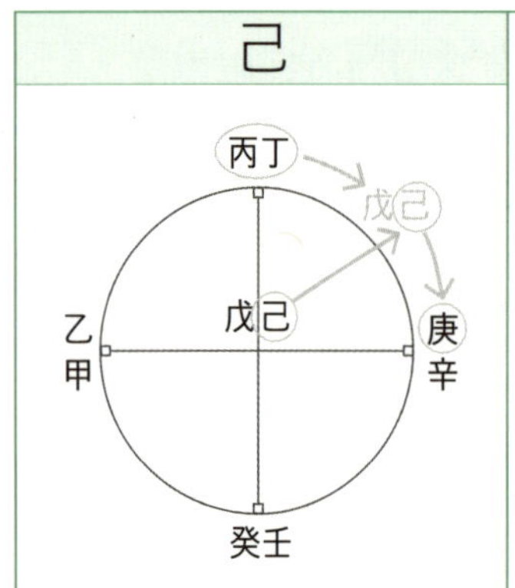

기己는 밭, 정원, 토양 등으로 비유합니다.
중앙에서 작용하며,
목과 금을 형성해 나갑니다.
수를 목으로 만들어가거나,
화를 금으로 만들어 가는 역할을 합니다..

2 기토의 기질은 어떠한지 흐린 글씨를 따라 쓰면서 익혀 봅시다.

영역 관리	자신이 다룰 수 있는 영역을 정하고, 책임감 있게 유지하는 능력.
섬세함	작은 변화에도 민감하게 반응하며 질서를 유지.
현실감각	구체적 상황 속에서 실용과 실속을 중시.
포용과 조정	갈등 속에서도 균형을 잡고 조화를 만들어 냄.
인내심	환경에 묵묵히 적응하며 끝까지 버티는 힘.
신용과 믿음	맡은 일과 관계를 책임 있게 끌어나가며, 신뢰를 쌓는 안정된 성향.
배려	가족·친족 등 가까운 관계를 세심하게 챙김.
희생	자신을 내세우지 않고 뒤에서 지원하는 모습.
보수성	안정과 지속을 우선시하고, 급격한 변화를 경계.
균형감각	융통성 있게 감정·이익·관계를 조율하는 힘.

3 기토의 돌아볼 점을 적어 봅시다.

과도한 통제	모든 일을 세밀하게 통제하려는 습관이 스스로를 힘들게 할 수 있음. 타인과 일에도 여유로운 틈을 남겨야 함.
좁은 시야	자신의 영역 안에서만 판단하려다 더 큰 가능성을 놓칠 수 있음. 안정 속에서도 새로운 자극과 시야 확장을 받아들일 필요가 있음.
감정 억제	속마음을 드러내지 않아 스트레스가 쌓이기 쉬움. 진심을 나누는 대화가 관계의 신뢰를 더 깊게 만듦.
지나친 희생	가족과 가까운 사람을 위해 자신을 지나치게 소모함. 돌봄의 마음은 소중하지만, 자기 회복을 위한 시간도 필요함.
자기중심성	현실적 판단이 강해 새로움이나 변화를 경계하는 보수성. 현실감은 유지하되, 융통성과 타인의 시선을 인정해야 함.

기己의 특성

1 기의 특성을 적어 보고, 기운의 방향을 표시해 보세요.

2 기토의 기질을 적어 봅시다.

3 기토의 돌아볼 점을 적어 봅시다.

경금 일간

경금庚金 일간이거나, 경금의 특성이 강한 사주의 특징을 생각해 보도록 하겠습니다. 금의 성정은 종혁從革입니다. 이때 경금庚金은 혁革의 성정을 가지며, 신금辛金은 종從의 성정이 주가 됩니다. 화가 수로 내려가는 과정에서 생성된 기운이 금입니다. 이때 경금은 펼쳐진 화를 자신의 내부로 가두며 혁신을 도모합니다. 신금은 화를 더욱 어둡게 만들고 수를 향해 수렴합니다. 보통 경금庚金을 열매에 비유하고, 열매 내부의 씨앗을 신금辛金에 비유하게 됩니다.

경금의 내부는 화로 가득 차 있습니다. 앞서 우리는 화는 금을 극하는 것에 대하여 공부하였습니다. 화는 금을 극하지만, 금은 화와 토를 내부에 넣어 이루어집니다. 달리 말해, 화생토 토생금의 과정에 의해 금이 형성됩니다. 금은 화에 의해 만들어지기 때문에 화생금이라는 표현을 쓰기도 합니다. 자신을 극하는 기운을 자기 안에 넣고 성장하는 혁신적인 경庚의 기운과 비슷한 단어들을 떠올려 봅시다.

냉정 속의 따뜻함, 강단, 정직, 의리, 소신, 과단성, 결단성, 원칙과 질서, 주체성, 일관성, 강직함, 강인함, 승부욕, 인정 욕구, 냉철함, 융통성 부족, 타협의 어려움, 규칙 준수 등을 생각할 수 있습니다. 경금 일간 혹은 경의 기질이 강한 사람들에게서 이런 속성들이 어떻게 발현되는지 살펴보면 됩니다. 물론 사주의 구성이 어떠한가에 따라 제시한 단어들의 의미가 달라짐을 기억해야 합니다.

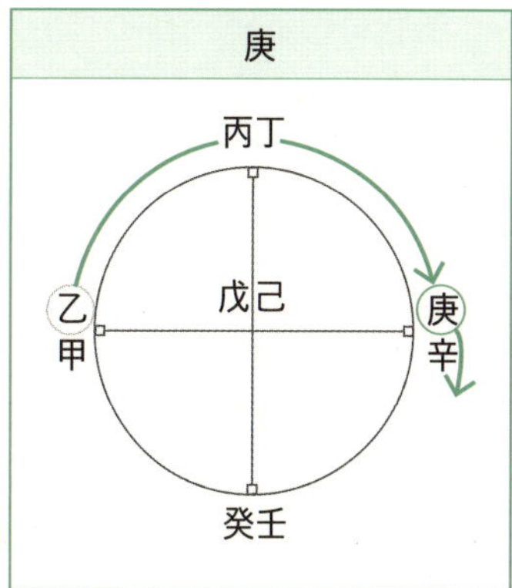

경금이 자신 안으로 화의 기운을 받아들인다는 것은 강한 책임감과 내적 단단함을 의미합니다. 화는 본래 금을 변화시키는 에너지이지만, 경금은 그 힘을 외부로 흩뜨리지 않고 스스로의 안에서 다스립니다. 그렇게 경금은 내면의 열기를 통제하며 자신의 표면을 단단히 세워 외부와 내부를 구분합니다. 이 과정에서 원칙과 질서를 세우고, 제도와 규칙을 만들어 가는 성숙한 힘이 드러납니다.

경금은 단단한 쇠처럼 단련된 의지와 강한 책임감을 가집니다. 정직과 원칙을 지키며, 스스로를 끊임없이 다듬어 나가는 존재입니다. 때로는 냉정하고 엄격하게 보이지만, 그 속에는 정의와 신의, 그리고 실질적 책임감이 자리합니다. 경금 일간, 경금 기운이 강한 사람의 기질적 속성을 앞서 제시한 단어들을 바탕으로 정리해 보도록 하겠습니다.

1
경금의 기질

냉정 속의 따뜻함	겉은 단단하지만 속은 책임과 배려로 움직임.
강단	상황에 흔들리지 않고 스스로 판단해 결단하는 힘.
의리와 소신	약속과 신의를 지키며, 한 번 맺은 관계에 끝까지 책임.
의지와 결단성	목표를 정하면 끝까지 밀어붙이는 강한 추진력.
원칙과 질서	질서 속에서 안정감을 느끼고 체계를 지키려 함.
승부욕	경쟁 속에서 자신을 단련하고 결과로 증명하려는 의식.
타협의 어려움	자기 기준이 뚜렷해 쉽게 물러서지 않음.
냉철함	감정에 휘둘리지 않고 사실과 논리로 판단.
주체성	타인의 의견보다 자신의 판단과 신념을 우선함.
인정 욕구	노력과 성취가 정당하게 평가받기를 바라는 내면의 욕망.

경금의 기질을 인간 삶에 끌어와 단어와 연결 지어 보았습니다. 열 개의 천간 중 금의 기운을 가지는 것은 경금과 신금이 있습니다. 이때 경금은 화에 가까이 있고, 신금은 수에 가까이 있습니다. 앞서 목을 배울 때 갑목은 수에 가깝고, 을목은 화에 가깝다고 설명했습니다.

경금庚金과 신금辛金은 화생토火生土, 토생금土生金의 과정을 거쳐 만들어집니다. 경금庚金은 화의 기운을 수렴하는 기운이고, 신금辛金은 더욱 응축된 형태로 볼 수 있습니다. 을목乙木이 화火를 향하듯, 신금辛金은 수水를 향합니다. 곧 목은 목생화木生火, 금은 금생수金生水의 흐름 속에서 각각 자신의 역할을 이루게 됩니다.

2

돌아볼 점

융통성 부족	원칙과 질서를 중시하다 보면 변화나 타인의 방식을 수용하기 어려움. 때로는 새로운 흐름에 자신을 맞추는 유연함이 필요.
타협의 어려움	흑백이 분명한 사고방식으로 인해 협상이 쉽지 않음. 다른 사람의 입장에서 사고하는 유연함이 필요.
과도한 자기 확신	자신이 옳다고 믿는 신념이 강해 타인의 의견을 배척하기 쉬움. 타인의 관점에도 배울 점이 있음을 인식해야 함.
감정 표현 부족	겉으로 냉정해 보여 따뜻한 진심이 전달되지 못할 때가 있음. 때로는 솔직한 표현이 신뢰를 더 깊게 만든다는 것을 기억해야 함.
승부욕과 인정욕구	스스로를 몰아붙이거나 타인과 경쟁에 매몰될 수 있음. 비교보다 성장, 이김보다 배움을 중시할 필요가 있음.

　자신을 극하는 속성인 화를 자기 안에 넣어 이루어지는 경금庚金에 대해 깊이 생각해 보면 좋겠습니다. 자신의 틀을 견고하게 해야만 하고, 딱딱하게 경계를 지어야만 하는 경금庚金입니다. 겉은 딱딱하지만 그 속은 따뜻한 화를 품었습니다. 경금은 단단한 원칙과 기준을 바탕으로 스스로를 단련하며 세상 속에서 지탱합니다. 그 강직함 속에 따뜻한 책임과 유연함이 더해질 때 경금은 단단한 금으로 완성되는 존재임을 생각해 보면 좋겠습니다.

경庚의 특성

1 흐린 글씨를 따라 쓰면서 경의 특성을 파악해 봅시다.

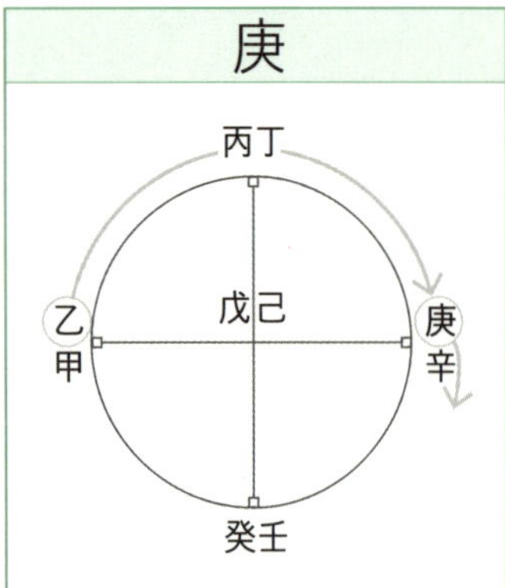

경庚은 열매, 강철, 쇠붙이 등으로 비유합니다.
을목이 완전한 확산을 거친 후,
이루어진 것이 경금입니다.
경금은 화를 넣고, 경계를 딱딱하게 구분 짓습니다.
화를 자기 안으로 넣고, 수를 향해 수렴합니다.

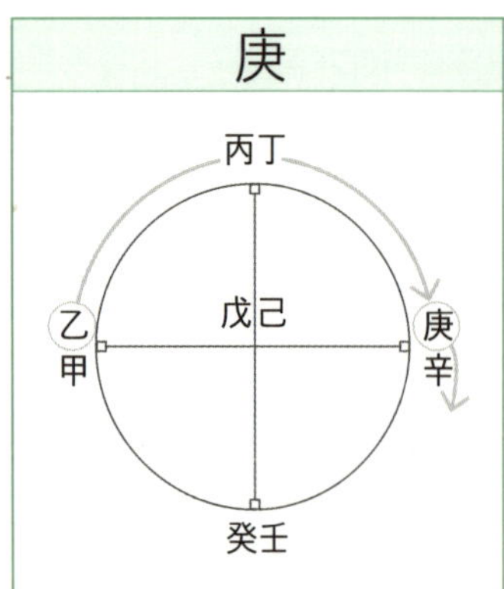

경庚은 열매, 강철, 쇠붙이 등으로 비유합니다.
을목이 완전한 확산을 거친 후,
이루어진 것이 경금입니다.
경금은 화를 넣고, 경계를 딱딱하게 구분 짓습니다.
화를 자기 안으로 넣고, 수를 향해 수렴합니다.

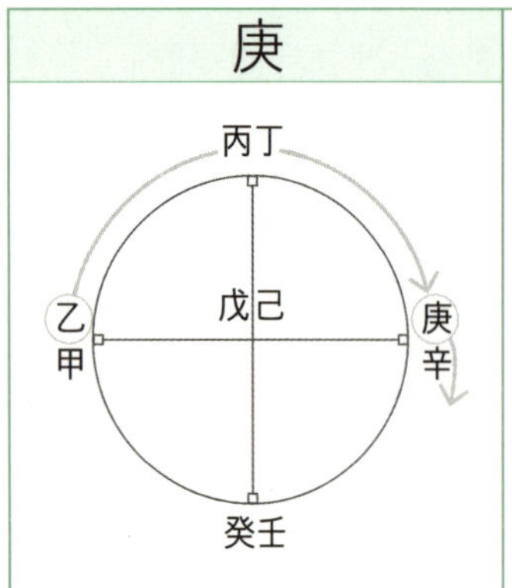

경庚은 열매, 강철, 쇠붙이 등으로 비유합니다.
을목이 완전한 확산을 거친 후,
이루어진 것이 경금입니다.
경금은 화를 넣고, 경계를 딱딱하게 구분 짓습니다.
화를 자기 안으로 넣고, 수를 향해 수렴합니다.

2 경금의 기질은 어떠한지 흐린 글씨를 따라 쓰면서 익혀 봅시다.

냉정 속의 따뜻함	겉은 단단하지만 속은 책임과 배려로 움직임.
강단	상황에 흔들리지 않고 스스로 판단해 결단하는 힘.
의리와 소신	약속과 신의를 지키며, 한 번 맺은 관계에 끝까지 책임.
의지와 결단성	목표를 정하면 끝까지 밀어붙이는 강한 추진력.
원칙과 질서	질서 속에서 안정감을 느끼고 체계를 지키려 함.
승부욕	경쟁 속에서 자신을 단련하고 결과로 증명하려는 의식.
타협의 어려움	자기 기준이 뚜렷해 쉽게 물러서지 않음.
냉철함	감정에 휘둘리지 않고 사실과 논리로 판단.
주체성	타인의 의견보다 자신의 판단과 신념을 우선함.
인정 욕구	노력과 성취가 정당하게 평가받기를 바라는 내면의 욕망.

3 경금의 돌아볼 점을 적어 봅시다.

융통성 부족	원칙과 질서를 중시하다 보면 변화나 타인의 방식을 수용하기 어려움. 때로는 새로운 흐름에 자신을 맞추는 유연함이 필요.
타협의 어려움	흑백이 분명한 사고방식으로 인해 협상이 쉽지 않음. 다른 사람의 입장에서 사고하는 유연함이 필요.
과도한 자기 확신	자신이 옳다고 믿는 신념이 강해 타인의 의견을 배척하기 쉬움. 타인의 관점에도 배울 점이 있음을 인식해야 함.
감정 표현 부족	겉으로 냉정해 보여 따뜻한 진심이 전달되지 못할 때가 있음. 때로는 솔직한 표현이 신뢰를 더 깊게 만든다는 것을 기억해야 함.
승부욕과 인정 욕구	스스로를 몰아붙이거나 타인과 경쟁에 매몰될 수 있음. 비교보다 성장, 이김보다 배움을 중시할 필요가 있음.

경庚의 특성

1 경의 특성을 적어 보고, 기운의 방향을 표시해 보세요.

2 경금의 기질을 적어 봅시다.

3 경금의 돌아볼 점을 적어 봅시다.

신금 일간

신금辛金 일간이거나, 신금의 특성이 강한 사주의 특징을 생각해 보도록 하겠습니다. 금의 성정은 종혁從革이라 하였습니다. 경금庚金은 양의 금으로 '금의 형태를 이루고, 화를 안으로 가두는 역할을 포괄적으로 해나갑니다. 신금辛金은 음의 금으로 경금이 모은 화를 선별하고 분별하여 핵심 정보만을 자기 안으로 넣게 됩니다. 신금은 화를 어둡게 하고, 수를 열어가는 역할을 도맡아 하게 됩니다.

흔히 경금은 열매, 신금은 씨앗으로 비유를 많이 하게 됩니다. 씨앗에는 해당 식물의 유전정보가 압축적으로 들어있습니다. 콩 심은 데 콩이 나고, 팥 심은데 팥이 나게 되어 있습니다. 콩에는 콩의 유전 정보가, 팥에는 팥의 유전 정보가 들어있기 때문입니다. 완전해진 씨앗은 수와 만나게 되면 다시 새싹을 틔웁니다. 따라서 신금은 일차적으로 수를 지향하며 더욱 단단해지고, 궁극적으로 갑목이라는 싹을 틔우는 것을 자신의 본분이라 여기게 됩니다.

가장 완전한 유전 정보만은 분별하고 선별해야 하는 신금은 매우 예민하고 까칠합니다. 중요한 정보를 자기 안에 넣고 딱딱하게 굳은 신금에게 어울릴만한 단어들을 떠올려 봅시다. 정제됨, 냉정함, 섬세함, 정교함, 깐깐함, 예리함, 완전무결, 꼼꼼함, 비판적, 예민함, 끌어당김, 정리, 자기 관리, 냉철, 정확성, 효율성 등의 단어들이 신금의 성정과 어울려 보입니다. 신금 일간 혹은 신금의 기질이 강한 사람들에게서 이러한 속성을 살펴보면 됩니다. 계속 이야기하지만, 신금 일간이라 하여 반드시 이러한 속성을 가지고 있다고 단언해서는 안 됩니다. 큰 틀에서 이해해 나가는 과정에서 우리는 이러한 키워드들을 살펴보는 중입니다.

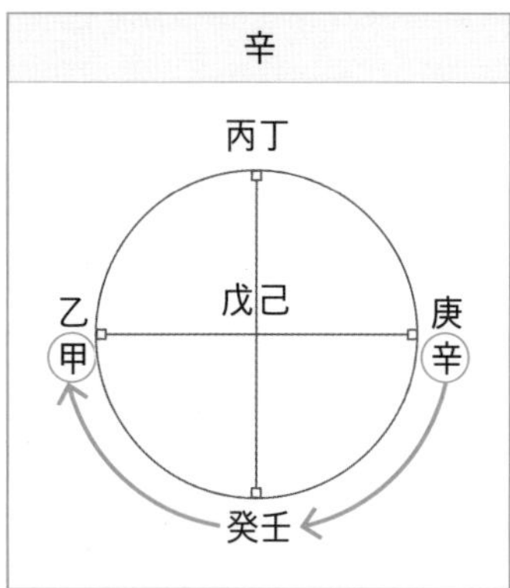

화는 금을 통해 수가 됩니다. 경금庚金은 화를 포괄적으로 자기 안에 넣습니다. 경금이 수렴한 화를 더욱 선별하여 응축하는 역할을 신금辛金이 담당합니다. 신금은 화를 선별하는 과정에서 자기만의 기준이 정확하고 예리합니다. 신금은 화를 완전하게 차단하여야 수를 열어갈 수 있으므로, 화를 대함에 있어 예민함을 보입니다. 신금을 흔히 보석이라고도 하는데, 신금은 세공된 보석처럼 예리하고 섬세한 감각을 지닌 존재입니다. 냉정함과 깐깐함 속에는 완벽을 추구하는 강한 의식이 있으며, 세련된 품격과 자기관리로 사람을 끌어당깁니다. 다만 그 날카로움이 지나치면 자기 자신을 옭아매거나, 타인에게 차갑게 비칠 수 있습니다. 신금 일간, 신금의 기운이 강한 사람의 기질적 속성을 앞서 제시한 단어들을 바탕으로 정리해 보도록 하겠습니다.

1
신금의 기질

냉정함	감정보다 판단을 앞세우고, 상황을 이성적으로 분석하는 냉철한 태도.
섬세함	미세한 변화와 감정의 결을 놓치지 않는 세밀한 감각.
완벽 추구	자신이 세운 기준이 높고 명확하여, 허술함이나 모호함을 싫어함.
예리함	사물의 본질과 결점을 날카롭게 꿰뚫어보는 통찰력.
꼼꼼함	작은 실수도 그냥 넘어가지 않고, 세세한 부분까지 정리하고 확인함.
비판적	사물이나 사람의 허점을 냉정히 분석하며 객관성을 유지함.
정리	복잡한 상황을 정돈하고 질서를 세우는 능력.
효율성	결과 중심으로 일처리를 마무리하는 실용적 태도.
냉철함	감정에 휘둘리지 않고, 문제의 본질을 정확히 판단함.
끌어당김	정제된 말투와 세련된 태도에서 타인을 끌어들이는 힘.

신금辛金의 속성을 인간 삶에 끌어와 여러 단어들과 연결 지어 보았습니다. 화가 아래로 내려가며 수가 되는 과정에서 생겨난 것이 금입니다. 양의 금인 경금庚金은 화와 가깝고, 음의 금인 신금辛金은 수와 가깝습니다. 경금에 비해 신금은 화를 더욱 선별하고 응축하여 딱딱해진 상태입니다. 경금이 화생토 토생금으로 자기 가치를 이루었다면, 신금은 금생수로 나아가며 더욱 응축되고 수렴됩니다. 경금庚金과 신금辛金은 서로의 작용을 조율하며 함께 움직입니다. 두 기운은 음양의 관계로 화를 수렴하여 수를 이루며, 목과 이어지는 순환을 하는 상호 관계입니다.

2

돌아볼 점

완벽주의	흠 없는 결과를 만들려다 스스로를 지나치게 몰아붙임. 완벽을 추구하다 보면 다음 단계로 나아가는 것이 지연될 수 있음.
냉정함	감정을 절제하다 보면 인간관계가 차갑게 느껴질 수 있음. 먼저 다가가고 따뜻한 표현을 건네는 노력이 필요함.
비판적 태도	잦은 지적은 관계를 피로하게 만들 수 있음. 판단보다 이해, 분석보다 공감이 중요함을 생각해야 함.
예민함과 스트레스	작은 자극에도 긴장하고 완벽을 추구하다 쉽게 지침. 여유와 불완전함을 허락하는 연습이 필요함.
폐쇄적 자존심	스스로의 기준이 높아 타인에게 마음을 쉽게 열지 않음. 도움을 받는 것도 능력임을 생각해야 함.

경금 일간을 도끼, 바위, 열매로 비유하고, 신금 일간을 날카로운 칼, 보석, 씨앗으로 비유하여 이야기하는 경우가 많습니다. 물상적으로 그 특성을 알아가는 것도 하나의 방법이지만, 천간 고유의 성정을 바탕으로 그 천간의 속성을 이해해 나가는 노력이 필요합니다. 신금 일간이 칼이라서, 혹은 보석이라서 날카롭다는 식의 이해는 너무나 단편적입니다. 신금은 화를 선별하고 분별하여 수로 응축해 들어가는 역할임을 계속 생각해 보면 좋겠습니다.

신辛의 특성

1 흐린 글씨를 따라 쓰면서 신의 특성을 파악해 봅시다.

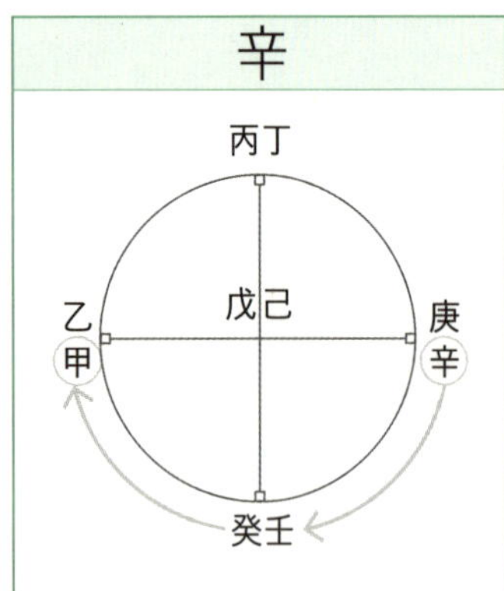

신辛은 씨앗, 보석 등으로 비유합니다.
경이 모은 화를 바탕으로 더욱 압축된 것이 신辛입니다.
신금은 화를 종하게 하여 완전하게 어둡게 합니다.
신금은 임수를 보며 응축하며 굳어집니다.
신금은 궁극적으로 새싹인 갑목을 발아하려 합니다.

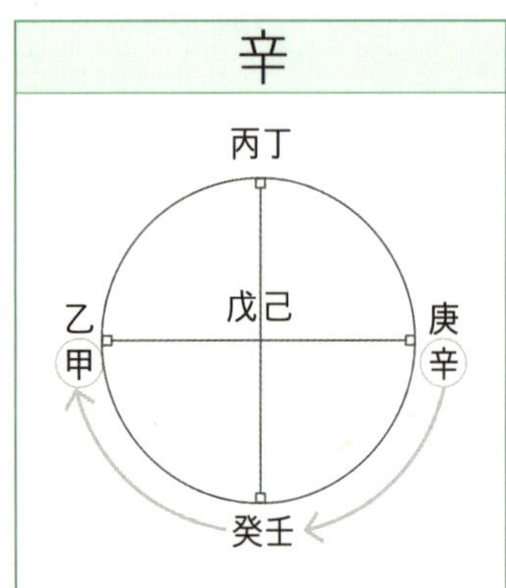

신辛은 씨앗, 보석 등으로 비유합니다.
경이 모은 화를 바탕으로 더욱 압축된 것이 신辛입니다.
신금은 화를 종하게 하여 완전하게 어둡게 합니다.
신금은 임수를 보며 응축하며 굳어집니다.
신금은 궁극적으로 새싹인 갑목을 발아하려 합니다.

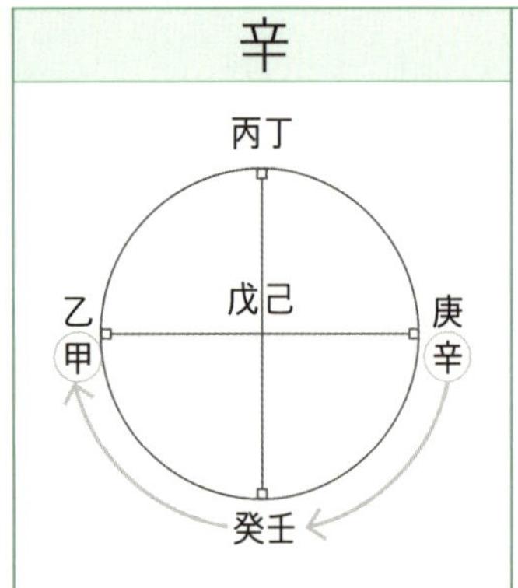

신辛은 씨앗, 보석 등으로 비유합니다.
경이 모은 화를 바탕으로 더욱 압축된 것이 신辛입니다.
신금은 화를 종하게 하여 완전하게 어둡게 합니다.
신금은 임수를 보며 응축하며 굳어집니다.
신금은 궁극적으로 새싹인 갑목을 발아하려 합니다.

2 신금의 기질은 어떠한지 흐린 글씨를 따라 쓰면서 익혀 봅시다.

냉정함	감정보다 판단을 앞세우고, 상황을 이성적으로 분석하는 냉철한 태도.
섬세함	미세한 변화와 감정의 결을 놓치지 않는 세밀한 감각.
완벽 추구	자신이 세운 기준이 높고 명확하여, 허술함이나 모호함을 싫어함.
예리함	사물의 본질과 결점을 날카롭게 꿰뚫어보는 통찰력.
꼼꼼함	작은 실수도 그냥 넘어가지 않고, 세세한 부분까지 정리하고 확인함.
비판적	사물이나 사람의 허점을 냉정히 분석하며 객관성을 유지함.
정리	복잡한 상황을 정돈하고 질서를 세우는 능력.
효율성	결과 중심으로 일처리를 마무리하는 실용적 태도.
냉철함	감정에 휘둘리지 않고, 문제의 본질을 정확히 판단함.
끌어당김	정제된 말투와 세련된 태도에서 타인을 끌어들이는 힘.

3 신금의 돌아볼 점을 적어 봅시다.

완벽주의	흠 없는 결과를 만들려다 스스로를 지나치게 몰아붙임. 완벽을 추구하다 보면 다음 단계로 나아가는 것이 지연될 수 있음.
냉정함	감정을 절제하다 보면 인간관계가 차갑게 느껴질 수 있음. 먼저 다가가고 따뜻한 표현을 건네는 노력이 필요함.
비판적 태도	잦은 지적은 관계를 피로하게 만들 수 있음. 판단보다 이해, 분석보다 공감이 중요함을 생각해야 함.
예민함과 스트레스	작은 자극에도 긴장하고 완벽을 추구하다 쉽게 지침. 여유와 불완전함을 허락하는 연습이 필요함.
폐쇄적 자존심	스스로의 기준이 높아 타인에게 마음을 쉽게 열지 않음. 도움을 받는 것도 능력임을 생각해야 함.

신辛의 특성

1 신의 특성을 적어 보고, 기운의 방향을 표시해 보세요.

2 신금의 기질을 적어 봅시다.

3 신금의 돌아볼 점을 적어 봅시다.

임수 일간

임수壬水 일간이거나, 임수의 특성이 강한 사주의 특징을 생각해 보도록 하겠습니다. 수의 성정은 윤하潤下입니다. 물은 두 가지 속성으로 드러납니다. 중력을 향해 아래로 흘러 모이는 물이 있는가 하면, 공기 중으로 증발하며 위로 향하는 물이 있습니다. 이때 가장 아래에 존재하며, 낮은 곳에서 응축하여 깊이 있게 존재하는 하下의 속성이 임수壬水입니다. 세상 만물을 윤潤하여 적시고 하늘을 향해 오르는 수는 계수癸水입니다. 수가 화가 되고, 화는 다시 수가 된다고 하였습니다. 계수癸水는 병화丙火까지 오르려 하고, 정화丁火는 임수壬水까지 내려옵니다.

임수는 화가 가장 아래로 내려와 응축된 것입니다. 임수는 가장 아래에서 응축하여 존재하며 자기 쪽으로 화를 당기려 합니다. 그 과정에서 생겨나는 것이 금입니다. 따라서 임수는 금을 무르익게 하는 것으로 작용력이 나타납니다. 임수를 흔히 바다에 비유하곤 합니다. 세상의 모든 물은 아래로 흐르고 흘러 바다에 다다릅니다. 수水는 많은 것들을 자기 안에 품고 아래로 흘러갑니다. 따라서 임수는 많은 것들을 포용한 지혜를 의미하기도 합니다. 가장 아래에서 만물을 포용하는 임壬의 기운과 유사한 단어들을 떠올려 봅시다.

포용력, 지혜, 탐구심, 유연함, 통찰력, 고집, 높은 이상, 고요함, 감수성, 지속성, 비밀스러움, 확산성 등의 단어들이 어울려 보입니다. 임수 일간 혹은 임수의 기질이 강한 사람들에게서 이러한 속성을 살펴보면 좋겠습니다. 다만, 임수 일간이라고 하여 이러한 특성이 반드시 있다고 확신하는 것은 옳지 않습니다. 큰 틀에서 접근하기 바랍니다.

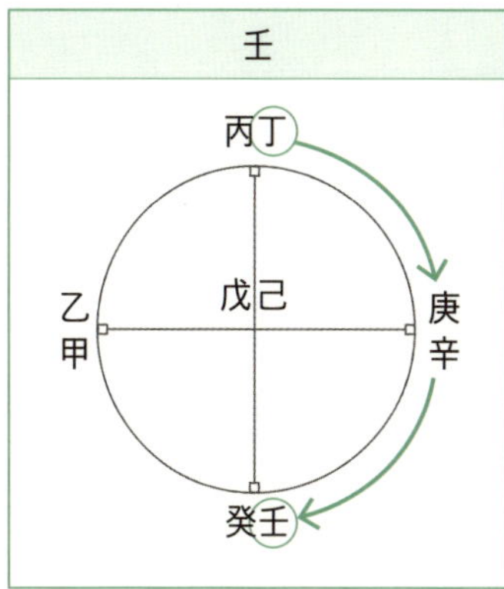

임壬은 바다, 큰물 등으로 비유합니다.
가장 아래에 있으면서, 수의 상징성을 가집니다.
화가 자신 쪽으로 내려오기를 원하며,
그 과정에서 금을 이루어 냅니다.

임수는 깊은 지혜와 유연한 흐름으로 세상을 관찰하고, 정보와 통찰을 연결해 의미를 만들어 내는 바다와 같은 존재입니다. 화가 임수 자신 쪽으로 내려오기를 원한다는 것은 나라는 존재를 확고하게 하여 현실적 가치가 나를 향해 따라와 주기를 원함을 의미합니다. 따라서 임수는 현실적 이익만을 추구하며 사는 것과는 다른 삶을 염원합니다. 여러 사람들이 지향하는 현실적 가치를 위해 불나방처럼 뛰어드는 삶을 원하지 않습니다.

현실적 가치보다 자신의 존재 자체를 더욱 중시하는 경향이 있습니다. 임수는 무겁게 수렴하며 세상의 지혜에 그 깊이를 더하며, 가치의 금을 이루어 냅니다. 임수는 화를 당기고, 금을 형성하는 과정을 통하여 자신의 존재감을 드러냅니다. 임수 일간, 임수의 기운이 강한 사람의 기질적 속성을 앞서 제시한 단어들을 바탕으로 정리해 보도록 하겠습니다.

1
임수의 기질

포용력	바다처럼 크고 넓게 사람과 세상을 품는 마음.
지혜	많은 정보를 흡수해 스스로의 통찰로 바꾸는 깊은 사고력.
탐구심	끝없이 알아가려는 지적 호기심이 강하며, 진리를 추구함.
통찰력	사물의 이면을 읽고, 복잡한 문제의 흐름을 파악하는 능력.
정적인 성향	내면의 고요함을 유지하며 사색과 관조 속에서 에너지를 충전함.
높은 이상	단순한 이익보다 정신적 가치, 지적 성취를 중시함.
지속성	물의 흐름처럼 멈추지 않고 꾸준히 나아가며, 쉽게 포기하지 않음.
비밀스러움	속내를 깊이 감추고, 신뢰한 사람에게만 마음을 열려는 경향.
확산성	한 곳에 머물지 않고 다양한 분야의 정보를 흡수함.
고집	내면의 신념은 단단하며, 한 번 정한 생각은 쉽게 바꾸지 않음.

임수의 기질을 인간 삶에 끌어와 단어들과 연결 지어 보았습니다. 임수는 큰 바다 혹은 큰 호수라 생각하고, 이러한 단어들과 연결 짓는 것도 도움이 될 것입니다. 하지만 천간 임수의 작용력을 이해하고 그러한 특성을 인간의 기질에서 찾아보는 노력이 필요합니다. 임수는 가장 아래에서 만물을 포용하고 수용하며 응축합니다.

2

돌아볼 점

방향의 분산	자유로운 흐름이 때로는 목적 없는 표류로 이어질 수 있음. 폭넓은 시야 속에서도 '나의 목적지'를 명확히 설정해야 함.
감정의 과잉	감정이 깊고 공감력이 강해 타인의 문제까지 떠안을 수 있음. 감정의 경계를 세워 내면의 평형을 유지할 필요가 있음.
현실감의 부족	현실과의 균형을 잃으면 끝없는 사유에 갇힐 수 있음. 지식과 통찰을 현실적 행동으로 연결하는 노력이 필요함.
완고한 신념	내면의 고집이 강해 타협이 쉽지 않음. 신념을 지키되, 변화를 수용하는 노력이 필요함.
내면의 고립	속이 깊고 신중해 쉽게 마음을 열지 않음. 주변과의 소통과 교류를 통해 자신을 환기할 필요가 있음.

임수는 바다처럼 모든 것을 품어 안으며, 그 깊은 흐름 속에서 지혜가 드러납니다. 천간의 속성을 인간 삶에 빗대어 볼 때는 그 긍정성과 부정성을 함께 생각해 보면 좋겠습니다. 임수가 깊은 지혜를 상징하지만, 그 깊은 흐름이 방향을 잃으면 자신을 가두게 되기도 합니다. 따라서 명확한 목표, 감정의 경계, 소통의 개방성이 임수를 더욱 가치 있게 만들 수 있습니다. 가장 아래에 위치하며 만물을 포용하고 수용하는 임수의 작용력을 더 깊이 있게 궁리해 보면 좋겠습니다.

임壬의 특성

1 흐린 글씨를 따라 쓰면서 임의 특성을 파악해 봅시다.

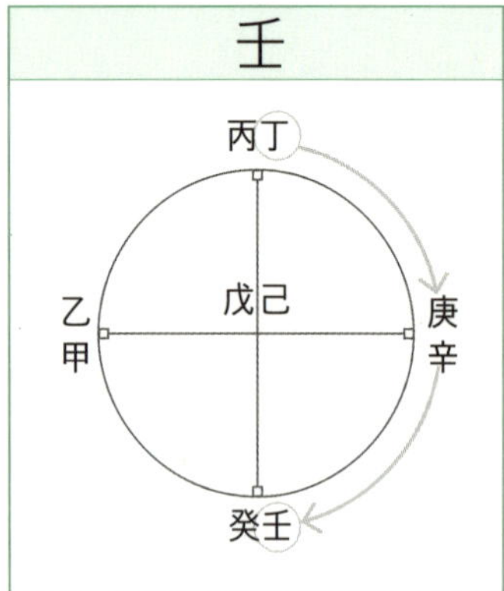

임壬은 바다, 큰물 등으로 비유합니다.
가장 아래에 있으면서, 수의 상징성을 가집니다.
화가 자신 쪽으로 내려오기를 원하며,
그 과정에서 금을 이루어 냅니다.

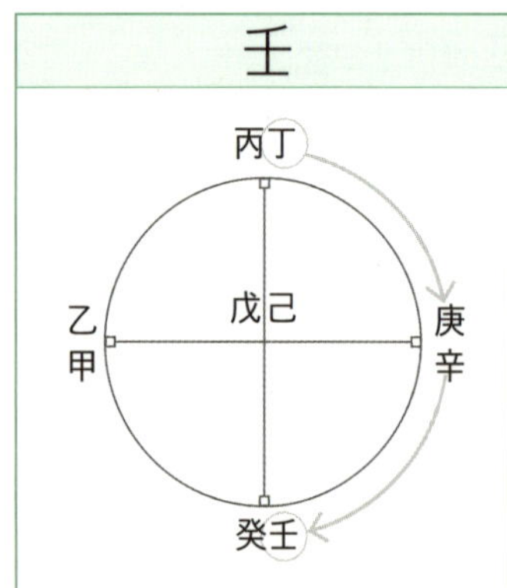

임壬은 바다, 큰물 등으로 비유합니다.
가장 아래에 있으면서, 수의 상징성을 가집니다.
화가 자신 쪽으로 내려오기를 원하며,
그 과정에서 금을 이루어 냅니다.

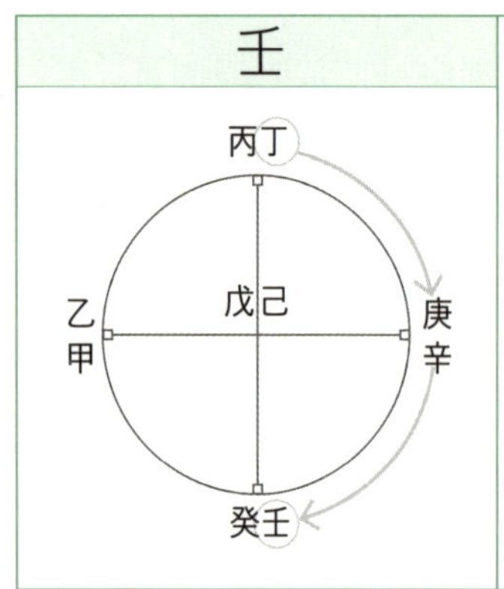

임壬은 바다, 큰물 등으로 비유합니다.
가장 아래에 있으면서, 수의 상징성을 가집니다.
화가 자신 쪽으로 내려오기를 원하며,
그 과정에서 금을 이루어 냅니다.

2 임수의 기질은 어떠한지 흐린 글씨를 따라 쓰면서 익혀 봅시다.

포용력	바다처럼 크고 넓게 사람과 세상을 품는 마음.
지혜	많은 정보를 흡수해 스스로의 통찰로 바꾸는 깊은 사고력.
탐구심	끝없이 알아가려는 지적 호기심이 강하며, 진리를 추구함.
통찰력	사물의 이면을 읽고, 복잡한 문제의 흐름을 파악하는 능력.
정적인 성향	내면의 고요함을 유지하며 사색과 관조 속에서 에너지를 충전함.
높은 이상	단순한 이익보다 정신적 가치, 지적 성취를 중시함.
지속성	물의 흐름처럼 멈추지 않고 꾸준히 나아가며, 쉽게 포기하지 않음.
비밀스러움	속내를 깊이 감추고, 신뢰한 사람에게만 마음을 열려는 경향.
확산성	한 곳에 머물지 않고 다양한 분야의 정보를 흡수함.
고집	내면의 신념은 단단하며, 한 번 정한 생각은 쉽게 바꾸지 않음.

3 임수의 돌아볼 점을 적어 봅시다.

방향의 분산	자유로운 흐름이 때로는 목적 없는 표류로 이어질 수 있음. 폭넓은 시야 속에서도 '나의 목적지'를 명확히 설정해야 함.
감정의 과잉	감정이 깊고 공감력이 강해 타인의 문제까지 떠안을 수 있음. 감정의 경계를 세워 내면의 평형을 유지할 필요가 있음.
현실감의 부족	현실과의 균형을 잃으면 끝없는 사유에 갇힐 수 있음. 지식과 통찰을 현실적 행동으로 연결하는 노력이 필요함.
완고한 신념	내면의 고집이 강해 타협이 쉽지 않음. 신념을 지키되, 변화를 수용하는 노력이 필요함.
내면의 고립	속이 깊고 신중해 쉽게 마음을 열지 않음. 주변과의 소통과 교류를 통해 자신을 환기할 필요가 있음.

임壬의 특성

1 임의 특성을 적어 보고, 기운의 방향을 표시해 보세요.

2 임수의 기질을 적어 봅시다.

3 임수의 돌아볼 점을 적어 봅시다.

계수 일간

계수癸水 일간이거나, 계수의 특성이 강한 사주의 특징을 생각해 보도록 하겠습니다. 수水의 성정은 윤하潤下라 하였습니다. 이때 임수壬水는 가장 아래에 있으며, 만물을 아래로 수렴하고 당기는 역할을 합니다. 따라서 임수는 하下의 속성으로 그 특성을 이야기할 수 있습니다. 이처럼 같은 수이지만, 계수는 임수와 그 지향점이 매우 다릅니다. 응축한 수가 확산을 통해 다시 화로 상승하려는 수가 계수癸水인 것입니다. 계수癸水는 아래에 머무르지 않으려 하며, 병화丙火를 지향하며 상승하는 수의 속성을 가집니다. 계수를 이슬비에 비유하기도 하는데, 대상과 맞닿아 그 대상에 젖어들어 동화되는 계수의 속성을 중요하게 살펴볼 필요가 있습니다.

계수가 병화를 지향하며 상승하는 과정에서 드러나는 기운이 목木입니다. 계수는 갑甲을 형성하며 자신의 방향성을 설정합니다. 만물을 윤潤하여 적시며 상승하는 계수는 대상과의 관계에 쉽게 동화됩니다. 계수가 나무를 적시면 나무가 됩니다. 계수가 들풀을 적시면 들풀이 됩니다. 임수가 묵직함과 무거움을 상징한다면, 계수는 가볍습니다. 가볍게 움직이며 병화로 펼쳐지는 과정에서 만물을 생기 있게 드러냅니다. 앞서 수는 화로, 화는 수로 간다는 이야기를 했습니다. 계수는 화를 향해 오르는 작용력을 합니다. 따라서 계수는 궁극적으로 병화라는 자신의 지향점을 통해 열정과 포부를 드러냅니다. 만물을 적시며 위로 오르려는 계수癸水의 기운과 유사한 단어들을 떠올려 봅시다.

지혜, 통찰력, 영향력, 유연함, 점진적 변화, 감수성, 온화함, 공감력, 교감, 적응력, 섬세함, 집중력 등의 단어들을 생각할 수 있습니다. 계수 일간 혹은 계수의 기질이 강한 사람들에게서 이러한 속성을 살펴볼 수 있습니다. 하지만 계수라는 글자 하나만 보고 반드시 이러하다는 확신을 가져서는 안 됨을 기억해야 합니다.

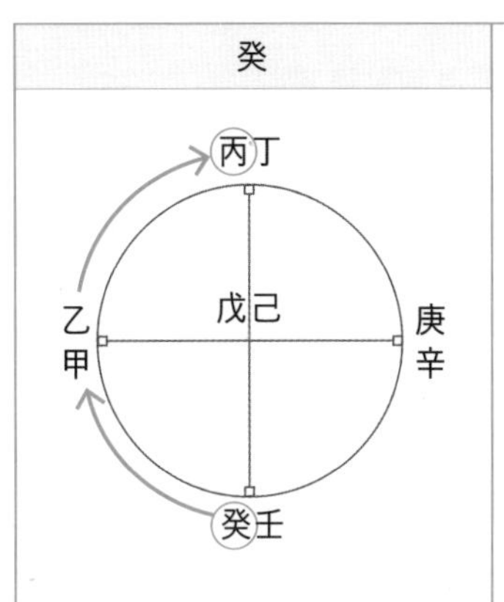

금은 수를 통해 목이 됩니다. 임수는 금과 가까이 있으며 금생수를 통해 더욱 수렴되고 깊어집니다. 계수는 목과 가까이 있으며, 수생목을 통해 화를 향해 뻗어나가게 됩니다. 계수癸水는 조용히 스며들어 세상을 변화시키는 지혜의 흐름입니다. 형체가 없기에 어디에도 머물지 않습니다. 대신 모든 것과 연결되어 흐르며, 온화한 감수성과 통찰력으로 사람의 마음과 세상의 이치를 동시에 읽어 냅니다. 계수 일간, 계수의 기운이 강한 사람의 기질적 특성을 앞서 제시한 단어들을 바탕으로 정리해 보도록 하겠습니다.

1
계수의 기질

통찰력	현상과 구조를 읽어내는 직관적 사고가 발달해 있음.
지혜	상황의 흐름을 읽고 본질을 꿰뚫는 명민한 통찰력.
감수성	미묘한 정서와 분위기를 빠르게 감지하고, 말보다 마음으로 이해함.
공감력	상대의 입장과 감정을 받아들임.
교감	관계 속에서 감정적 연결을 중요하게 여김.
유연함	강한 충돌보다는 부드러운 순응으로 흐름을 이어감.
융통성	일정한 틀이나 방식에 갇히지 않고, 상황에 맞게 형태를 바꿈.
섬세함	작은 차이를 놓치지 않고 세밀하게 살피며, 완성도를 높임.
적응력	변화에 빠르게 대응하며, 어떤 환경에서도 자신만의 리듬을 찾아냄.
영향력	존재감은 크지 않지만, 시간이 지나면서 깊은 신뢰와 감화를 남김.
내면의 강인함	겉은 유약해 보여도, 끝내 버티고 나아가는 생명력.
지속성	급격한 변화보다 꾸준하게 방향을 만들어가며 점진적 변화를 이끔.

2

돌아볼 점

경계의 모호함	사람과 상황에 쉽게 스며들어, 자신의 의도나 기준이 흐려질 수 있음. 공감은 유지하되, 내면의 중심선을 분명히 세워야 함.
휩쓸림	유연함이 장점이지만, 명확한 목표가 없으면 주변에 휩쓸리기 쉬움. 자신의 방향성과 목적성을 명확하게 할 필요가 있음.
과잉 감정	타인의 감정에 깊이 이입해 스스로의 에너지를 소모하기 쉬움. 감정이 과잉되지 않도록 균형이 필요함.
은폐된 마음	나를 감추고 표현을 미루면, 진심이 왜곡되거나 오해를 낳을 수 있음. 교감도 좋으나 때로는 명확하게 표현하는 것이 필요함.
불안감	변화에 민감해 안정된 상태를 오래 유지하기 어려움. 불안과 우울에 잠식되지 않도록 안정된 마음을 유지하는 것이 필요함.

계수의 기질을 인간 삶에 끌어와 단어들과 연결 지어 보았습니다. 천간에 병화가 있다면 계수는 자신의 목적을 강하게 가져갈 수 있습니다. 갑목이 있다면 계수는 자신의 방향을 분명하게 설정할 수 있습니다. 물론 지지 환경이 어떠한가에 따라 이런 이야기들이 또 달라질 수 있습니다.

명리 공부의 시작 단계에서 천간 열 개 글자들의 기질을 이해하고, 우리 삶 속에서 유사한 단어들을 연결해 살펴보았습니다. 각 천간의 키워드들을 아무 의미 없이 외우는 것은 공부에 큰 도움이 되지 않습니다. 천간 열 개 글자의 기질과 속성을 바탕으로 키워드들을 정리해 보면 좋겠습니다.

계癸의 특성

1 흐린 글씨를 따라 쓰면서 계의 특성을 파악해 봅시다.

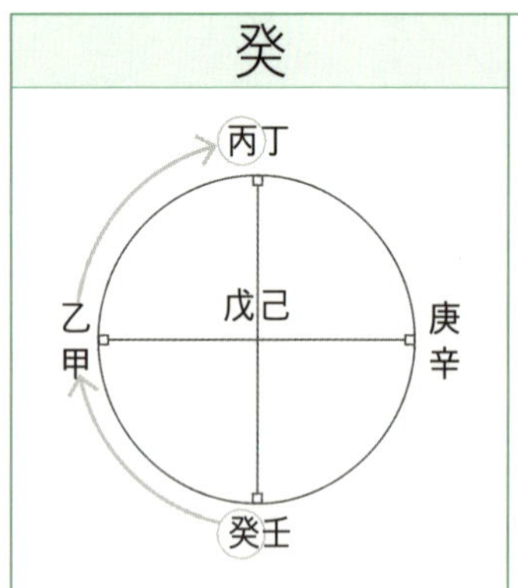

癸

계癸는 이슬비, 안개비 등으로 비유합니다.
가장 아래에서 응축한 임수와 달리,
상승하며 위로 오르는 수를 상징합니다.
계수는 대상에 젖어 들며 윤潤하며 동화됩니다.
계수는 갑목을 보며 방향을 만들어갑니다.
계수는 궁극적으로 가장 위에 있는 병화로 향합니다.

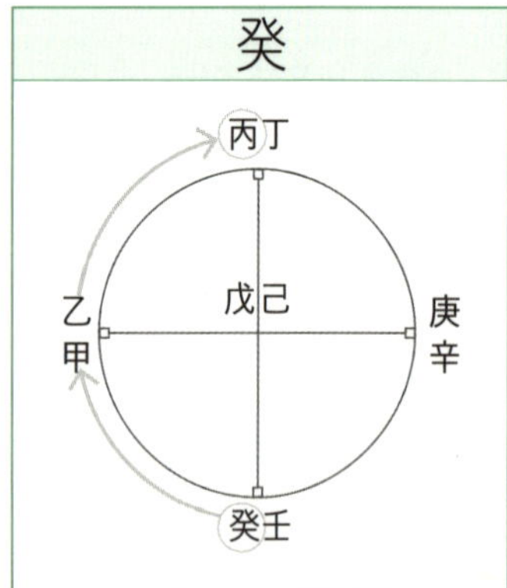

癸

계癸는 이슬비, 안개비 등으로 비유합니다.
가장 아래에서 응축한 임수와 달리,
상승하며 위로 오르는 수를 상징합니다.
계수는 대상에 젖어 들며 윤潤하며 동화됩니다.
계수는 갑목을 보며 방향을 만들어갑니다.
계수는 궁극적으로 가장 위에 있는 병화로 향합니다.

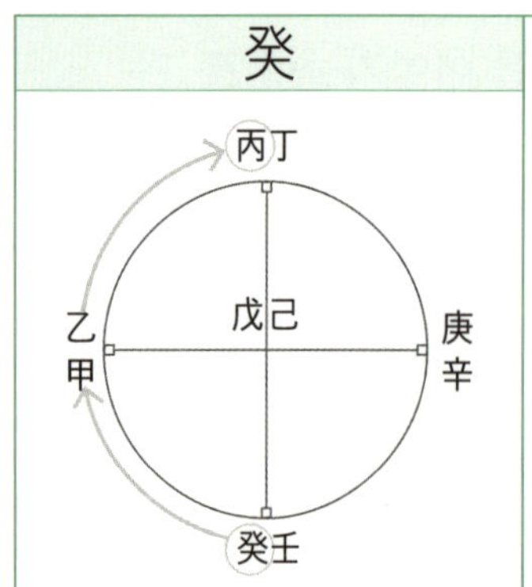

癸

계癸는 이슬비, 안개비 등으로 비유합니다.
가장 아래에서 응축한 임수와 달리,
상승하며 위로 오르는 수를 상징합니다.
계수는 대상에 젖어 들며 윤潤하며 동화됩니다.
계수는 갑목을 보며 방향을 만들어갑니다.
계수는 궁극적으로 가장 위에 있는 병화로 향합니다.

2 계수의 기질은 어떠한지 흐린 글씨를 따라 쓰면서 익혀 봅시다.

통찰력	현상과 구조를 읽어내는 직관적 사고가 발달해 있음.
지혜	상황의 흐름을 읽고 본질을 꿰뚫는 명민한 통찰력.
감수성	미묘한 정서와 분위기를 빠르게 감지하고, 말보다 마음으로 이해함.
공감력	상대의 입장과 감정을 받아들임.
교감	관계 속에서 감정적 연결을 중요하게 여김.
유연함	강한 충돌보다는 부드러운 순응으로 흐름을 이어감.
융통성	일정한 틀이나 방식에 갇히지 않고, 상황에 맞게 형태를 바꿈.
섬세함	작은 차이를 놓치지 않고 세밀하게 살피며, 완성도를 높임.
적응력	변화에 빠르게 대응하며, 어떤 환경에서도 자신만의 리듬을 찾아냄.
영향력	존재감은 크지 않지만, 시간이 지나면서 깊은 신뢰와 감화를 남김.
내면의 강인함	겉은 유약해 보여도, 끝내 버티고 나아가는 생명력.
지속성	급격한 변화보다 꾸준하게 방향을 만들어가며 점진적 변화를 이끔.

3 계수의 돌아볼 점을 적어 봅시다.

경계의 모호함	사람과 상황에 쉽게 스며들어, 자신의 의도나 기준이 흐려질 수 있음. 공감은 유지하되, 내면의 중심선을 분명히 세워야 함.
휩쓸림	유연함이 장점이지만, 명확한 목표가 없으면 주변에 휩쓸리기 쉬움. 자신의 방향성과 목적성을 명확하게 할 필요가 있음.
과잉 감정	타인의 감정에 깊이 이입해 스스로의 에너지를 소모하기 쉬움. 감정이 과잉되지 않도록 균형이 필요함.
은폐된 마음	나를 감추고 표현을 미루면, 진심이 왜곡되거나 오해를 낳을 수 있음. 교감도 좋으나 때로는 명확하게 표현하는 것이 필요함.
불안감	변화에 민감해 안정된 상태를 오래 유지하기 어려움. 불안과 우울에 잠식되지 않도록 안정된 마음을 유지하는 것이 필요함.

계癸의 특성

1 계의 특성을 적어 보고, 기운의 방향을 표시해 보세요.

2 계수의 기질을 적어 봅시다.

3 계수의 돌아볼 점을 적어 봅시다.

지지의 이해

1
지지地支의 다양한 의미

　앞서 우리는 천간 글자들의 의미를 살펴보고, 일간의 특성을 정리하였습니다. 지지의 글자는 천간과 달리 복잡 미묘한 의미들을 함축하고 있습니다. 지지는 단순히 땅을 상징하는 글자가 아니라, 시간과 공간, 계절과 방위, 그리고 자연의 흐름을 동시에 담고 있는 심오한 상징체계입니다. 천간 열 개 글자와 지지의 열두 개 글자는 모두 인간이 자연의 모습을 관찰하고 범주화해 놓은 것입니다. 이는 자연 질서의 기호이자 시간과 공간을 읽는 해석의 틀입니다.

　갑골문에는 갑자甲子에서 계해癸亥까지 6열로 60개의 간지가 기록되어 있습니다. 지금으로부터 약 3300여 년 전 기록으로 추정되는 갑골문은 일반적으로 한자의 기원으로 알려져 있지만, 단지 문자 탄생의 흔적만 보여주는 것이 아닙니다. 갑골문 속의 60갑자 부호 체계는 하늘의 간干과 땅의 지支가 짝을 이루는 기록입니다. 왕우신의 『갑골학통론』에서도 인용된 바와 같이, 갑골문에는 다수의 간지표가 존재하며 이는 고대 역법의 변천을 추적할 수 있는 매우 중요한 단서로, 결코 글자 연습용 흔적이 아니라는 점이 강조되고 있습니다. 60갑자의 기록은 단순한 날짜 표기가 아니라, 시간의 질서를 부호로 새긴 인류 최초의 시도라 할 수 있습니다.

명리학에서 가장 중요하게 이해해야 하는 개념은 천간과 지지로 이루어진 60갑자 간지입니다. 사주팔자 자체가 60갑자라는 부호 체계로 구성되어 있습니다. 명리학의 역사를 논하는 글들을 보면, 많은 학설과 이론들이 있습니다. 하지만 상고시대의 갑골문에서 60갑자의 부호 체계가 발견되었다는 것에 가장 주목해야 할 것입니다.

당시 사람들은 '음양'이나 '오행'이라는 철학적 개념을 명확히 언어화하지는 않았습니다. 그러나 그들이 남긴 60갑자의 기록은 이미 우주의 변화 원리를 직관적으로 포착하고 있었음을 보여줍니다. 하늘의 기운과 땅의 형상이 서로 짝을 이루어 순환하는 이 체계는 곧 시간과 자연, 그리고 인간사의 흐름을 관통하는 질서이자 순환의 논리입니다. 결국 우리는 갑골문 속 60갑자의 흔적에서 명리학의 원형을 발견할 수 있습니다. 그것은 문자 이전의 언어이며, 자연을 기록하려는 인간의 첫 시도이자, 하늘과 땅, 그리고 인간을 하나의 질서로 이해하려는 사유의 출발점이었습니다.

2

지지와 시간

천간天干이 하늘의 기운으로 땅에 작용하게 되면, 지지地支는 그 기운이 땅 위에서 구체적 형상을 이루는 자리입니다. 따라서 지지를 이해한다는 것은 단지 열두 글자를 외우는 일이 아니라, 우주 속에서 시간과 공간이 어떻게 얽혀 있는지를 읽어 가는 일입니다. 먼저, 지지는 시간의 흐름을 구체적으로 보여주는 기호입니다.

지지地支는 하루 중의 시간을 나타내기도 하고, 한해의 시간인 계절과 월을 나타내기도 합니다. 먼저 지지가 월을 나타내는 것을 중요하게 공부해야 합니다. 대체로 양력 2월은 인월寅月이지만, 2월 1일이 되었다고 인월인 것은 아닙니다. 우리는 절기節氣를 기준으로 월의 의미를 따져나갑니다. 따라서 양력 2월 4일 경 입춘立春 절입을 시작으로 인寅월이 시작되게 됩니다. 묘월卯月은 경칩驚蟄부터, 진월辰月은 청명淸明부터 시작됩니다. 인묘진寅卯辰 월은 봄이며, 목木의 기운이 가득한 계절입니다.

사월巳月은 입하立夏부터, 오월午月은 망종芒種부터, 미월未月은 소서小暑부터 시작합니다. 사오미巳午未 월은 여름이며, 화火의 기운이 만연합니다. 신월申月은 입추立秋부터, 유월酉月은 백로白露부터, 술

월戌月은 한로寒露부터 시작합니다. 신유술申酉戌 월은 가을이며, 金금
의 기운이 가득한 계절입니다. 해월亥月은 입동立冬부터, 자월子月은
대설大雪부터, 축월丑月은 소한小寒부터 시작합니다. 해자축亥子丑 월
은 겨울이며 수水의 기운이 만연합니다. 이처럼 지지地支는 절기節氣
를 기준으로 계절의 변화와 흐름을 구체적으로 보여주며 하늘의 기
운이 땅의 시간 속에서 어떻게 순환하는지를 설명합니다.

　하루라는 시간을 지지로 정리해 봅시다. 낮 12시를 정오正午라고
한다든지, 밤 12시를 자정子正이라 일컫기는 합니다만, 현대를 사는
우리가 시간을 이야기할 때 지지를 활용하여 이야기하는 경우는 매
우 드뭅니다. 그런 이유에서 시간을 구간화하여 지지의 글자로 암기
하는 것은 생각만큼 잘 외워지지 않습니다. 따라서 시계를 하나 그
려 놓고 계속 암기해 보면 좋겠습니다.
　하루는 24시간이고 지지는 12개로 이루어져 있습니다. 하나의 지
지는 두 시간 단위를 이야기합니다. 시계를 두고 해당 시간의 지지
를 적다 보면, 완전 반대의 시간이 같은 칸에 적히게 됩니다. 밤 11
시 30분에서 새벽 1시 30분 사이는 자子시입니다. 사실 자시는 밤
11시부터 새벽 1시까지에 해당합니다. 다만 우리나라는 일본과 동
일하게 동경 135도를 표준시 기준으로 삼고 있으므로, 경도 차이를
반영해 실제 시간은 30분 늦춰 계산합니다. 낮 11시 30분에서 1시
30분 사이는 오午시입니다. 이처럼 완전 반대의 시공간의 관계는 서
로 충沖하는 관계성을 형성합니다. 시계의 같은 칸에 들어가는 글자
들은 서로 충沖하는 관계를 가집니다. 자오충, 축미충, 인신충, 묘유

충, 진술충, 사해충과 같이 6개의 충의 관계를 확인 할 수 있습니다. 충의 의미나 활용 방법은 기초를 다 익힌 후에 계속 공부해 나갈 부분입니다. 지금은 입문 단계이므로 시간을 외우는 김에 충의 관계도 입에 붙듯 외우면 좋겠습니다.

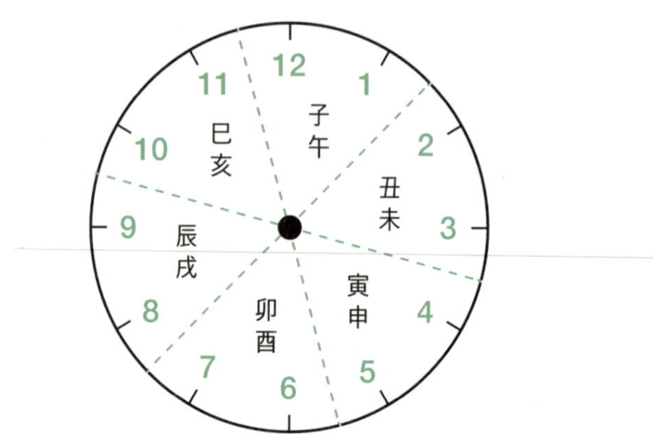

	월양력	시간
寅	2월 입춘 절입	오전 3:30~5:30
卯	3월 경칩 절입	오전 5:30~7:30
辰	4월 청명 절입	오전 7:30~9:30
巳	5월 입하 절입	오전 9:30~11:30
午	6월 망종 절입	낮 11:30~1:30
未	7월 소서 절입	낮 1:30~3:30
申	8월 입추 절입	오후 3:30~5:30
酉	9월 백로 절입	오후 5:30~7:30
戌	10월 한로 절입	오후 7:30~9:30
亥	11월 입동 절입	오후 9:30~11:30
子	12월 대설 절입	밤 11:30~1:30
丑	1월 소한 절입	밤 1:30~3:30

3

지지와 공간

　지지는 공간의 개념과도 밀접하게 연결되어 있습니다. 고대 동양 사람들은 하늘은 둥글고 땅은 네모지다는 천원지방天元地方으로 공간을 이해하였습니다. 앞서 천간을 설명하는 그림은 모두 원을 이용하였고, 지지를 설명하는 그림은 사각형을 활용하였습니다. 지지를 통해 방위를 이야기할 때 사람들이 헷갈려 하는 부분이 있습니다. 서양식 교육을 받은 우리는 지도의 위쪽을 북쪽으로 이해하며, 왼쪽을 서쪽으로 오른쪽을 동쪽으로 이해하고 있습니다. 그런데 동양의 방위는 이와 다릅니다. 아래쪽이 북방이고 위쪽이 남방입니다. 왼쪽은 동방을 의미하고, 오른쪽이 서방을 의미합니다.

　북반구 중위도에 살았던 고대 동양의 사람들은 남쪽을 바라보며 태양의 고도를 관찰하였습니다. 농경 사회에서 태양을 관찰하고 정확하게 절기를 이해하는 일은 매우 중요한 일이었습니다. 지도자는 때를 정확하게 알려주고, 때에 맞게 씨를 뿌리고 추수를 하도록 하였습니다. 따라서 북쪽을 등지고 남쪽을 바라보며 방위를 짚었습니다. 내가 서울에 서서 제주도를 바라보고 있다고 생각해 보세요. 그러면 위쪽이 남방이고 아래쪽이 북방인 위치 개념을 이해할 수 있을 것입니다.

서울에 서서 제주도를 바라보게 되면, 나의 왼편에는 독도가, 오른편에는 강화도가 있게 됩니다. 따라서 인묘진寅卯辰은 왼편으로 나타나며 동방東方이 됩니다. 사오미巳午未는 위쪽으로 나타나며 남방南方이 됩니다. 신유술申酉戌은 오른편에 나타나며 서방西方이 되고, 해자축亥子丑은 아래쪽에 나타나며 북방北方이 됩니다. 이처럼 지지는 인간이 서 있는 시공간의 좌표를 보여주는 상징적 언어입니다.

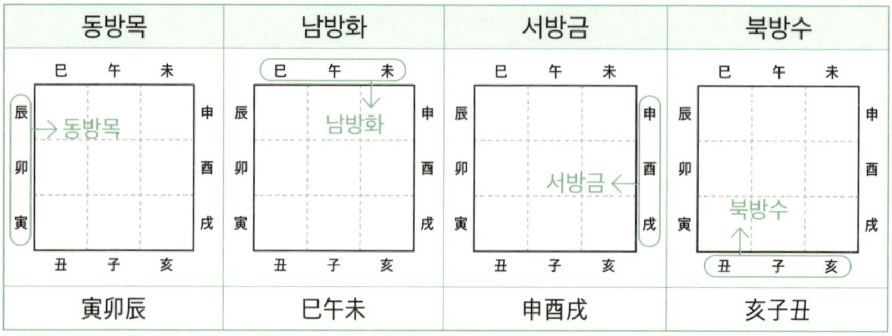

동방목	남방화	서방금	북방수
寅卯辰	巳午未	申酉戌	亥子丑

지지 이해

1 흐린 글씨를 따라 쓰며 지지의 시간적 의미를 익혀 보세요.

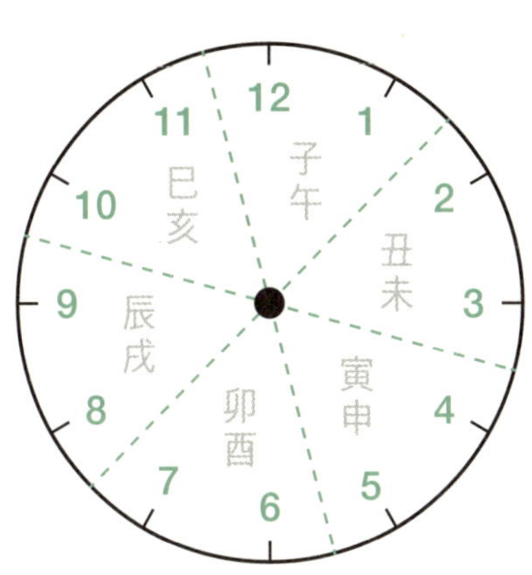

	월 양력	시간
寅	2월 입춘 절입	오전 3:30~5:30
卯	3월 경칩 절입	오전 5:30~7:30
辰	4월 청명 절입	오전 7:30~9:30
巳	5월 입하 절입	오전 9:30~11:30
午	6월 망종 절입	낮 11:30~1:30
未	7월 소서 절입	낮 1:30~3:30
申	8월 입추 절입	오후 3:30~5:30
酉	9월 백로 절입	오후 5:30~7:30
戌	10월 한로 절입	오후 7:30~9:30
亥	11월 입동 절입	오후 9:30~11:30
子	12월 대설 절입	밤 11:30~1:30
丑	1월 소한 절입	밤 1:30~3:30

2 흐린 글씨를 따라 쓰며 지지의 공간적 의미를 익혀 보세요.

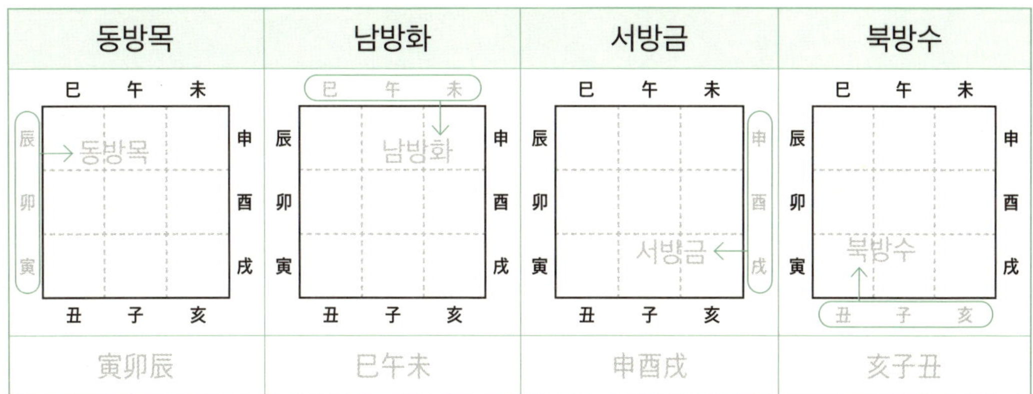

지지 이해

1 지지의 시간적 의미를 적어 보세요.

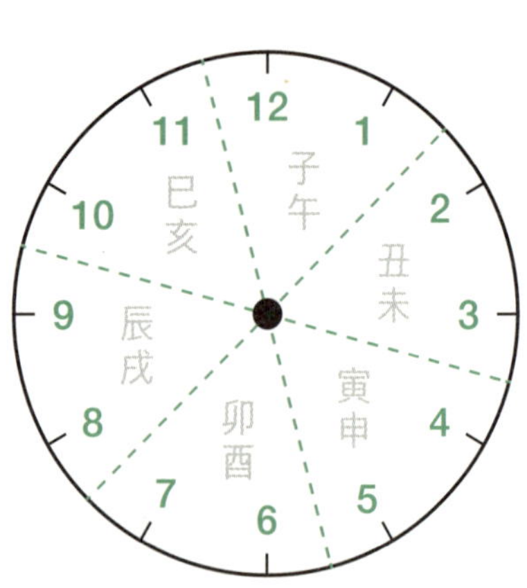

	월 양력	시간
寅		
卯		
辰		
巳		
午		
未		
申		
酉		
戌		
亥		
子		
丑		

2 지지의 공간적 의미를 아래 칸에 적어 보세요.

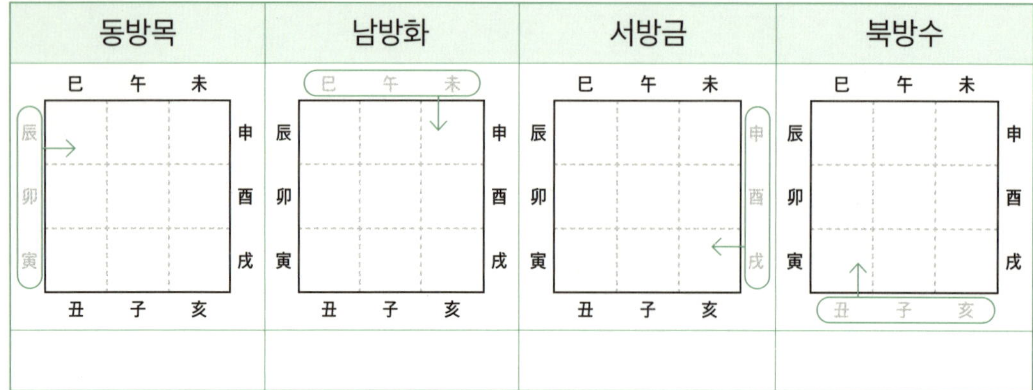

동방목	남방화	서방금	북방수

지지의 합;
방합, 삼합, 육합

1

생지, 왕지, 묘고지

지지의 관계성은 천간보다 훨씬 복잡하며 다층적으로 작용합니다. 천간이 주로 합合과 극剋, 생生의 단순한 원리로 움직인다면, 지지는 방합方合, 삼합三合, 육합六合과 형刑, 충沖, 파破, 해害라는 다양한 작용이 서로 얽혀 나타납니다. 천간은 합, 극, 생의 원리를 바탕으로 십신十神의 관계성을 설명할 수 있습니다. 십신十神을 통해 풀어내는 천간의 상호 작용은 2권에서 다루기로 하고, 이 책에서는 지지 간의 관계를 먼저 정리하도록 하겠습니다.

지지는 시간과 공간의 질서를 담고 있지만, 이해를 돕기 위해 여기서는 계절의 흐름으로 풀어 설명하겠습니다. 인묘진寅卯辰은 봄을, 사오미巳午未는 여름을, 신유술申酉戌은 가을을, 해자축亥子丑은 겨울을 나타냅니다. 이때 인사신해寅巳申亥를 4생지生支라 일컫습니다. 각 계절의 절정, 묘오유자卯午酉子를 4왕지旺支라 일컫고, 진미술축辰未戌丑을 4고지庫支 혹은 4묘지墓支라 일컫습니다. 생, 왕, 묘의 개념은 십이운성十二運星의 원리에서 비롯된 것으로, 그 구체적 의미는 뒤에서 차차 살펴보겠습니다.

4생지	4왕지	4묘고지
인사신해寅巳申亥	묘오유자卯午酉子	진미술축辰未戌丑

여기서 말하는 4생지生支는 다음 계절을 잉태하고 길러내는 지지를 뜻합니다. 예를 들면 寅月인월에서는 병화丙火가 장생長生합니다. 이는 봄이 본격적으로 시작되는 동시에 여름의 기운이 태어남을 의미합니다. 인월에 병화가 장생하면서, 봄이 다시 여름으로 나아가는 원동력을 얻게 됩니다. 마찬가지로, 사월巳月인 여름의 시작에서는 경금庚金이 장생합니다. 여름이 다시 가을로 이어지는 원동력을 얻게 되는 것입니다. 신월申月인 가을에는 임수壬水가 장생합니다. 가을이 더 깊어지고 겨울로 나아가는 원동력이 여기서 기인합니다. 해월亥月인 겨울에는 갑목甲木이 장생합니다. 겨울이 다시 봄으로 이어지는 원동력을 얻게 되는 것입니다. 이렇게 계절은 끊임없이 다음을 향해 나아갑니다.

묘오유자卯午酉子 4왕지旺支는 해당 계절의 절정을 의미합니다. 다만, 왕지의 지지에서는 자기 계절의 양간과 음간의 작용력이 교차하는 지점을 잘 살펴보아야 합니다. 진미술축辰未戌丑 4고지庫支는 다음 계절을 열어가는 가운데, 반대 기운을 감추고 보관하는 작용력이 나타납니다. 진월辰月은 여름의 직전입니다. 여름인 화를 열어가야 하므로, 화와 반대의 기운인 임수壬水를 창고에 넣어 보관합니다. 미월未月은 가을의 직전입니다. 가을인 금을 열어가야 하므로, 금과 반대의 기운인 갑목甲木을 보관합니다. 술월戌月은 겨울의 직전입니다.

겨울인 수를 열어가야 하므로, 수와 반대 기운인 병화丙火를 보관합니다. 축월丑月은 봄의 직전입니다. 봄인 목을 열어가야 하므로, 목과 반대 기운은 경금庚金을 보관합니다. 보관한다고 표현하기는 하였으나, 작용력을 감춘다는 의미에서 '입묘'라는 표현을 많이 쓰게 됩니다.

2

지지의 합

지지의 관계성 중 합의 구조는 방합方合, 삼합三合, 육합六合으로 나뉘게 됩니다. 먼저, 방합은 방위의 합입니다. 동서남북東西南北 네 방향에서 같은 속성의 기운이 모여 계절의 중심을 이루는 구조입니다. 동방東方의 인묘진寅卯辰은 봄의 기운인 목木에 속하고, 남방南方의 사오미巳午未는 여름의 기운인 화火에 속합니다. 서방西方의 신유술申酉戌은 가을의 기운인 금金에 속하며, 북방北方의 해자축亥子丑은 겨울의 기운인 수水에 속합니다. 이러한 방합은 같은 오행의 기운이 응집되어 방향성과 생명력을 강화시키는 작용을 합니다.

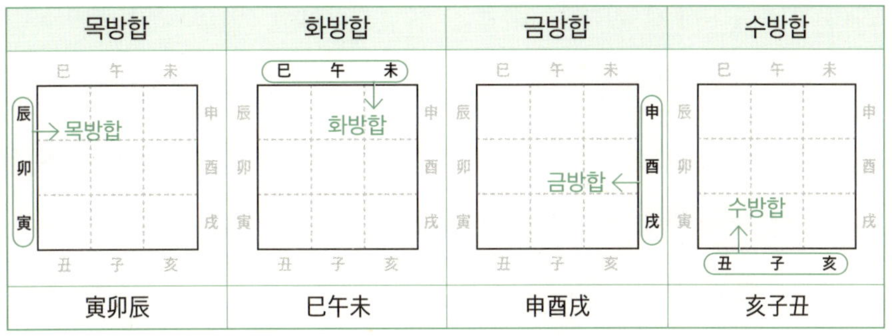

　삼합三合은 사회적 합이라 불립니다. 이는 지지의 생지生支, 왕지旺支, 묘고지墓庫支가 하나의 흐름으로 이어지며 오행의 운동을 완성하는 구조입니다. 해묘미亥卯未는 목木의 삼합이며, 인오술寅午戌은 화火의 삼합입니다. 사유축巳酉丑은 금金의 삼합이고, 신자진申子辰은 수水의 삼합입니다. 이때 해묘미는 목국木局, 인오술은 화국火局, 사유축은 금국金局, 신자진은 수국水局을 이룬다고 표현합니다. 여기서 '국局'이란 하나의 오행이 생生에서 왕旺, 묘墓에 이르는 흐름을 완결하여 에너지의 질서가 완전하게 형성된 상태를 의미합니다.

　삼합은 단순한 조합이 아니라 한 계절의 시작과 절정을 거쳐 마무리로 이어지는 순환의 표현입니다. 양간과 음간이 서로의 작용력을 교차하며, 반대 계절에서도 그 기운이 사라지지 않고 이어지는 원리 역시 삼합을 통해 이해할 수 있습니다.

　삼합의 개념은 십이운성十二運星을 함께 공부해야 비로소 깊이 이해할 수 있습니다. 십이운성에 대한 구체적인 내용은 뒤에서 살펴보기로 하고, 여기서는 해묘미亥卯未의 목운동을 예로 간단하게 살펴보겠습니다. 해수亥水에서 갑목甲木이 장생長生하며 시작되고, 묘목卯木에서는 갑목甲木의 힘이 절정에 달하며, 을목乙木으로 기운이 전환됩니다. 미토未土에서 갑목은 비로소 입묘入墓하고, 을목은 내부적으로 양養하며 자신의 최종 목적인 금金의 구간까지 이르게 됩니다. 반대 기운인 신유술辛酉戌 금의 계절에서 갑목과 을목은 서로 작용력을 교차하며 사라지지 않고, 다시 해수에서 갑목이 장생하게 됩니다.

이런 흐름 속에서 삼합은 목, 화, 금, 수라는 에너지의 중심을 형성하며, 사주의 방향성과 운의 변화를 이끄는 중요한 구조로 작용합니다. 명리학에서 논하는 십이신살十二神殺과 십이운성十二運星 등의 핵심 개념은 모두 삼합의 논리를 바탕으로 하며, 그 작용 원리 안에서 설명됩니다. 아직은 기초 단계이므로, 지금은 삼합의 구조를 이해하기보다 우선 익히는 데에 초점을 두도록 하겠습니다.

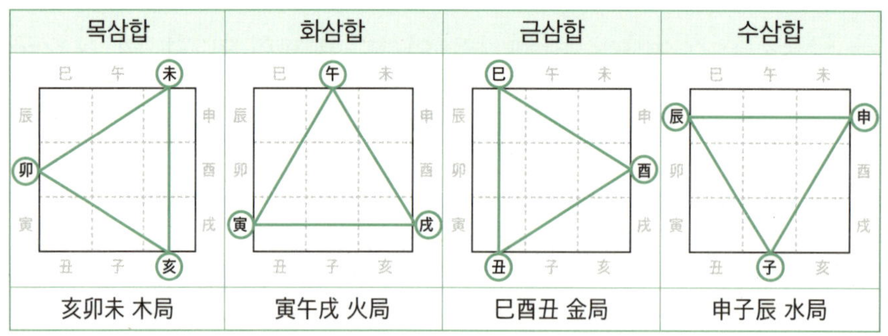

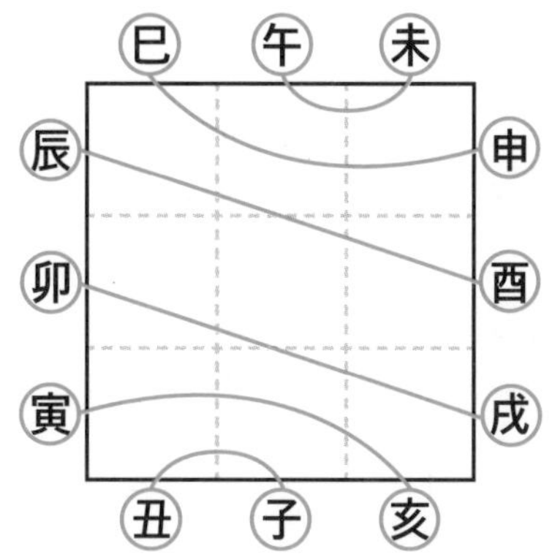

 육합六合은 지지 간의 일대일 결합을 뜻합니다. 지지는 모두 열두 글자로 이루어져 있으므로, 짝을 이루는 결합은 여섯 쌍이 됩니다. 육합은 서로 끌어당겨 조화를 이루며, 때로는 새로운 오행으로 화化하기도 합니다. 육합에는 자축子丑, 인해寅亥, 묘술卯戌, 진유辰酉, 사신巳申, 오미午未의 여섯 쌍이 있으며, 자축합 土, 인해합 木, 묘술합 火, 진유합 金, 사신합 水, 오미합 火로 화化합니다.

 위의 표에서 자子를 먼저 쓰고 지지를 시계방향 순서대로 적으면 위 아래 글자 조합이 육합이 됩니다. 이 결합은 지구의 자전을 상징하듯 균형과 순환을 유지하게 하며, 서로의 부족한 기운을 채워 조화를 이끌어 냅니다. 육합의 작용은 충돌을 완화하거나 관계의 긴장을 부드럽게 만들기도 하지만, 때로는 내부에 감춰진 힘이 폭발하는 계기가 되기도 합니다.

지지의 합 방합, 삼합, 육합

1 지지의 생지, 왕지, 묘고지를 흐린 글씨를 따라 쓰면서 파악해 봅시다.

4생지	4왕지	4묘고지
寅巳申亥	子午卯酉	辰戌丑未

2 지지의 방합과 삼합을 익혀 봅시다.

목방합	화방합	금방합	수방합
寅卯辰	巳午未	申酉戌	亥子丑

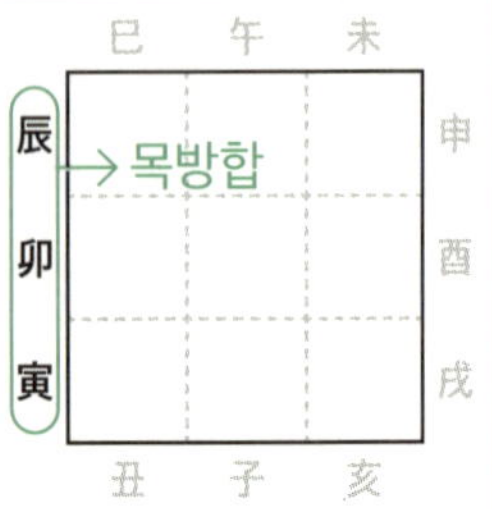

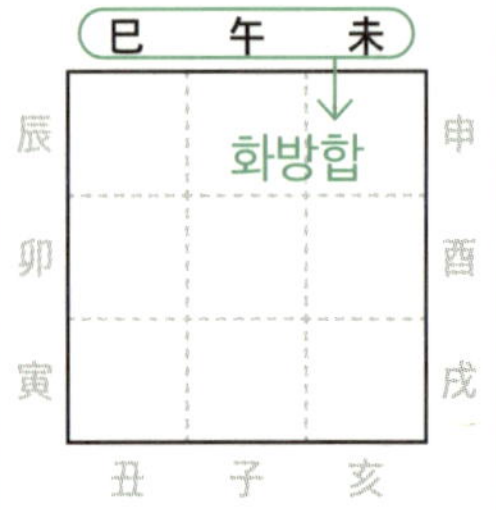

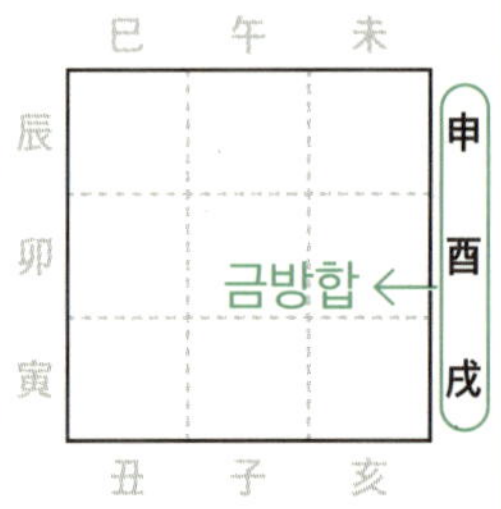

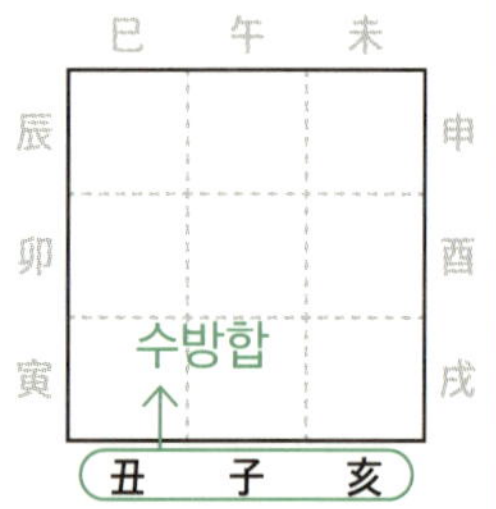

목삼합	화삼합	금삼합	수삼합
亥卯未 木局	寅午戌 火局	巳酉丑 金局	申子辰 水局

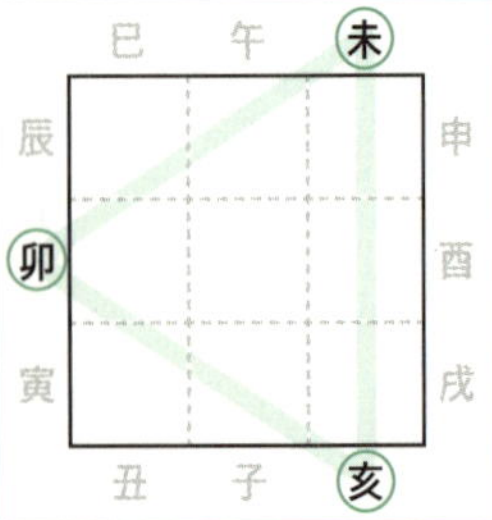

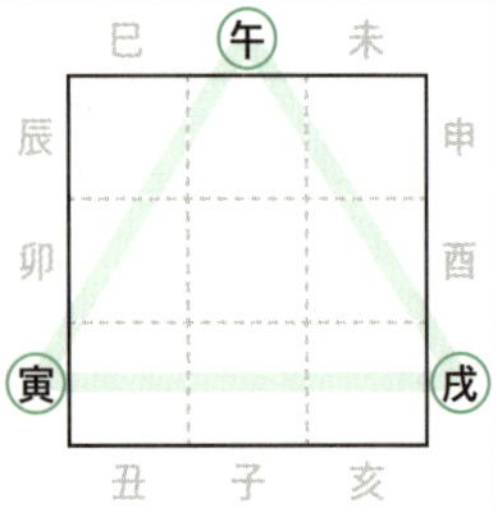

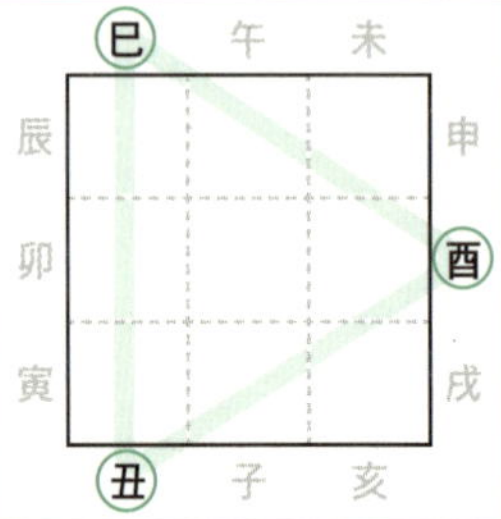

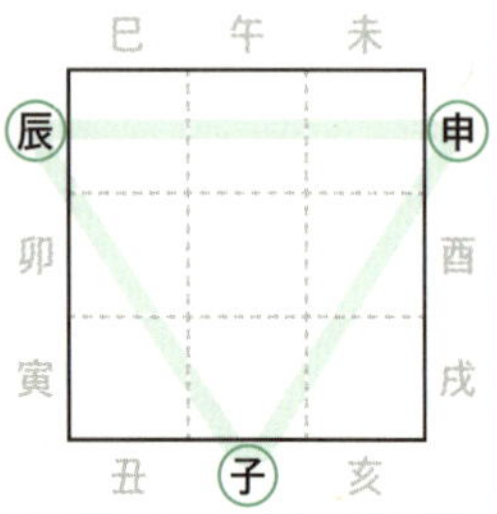

3 지지의 육합을 익혀 봅시다.

丑	寅	卯	辰	巳	午
子	亥	戌	酉	申	未

지지의 합 방합, 삼합, 육합

1 지지의 생지, 왕지, 묘고지를 적어 봅시다.

4생지	4왕지	4묘고지

2 지지의 방합과 삼합을 그림 위에 표시하고, 아래 빈 칸에 적어 봅시다.

목방합	화방합	금방합	수방합

목삼합	화삼합	금삼합	수삼합

3 지지의 육합을 그림에 표시하고, 적어 봅시다.

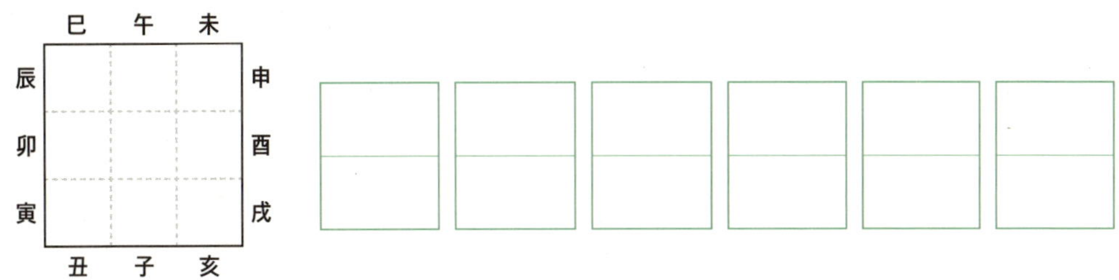

지지의 합 방합, 삼합, 육합

1 지지의 생지, 왕지, 묘고지를 적어 봅시다.

4생지	4왕지	4묘고지

2 지지의 방합과 삼합을 그림 위에 표시하고, 아래 빈 칸에 적어 봅시다.

목방합	화방합	금방합	수방합

목삼합	화삼합	금삼합	수삼합

3 지지의 육합을 그림에 표시하고, 적어 봅시다.

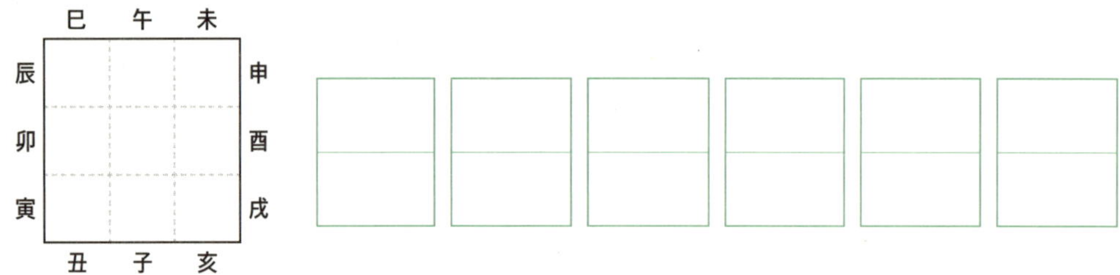

지지의
충, 형, 해, 파

1

지지의 충冲

충冲은 '비우다'라는 의미를 지니고 있습니다. 충冲은 부딪혀 깨지는 일이 아니라, 가득 찬 것을 비워 새로운 기운이 들어오게 하는 순환의 과정입니다. 세상 모든 변화는 비움에서 시작되며, 충은 그 비움 속에서 생명의 흐름을 다시 움직이게 하는 자연의 작용입니다. 충이 일어날 때 갑작스러운 변동이나 이동이 생길 수 있지만, 그것을 흉하게만 해석해서는 안 됩니다. 충은 멈춘 흐름을 다시 살아나게 하며, 새롭게 나아가게 하는 계기가 됩니다.

천간이 합合을 통해 서로를 끌어안으며 다음 단계로 나아간다면, 지지는 충冲을 통해 서로를 비워내며 다음으로 나아갑니다. 천간의 합이 결합을 통해 새로운 질서를 세우는 힘이라면, 지지의 충은 교차를 통해 막힌 기운을 풀고 흐름을 회복시키는 힘입니다. 충은 대립이 아니라 교환이며, 파괴가 아니라 순환임을 기억해야 합니다.

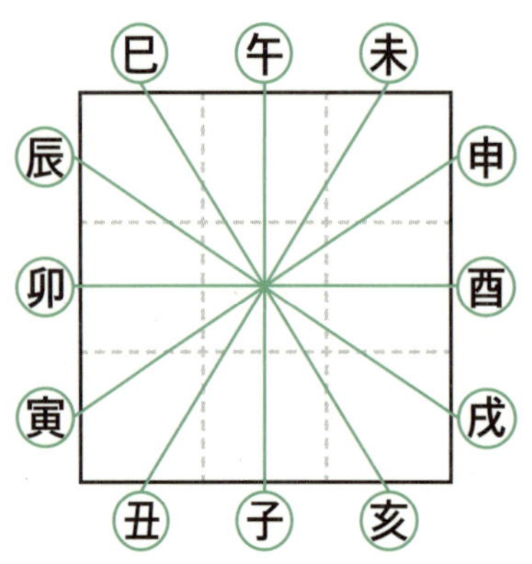

12지지는 자子에서 시작해 축丑, 인寅, 묘卯, 진辰, 사巳, 오午, 미未, 신申, 유酉, 술戌, 해亥로 이어집니다. 이를 순환 속에서 살펴보면 정확히 여섯 번째 떨어

진 지점의 글자와 마주하게 되는데, 이때 마주하는 두 지지가 충의 관계가 됩니다. 자子는 오午와, 축丑은 미未와, 인寅은 신申과, 묘卯는 유酉와, 진辰은 술戌과, 사巳는 해亥와 서로 충합니다. 이렇게 마주 선 두 지지는 서로의 기운을 비워내고 맞교환하며, 멈춘 생명의 흐름을 다시 움직이게 합니다.

지지는 생지寅·巳·申·亥, 왕지子·午·卯·酉, 묘고지辰·戌·丑·未로 구분된다고 하였습니다. 생지는 생지와만 충하고, 왕지는 왕지와, 묘고지는 묘고지와만 충의 관계가 됩니다. 그 안에서 기운의 순환이 완성됩니다. 생지의 충은 새로운 흐름을 일으킵니다. 인寅과 신申, 사巳와 해亥가 충할 때, 기운은 정체를 깨고 움직이기 시작합니다. 환경의 변화나 이동, 관계의 재편처럼 외적인 변동이 생기지만, 그 바탕에는 다음 단계로 나아가려는 힘이 깃들어 있습니다.

왕지의 충은 가장 강한 시점의 기운이 서로를 비워내며 균형을 찾는 작용입니다. 자子와 오午, 묘卯와 유酉가 충할 때, 폭발적 부딪힘으로 보일 수 있습니다. 하지만, 이러한 왕지의 충은 실제로는 불필요한 것을 비워내는 정화의 과정입니다. 묘고지의 충은 진辰과 술戌, 축丑과 미未의 충이 있습니다. 오래 머문 것을 비워내야 새로운 생명이 자랄 수 있듯, 묘고지의 충은 완전한 마무리이자 시작의 신호입니다.

충沖은 사주 해석에서 변화의 흐름을 읽는 핵심입니다. 작용이 다양하고 복합적이므로 입문 단계에서는 의미를 깊이 파고들기보다, 어떤 지지끼리 충이 되는지만 먼저 익혀 두는 것이 좋습니다.

2

지지의 형刑

　지지의 형刑은 서로의 방향성이 엇갈리며 얽히는 작용입니다. 각 지지는 본래 가려는 길과 흐름이 있는데, 형이 이루어지면 이 움직임들이 서로 맞물려 어느 쪽으로도 빼기 어려운 상태가 됩니다. 겉으로는 멈춘 듯 보이지만, 그 안에서는 기운이 팽팽하게 밀고 당기며 내부 긴장을 만들어냅니다. 형刑은 충沖처럼 외부로 폭발하는 변화가 아니라, 안에서 얽히는 작용입니다. 충이 부딪혀 비워내고 다음으로 나아가게 한다면, 형은 길이 막혀 답답한 상태 속에서 방향을 다시 찾으려는 움직임이라 할 수 있습니다.

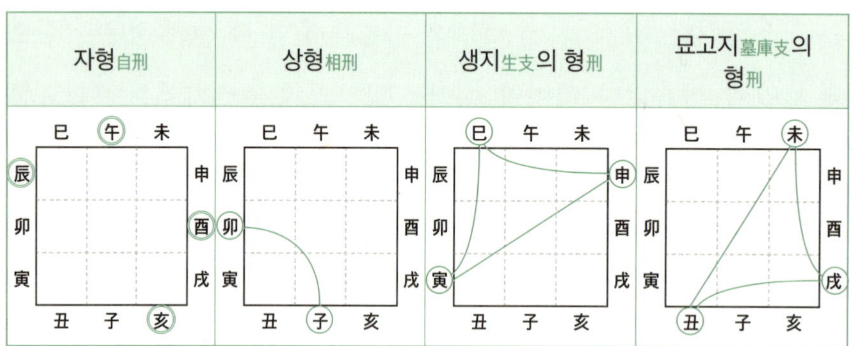

　형에는 생지의 형과 묘고지의 형, 왕지의 형이 있습니다. 그리고 자형自刑이라 하여 같은 글자 간의 형을 이야기하는 부분이 있습니다. 먼저, 자형自刑은 같은 지지 안에서 스스로 부딪히는 형입니다. 자형에는 진진辰辰, 오오午午, 유유酉酉, 해해亥亥가 있습니다. 자기 안의 기운이 강렬하게 작용하여 방향을 잃는 경우로, 내적 긴장이나 반복적 상황으로 이어집니다.

　다음으로 상형相刑이 있는데, 자묘형子卯刑이 여기에 해당합니다. 『오행대의』, 『연해자평』 등의 책에서 '자子는 묘卯를 형刑하고, 묘卯는 자子를 형刑한다'고 설명하고 있습니다. 자와 묘는 서로를 형하는 관계임을 뜻합니다. 자묘子卯는 수水와 목木의 관계에서 흐름이 한쪽으로 모이지 못합니다. 마음이나 생각이 산만해지거나, 계획이 여러 갈래로 나뉘어 반복하게 되며, 집중이 어려운 상태를 만들기도 합니다.

　삼형三刑에는 인사신寅巳申 삼형과 축술미丑戌未 삼형이 있습니다. 인사신 삼형은 생지 간의 관계에서 나타나는 형의 작용력입니다. 생지의 강한 추진력들이 서로 다른 방향으로 작용해 일이 복잡해지거나 일관성을 잃기 쉽습니다. 속도가 빠른 기운끼리 얽히다 보니 한 걸음을 내딛기도 어렵고, 결과가 늦어지는 특징이 있습니다. 축술미 삼형은 묘고지 간의 관계에서 나타나는 형의 작용력입니다. 묘고지의 무거운 기운들이 서로 엉켜 복잡한 작용력을 야기합니다. 서로의 입장이 맞지 않아 조율하는 과정에서 갈등이 생겨날 수 있습니다.

이 외에도, 인사형寅巳刑, 사신형巳申刑, 신인형申寅刑으로 생지 간의
형刑을 이야기하기도 합니다. 또, 축술형丑戌刑, 술미형戌未刑, 미축형
未丑刑으로 묘고지 간의 형刑을 이야기하기도 합니다. 형은 결과보다
과정 속의 얽힘이 중심입니다. 일이나 관계가 매끄럽게 풀리지 않
고, 작은 일에도 걸림이 생기기 쉽습니다. 즉, 형은 움직임이 막힌 상
태를 의미합니다. 겉으로는 정체지만, 그 안에서는 다음 길을 찾기
위한 조용한 재정비가 진행되고 있습니다.

형은 사주 해석에서 매우 중요한 도구인 만큼 그 작용이 매우 복
잡합니다. 처음부터 깊이 이해하려면 끝도 없습니다. 그러니 형이
이루어지는 지지의 짝, 즉 어떤 글자들이 서로 형을 이루는지만 먼
저 외워두는 것이 좋습니다.

3

지지의 해害

지지의 해害는 육합六合의 방해자이며, 서로 1:1로 짝을 이루는 여
섯 쌍의 관계를 말하기 때문에 '육해六害'라 부릅니다. 해는 서로 합
하려는 기운이 외부의 간섭이나 충돌로 인해 조화를 이루지 못할 때

생기며, 겉으로 드러나는 충沖과 달리 안에서 서서히 작용하는 불화와 어긋남의 기운을 뜻합니다.

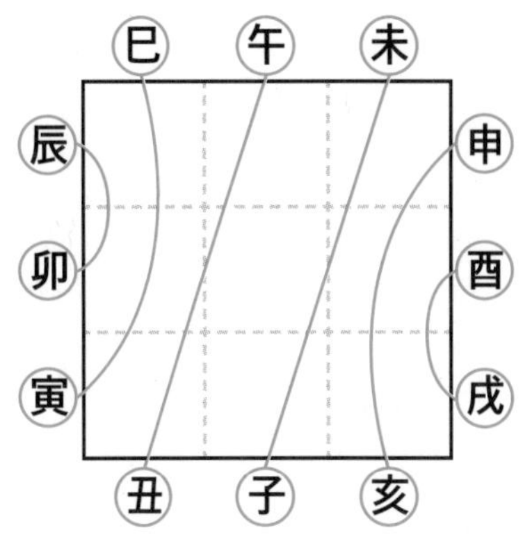

예를 들어 자축子丑이 합하려 할 때 미토未土가 존재하면 축미충丑未沖이 일어나 합이 방해받습니다. 이때 자子와 미未가 해害의 관계가 됩니다. 또한 자축이 합하려 할 때 오화午火가 있으면 자오충子午沖이 생겨 축오丑午 역시 해害로 작용합니다. 이와 같은 원리로 인해寅亥, 묘진卯辰, 사자巳子, 오축午丑, 신해申亥, 유술酉戌 등이 서로 해의 관계를 이룹니다.

해害는 갑작스러운 충돌이 아니라, 시간이 지나며 서서히 드러나는 불화와 단절을 의미합니다. 사주에서 해가 작용하면 감정의 틈, 일의 지연, 관계의 오해 등으로 나타나지만, 이는 단순한 불운이 아니라 조화를 다시 세우기 위한 과정입니다. 충沖이 비워내고 형刑이 얽힘을 풀 듯, 해害 역시 어긋남을 통해 관계를 정비하고 새로운 균형을 만들어 갑니다.

4

지지의 파破

지지의 파破는 글자 그대로 '깨짐'을 뜻하며, 이미 형성된 균형이나 질서가 내부에서 금이 가는 현상을 말합니다. 겉으로 드러나는 충沖과 달리, 파는 시간이 지나면서 서서히 균열을 만들어 냅니다. 따라서 겉으로는 안정되어 보여도 안에서는 흐름이 어긋나거나 틀이 약해지는 상황으로 나타납니다.

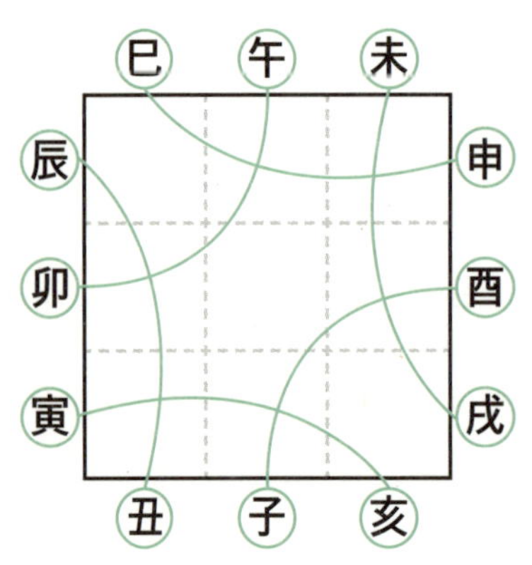

지지地支의 파에는 자유파子酉破, 축진파丑辰破, 인해파寅亥破, 묘오파卯午破, 사신파巳申破, 미술파未戌破가 있습니다. 지지의 파는 해害와 비슷하게 특정한 관계성을 기반으로 하지만, 그 성격은 다릅니다. 파破는 지지地支 상 서로 두 칸 떨어진 위치에서 생기는 관계입니다. 서로 인접하지도, 정반대에 있지도 않은 미묘한 거리에서 균형이 어긋나는 구조입니다.

파는 이미 이루어진 관계나 구조가 안에서부터 금이 가고 흔들리는 현상입니다. 사주에서 파가 작용할 때는 익숙한 틀이나 안정된 환경이 깨지거나 흐트러지기 쉽습니다. 갑작스러운 충돌보다는 서서히 균열이 생기는 형태로 나타나며, 기존의 질서가 유지되기 어려운 상태를 의미합니다.

지지의 관계성인 합合, 형刑, 충沖, 파破, 해害는 사주 해석의 기본이 되는 구조입니다. 사주 해석을 공부하기 위해서는 반드시 먼저 외워야 합니다. 실제 해석에서의 작용은 매우 복잡하고 상황에 따라 다르게 드러납니다. 같은 관계라도 환경과 조합에 따라 전혀 다른 의미로 작동하므로, 우선은 관계의 짝을 정확히 기억해 두는 것이 중요합니다.

지지의 충, 형, 해, 파

1 지지의 충, 해, 파 관계를 선으로 연결하고, 아래 흐린 글씨를 따라 적어 보세요.

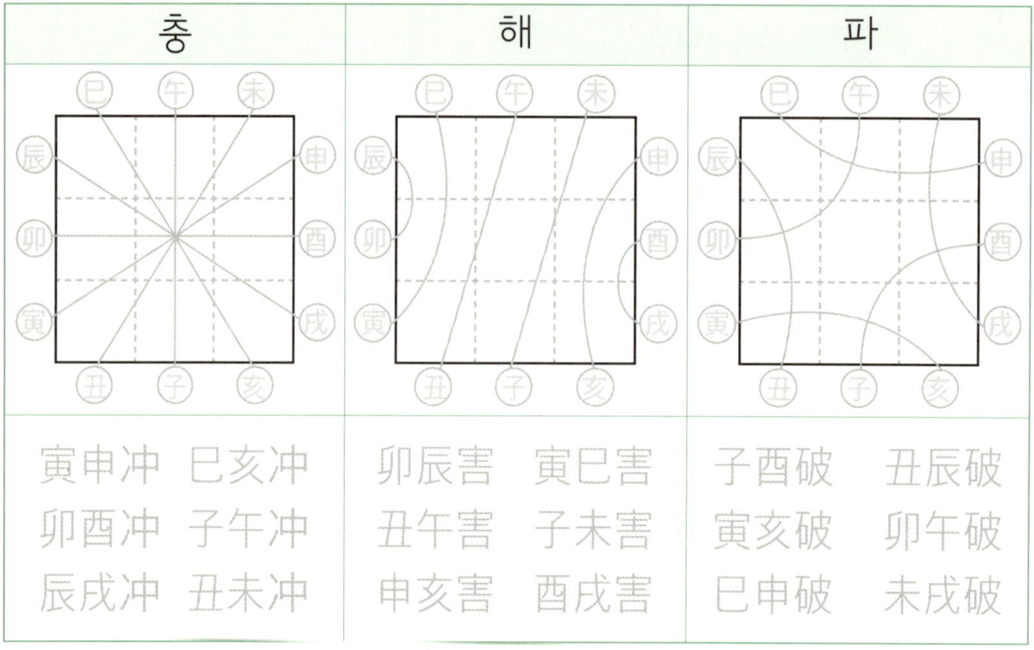

충	해	파
寅申冲　巳亥冲 卯酉冲　子午冲 辰戌冲　丑未冲	卯辰害　寅巳害 丑午害　子未害 申亥害　酉戌害	子酉破　丑辰破 寅亥破　卯午破 巳申破　未戌破

2 지지 형의 관계를 선으로 연결하고, 아래 흐린 글씨를 따라 적어 보세요.

자형	상형	생지의 형	묘고지의 형
辰辰自刑 午午自刑 酉酉自刑 亥亥自刑	子卯相刑	寅巳刑 巳申刑 申寅刑 寅巳申三刑	丑戌刑 戌未刑 未丑刑 丑戌未三刑

지지의 충, 형, 해, 파

1 지지의 충, 해, 파 관계를 선으로 연결하고, 빈 칸에 적어 보세요.

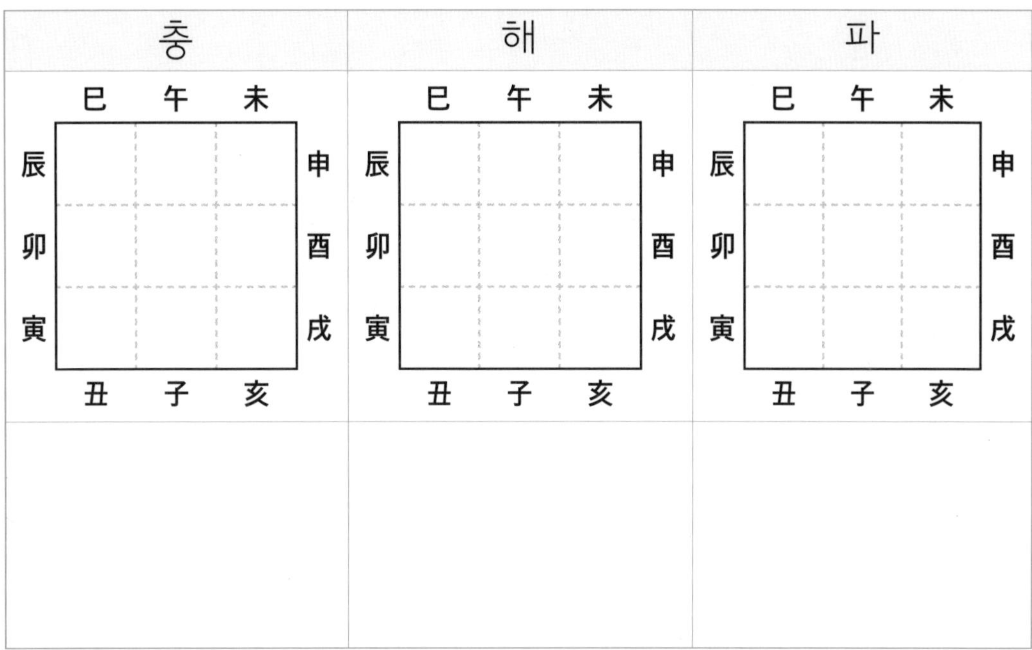

2 지지 형의 관계를 선으로 연결하고, 빈 칸에 적어 보세요.

자형	상형	생지의 형	묘고지의 형

지지의 충, 형, 해, 파

1 지지의 충, 해, 파 관계를 선으로 연결하고, 빈 칸에 적어 보세요.

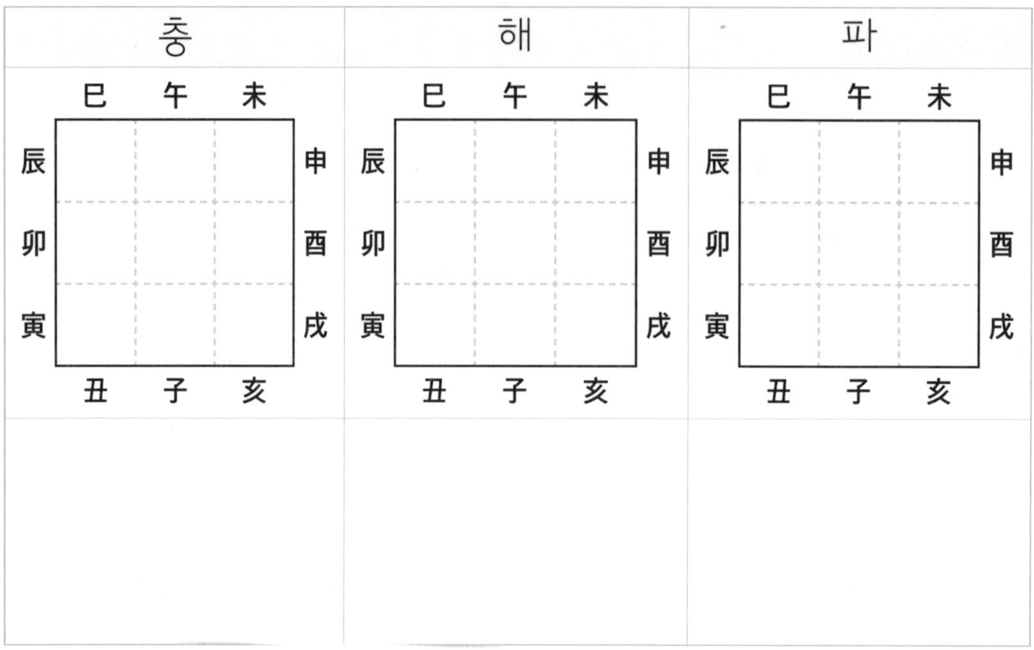

충	해	파

2 지지 형의 관계를 선으로 연결하고, 빈 칸에 적어 보세요.

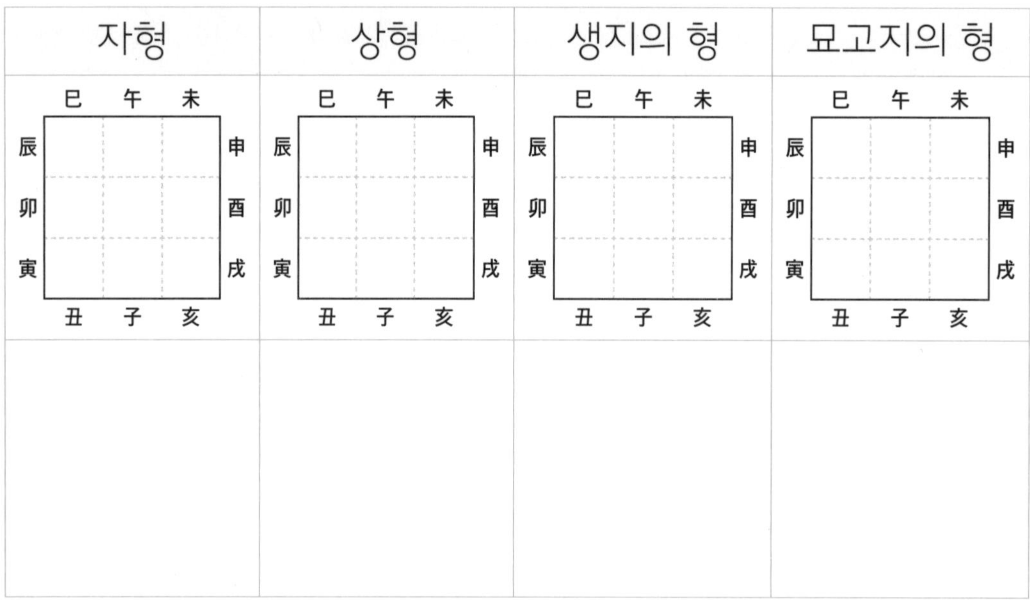

자형	상형	생지의 형	묘고지의 형

지장간의 이해

1

지장간支藏干이란?

　지장간支藏干은 지지地支 속에 숨어 있는 천간天干의 기운을 말합니다. 하나의 지지는 단순히 한 글자로 끝나는 것이 아니라, 열 개의 천간이 각자의 역할을 고르게 하며 조화를 이루어야 비로소 완전한 지지가 형성됩니다. 그중에서도 특히 그 시기에 중심적으로 작용하는 천간이 있으며, 그것을 따로 표시해 둔 것이 지장간입니다. 지장간의 구조를 자세히 들여다보면 이전 계절의 기운을 이어받고, 자기 계절의 중심을 세우며, 다음 계절의 기운을 낳아주는 순환의 흐름이 뚜렷하게 드러납니다. 그래서 지장간의 천간들은 사주를 해석할 때 '용신', '희신', '격국'을 판단하는 과정에서 매우 중요한 기준이 됩니다.

	寅	卯	辰	巳	午	未	申	酉	戌	亥	子	丑
여기 餘氣	戊	甲	乙	戊	丙	丁	戊	庚	辛	戊	壬	癸
중기 中氣	丙	乙	癸	庚	己	乙	壬	辛	丁	甲	癸	辛
정기 正氣	甲	乙	戊	丙	丁	己	庚	辛	戊	壬	癸	己

지장간은 여기餘氣, 중기中氣, 정기正氣로 이루어집니다. 이 중 '정기正氣'는 가장 외우기 쉬운 부분으로, 자기 본연의 기운을 뜻합니다. 토를 제외하면 '건록建祿'하는 천간이 정기를 이루고 있습니다. 예를 들어 인목寅木의 정기正氣는 갑목甲木이며, 묘목卯木은 을목乙木, 진토辰土는 무토戊土, 사화巳火는 병화丙火, 오화午火는 정화丁火, 미토未土는 기토己土, 신금申金은 경금庚金, 유금酉金은 신금辛金, 술토戌土는 무토戊土, 해수亥水는 임수壬水, 자수子水는 계수癸水, 축토丑土는 기토己土가 지장간의 정기입니다.

지장간의 '여기餘氣'는 이전 기운이 남아있는 것을 의미합니다. 열두 지지는 무지개의 색이 부드럽게 이어지는 것처럼 자연스럽게 연결되므로, 하나의 달이 바뀐다고 해서 이전 달의 기운이 완전히 끊어지는 것은 아닙니다. 예를 들어 묘월卯月이 되었다고 해서 인월寅月의 기운이 사라지는 것이 아니라, 인월의 중심 기운인 갑목이 묘월의 시작에 남아 '여기'로 작용합니다. 이렇게 계절의 연결점마다 남은 기운이 다음 달로 이어지면서 순환의 흐름이 만들어집니다.

	寅	卯	辰	巳	午	未	申	酉	戌	亥	子	丑
여기 餘氣	戊	甲	乙	戊	丙	丁	戊	庚	辛	戊	壬	癸
중기 中氣	丙	乙	癸	庚	己	乙	壬	辛	丁	甲	癸	辛
정기 正氣	甲	乙	戊	丙	丁	己	庚	辛	戊	壬	癸	己

특히 미월未月에서 신월申月로 넘어가는 지점과 축월丑月에서 인월寅月로 넘어가는 지점에서는 토의 기운이 형태를 바꿉니다. 미월未月의 기토己土는 화火의 기운을 질質로 전환하여 금金을 형성하고, 축월丑月의 기토己土는 수水의 기운을 질質로 전환하여 목木을 형성합니다. 따라서 미토는 금을, 축토는 목을 생산하는 토로 작용합니다. 이러한 변화는 단순한 오행의 이동이 아니라 계절이 바뀌는 자연의 질서이며, 지장간은 그 질서 속에서 기운의 이음새를 만드는 보이지 않는 축입니다.

지장간의 '중기中氣'는 4생지와 4고지 중기의 의미가 다릅니다. 4생지의 중기는 다음 계절의 양간陽干입니다. 계절이 시작하는 자리에서 다음 계절을 품고 있습니다. 십이운성에서는 4생지의 지장간 중기 글자들을 해당 지지에서 '장생長生'하는 기운이라 일컫습니다. 해수亥水에서는 갑목甲木이, 인목寅木에서는 병화丙火가, 사화巳火에서는 경금庚金이 지장간 중기에 있으며 장생합니다. 신금申金에서는 임수壬水가 지장간 중기에 있으며 장생합니다.

묘고지의 중기에 해당하는 글자들은 십이운성으로 보았을 때 '양養'에 해당하는 기운으로 작용합니다. 미토未土에서 을목乙木, 술토戌土에서 정화丁火, 축토丑土에서 신금辛金, 진토辰土에서 계수癸水가 지장간 중기에 위치합니다. 4왕지는 모두 자기 기운으로만 이루어져 있지만, 오화午火에는 예외적으로 중기中氣 기토己土가 포함되어 있습니다. 이는 화의 기운이 지나치게 퍼지지 않도록 조절하며, 확장된 병화의 기운을 안정시켜 정화의 단계로 자연스럽게 전환하는 역할을 합니다.

2
지장간 중기와 삼합

	목삼합			화삼합			금삼합			수삼합		
	亥	卯	未	寅	午	戌	巳	酉	丑	申	子	辰
여기 餘氣	戊	甲	丁	戊	丙	辛	戊	庚	癸	戊	壬	乙
중기 中氣	甲 장생	乙	乙 양	丙 장생	己	丁 양	庚 장생	辛	辛 양	壬 장생	癸	癸 양
정기 正氣	壬	乙	己	甲	丁	戊	丙	辛	己	庚	癸	戊

삼합三合에는 해묘미亥卯未 목운동을 하는 삼합과 인오술寅午戌 화운동을 하는 삼합이 있습니다. 사유축巳酉丑 금운동을 하는 삼합이 있고, 신자진申子辰 수운동을 하는 삼합이 있습니다. 이때 각 삼합 왕지의 지장간을 살펴보도록 하겠습니다. 묘목卯木의 지장간에는 갑甲과 을乙이 있습니다. 묘卯의 지지는 천간의 갑과 을이 그 주도권을 교차하는 지점입니다. 오午의 지지는 천간의 병丙과 정丁이 그 주도권을 교차하고 있습니다. 유酉에서는 경庚과 신辛이 그 주도권을 교

차하고, 자子에서는 임壬과 계癸가 주도권을 교차하게 됩니다.

목삼합		
亥	卯	未
戊	甲	丁
甲 장생	乙	乙 양
壬	乙	己

해묘미亥卯未는 목운동을 하는 삼합입니다. 해수의 지장간 중기는 갑목이며, 갑목은 해수에서 '장생'하여 그 작용력을 드러냅니다. 미토의 지장간 중기는 을목입니다. 을목은 미토에서 '양養'하며 목과 반대되는 금의 계절인 가을까지 목의 기운을 이어갑니다. 한편 미토에서 갑목은 입묘入墓의 상태가 되는데, 이는 갑목甲木의 기운이 감추어져야만 반대 기운인 경금庚金을 이루어나갈 수 있음을 의미합니다. 묘목卯木은 갑목甲木과 을목乙木의 분기점으로, 해묘미에서 해묘亥卯는 갑목을 중심으로 수를 위로 올리고, 묘미卯未는 을목을 중심으로 화를 펼쳐냅니다.

'장생長生', '양養', '입묘入墓'와 같은 단어는 십이운성의 용어로 그 의미와 작용력의 세부적 의미는 이후에 살펴보도록 하겠습니다. 지금은 지장간의 중기에 위치한 글자들이 삼합의 흐름과 밀접하게 연결되어 있다는 점을 이해하면 충분합니다.

인오술寅午戌은 화운동을 하는 삼합입니다. 인목寅木의 지장간 중기는 병화丙火이며, 인목에서 병화가 '장생'하여 그 작용력을 드러냅니다. 술토戌土의 지장간 중기는 정화丁火이며, 술토에서 정화는

화삼합		
寅	午	戌
戊	丙	辛
丙 (장생)	己	丁 (양)
甲	丁	戊

'양養'하며 화火와 반대되는 수水의 계절인 겨울까지 화의 기운을 이어갑니다. 한편 술토戌土에서 병화丙火는 입묘入墓의 상태가 되는데, 이는 병화丙火의 기운이 감추어져야만 반대 기운인 임수壬水를 이루어나갈 수 있음을 의미합니다. 오화午火는 병화丙火와 정화丁火의 분기점으로, 인오술寅午戌에서 인오寅午는 병화를 중심으로 목을 키우고, 오술午戌은 정화를 중심으로 금을 완성합니다.

금삼합		
巳	酉	丑
戊	庚	癸
庚 (장생)	辛	辛 (양)
丙	辛	己

사유축巳酉丑은 금운동을 하는 삼합입니다. 사화巳火의 지장간 중기는 경금庚金이며, 사화에서 경금이 '장생'하여 금의 기운이 새롭게 드러나기 시작합니다. 축토丑土의 지장간 중기는 신금辛金이며, 신금辛金은 축토에서 양養의 상태로 머물며 금金과 반대되는 목木의 계절인 봄까지 금의 기운을 이어 갑니다. 한편 축토丑土에서는 경금庚金이 입묘入墓의 상태가 되는데, 이는 경금庚金의 기운이 수렴되어야만 반대 기운인 갑목甲木을 형성할 수 있음을 의미합니다. 유금酉金은 경금庚金과 신금辛金의 분기점으로, 사유축巳酉丑에서 사유巳酉는 경금庚金을 중심으로 화火의 기운을 수렴하고, 유축酉丑은 신금辛金을 중심으로 수水의 기운을 깊이 이루어갑니다.

수삼합		
申	子	辰
戊	壬	乙
壬 장생	癸	癸 양
庚	癸	戊

신자진申子辰은 수운동을 하는 삼합입니다. 신금申金의 지장간 중기는 임수壬水이며, 신금申金에서 임수가 장생長生하여 수水의 기운이 드러나기 시작합니다. 진토辰土의 지장간 중기는 계수癸水이며, 계수는 진토에서 양養의 상태로 머물며, 수水와 반대되는 화火의 계절인 여름까지 수의 기운을 이어 갑니다. 한편 진토辰土에서는 임수壬水가 입묘入墓의 상태에 들어가는데, 이는 임수壬水의 기운이 수렴되어야만 반대 기운인 병화丙火를 만들어 낼 수 있음을 의미합니다. 자수子水는 임수壬水와 계수癸水의 분기점으로, 신자진申子辰 운동에서 신자申子는 임수壬水를 중심으로 금金을 더욱 응축하게 하고, 자진子辰은 계수癸水를 중심으로 목木을 이루며 확산합니다.

지장간과 삼합을 함께 살펴보면, 계절의 흐름이 끊어지지 않고 이어진다는 것을 알 수 있습니다. 한 계절이 끝나면 그 기운이 바로 사라지는 것이 아니라, 다음 계절로 자연스럽게 넘어가며 순환이 이어집니다. 지장간은 이러한 흐름을 내부적으로 연결해 주는 역할을 합니다. 겉으로 드러나지 않지만, 계절이 바뀌는 순간마다 그 속에서 다음 기운을 준비시키는 숨은 힘으로 작용합니다.

삼합은 이런 순환의 큰 틀을 보여줍니다. 수水가 화火로 향하는 과정에서 목木이 생성되고, 화火가 수水로 향하는 과정에서 금金이 생성됩니다. 목이 금이 되기 위해서는 화로 펼쳐져야 하고, 금이 목이 되기 위해서는 수로 수렴해야만 합니다. 상반된 기운이 상호 작용하는 과정 속에서 지장간은 시작과 끝을 잇는 다리처럼 작용하며, 오행이 자연스럽게 순환할 수 있도록 돕습니다.

결국 지장간을 이해한다는 것은 단순히 글자를 외우는 일이 아니라 계절의 흐름과 오행이 이어지는 원리를 아는 것입니다. 하지만 지금은 기초를 다지는 단계이니, 우선 차근차근 외우는 것이 중요합니다. 번거롭고 귀찮더라도 여러 번 반복하며 지장간을 익히기 바랍니다.

지장간 이해

1 흐린 글씨를 따라 쓰며 지장간의 의미를 익혀 보세요.

支	藏	干
지지	감추다	천간

⇒ 지지 속에 감추어진 천간

2 흐린 글씨를 따라 쓰며 지장간의 여기·중기·정기를 익혀 보세요.

	寅	卯	辰	巳	午	未	申	酉	戌	亥	子	丑
여기 餘氣	戊	甲	乙	戊	丙	丁	戊	庚	辛	戊	壬	癸
중기 中氣	丙	乙	癸	庚	己	乙	壬	辛	丁	甲	癸	辛
정기 正氣	甲	乙	戊	丙	丁	己	庚	辛	戊	壬	癸	己

3 흐린 글씨를 따라 쓰며 지장간과 삼합을 익혀 보세요.

	목삼합			화삼합			금삼합			수삼합		
	亥	卯	未	寅	午	戌	巳	酉	丑	申	子	辰
여기 餘氣	戊	甲	丁	戊	丙	辛	戊	庚	癸	戊	壬	乙
중기 中氣	甲	乙	乙	丙	己	丁	庚	辛	辛	壬	癸	癸
정기 正氣	壬	乙	己	甲	丁	戊	丙	辛	己	庚	癸	戊

지장간 이해

1 빈 칸에 지장간의 의미를 적어 보세요.

支	藏	干

⇒

2 빈 칸에 지장간의 여기·중기·정기를 적어 보세요.

	寅	卯	辰	巳	午	未	申	酉	戌	亥	子	丑
여기 餘氣												
중기 中氣												
정기 正氣												

3 빈 칸에 지장간과 삼합을 적어 보세요.

	亥	卯	未	寅	午	戌	巳	酉	丑	申	子	辰
여기 餘氣												
중기 中氣												
정기 正氣												

지장간 이해

1 빈 칸에 지장간의 의미를 적어 보세요.

支	藏	干

⇒

2 빈 칸에 지장간의 여기·중기·정기를 적어 보세요.

	寅	卯	辰	巳	午	未	申	酉	戌	亥	子	丑
여기 餘氣												
중기 中氣												
정기 正氣												

3 빈 칸에 지장간과 삼합을 적어 보세요.

	亥	卯	未	寅	午	戌	巳	酉	丑	申	子	辰
여기 餘氣												
중기 中氣												
정기 正氣												

24절기 이해

1

절기와 명리학

명리학은 절기학節氣學입니다. 그만큼 절기의 의미가 중요한 학문입니다. 절기節氣는 태양의 움직임을 기준으로 한 '시간의 구분'입니다. 지구를 중심에 두고 하늘을 관찰할 때, 태양은 하늘의 일정한 길을 따라 이동하는 것처럼 보입니다. 이 길을 '황도黃道'라 합니다. 황도는 하늘의 적도보다 약 23.5도 기울어진 궤도이며, 계절의 변화는 바로 이 기울기와 태양의 위치 변화에서 비롯됩니다.

옛사람들은 태양이 황도를 한 바퀴 도는 360도를 기준으로, 그 위치를 15도씩 나누어 24개의 구간으로 표시했습니다. 이것이 바로 24절기입니다. 다시 말해, 태양이 황도 위에서 15도 이동할 때마다 새로운 절기가 시작되는 것입니다. 따라서 절기는 달의 주기에 따라 계산되는 음력과는 다르며, 태양의 이동과 그에 따른 계절의 변화를 기준으로 정해지는 시간의 체계입니다.

예를 들어, 태양이 황도상 315° 지점에 있을 때가 입춘立春이며, 이때부터 봄의 기운이 시작됩니다. 0°는 춘분春分, 90°는 하지夏至, 180°는 추분秋分, 270°는 동지冬至에 해당합니다. 이 네 지점은 낮과 밤의 길이가 같거나, 혹은 가장 길고 짧은 시기이기 때문에 '이분이지二分二至'라 부릅니다. 이분은 춘분과 추분을, 이지는 하지와 동지를 일컫습니다.

  절기는 태양의 움직임을 기준으로 나눈 시간의 단위입니다. 태양이 황도를 한 바퀴 도는 동안 낮과 밤의 길이, 온도, 그리고 생명의 흐름이 변하며, 이 변화를 15도씩 나누어 표시한 것이 24절기입니다. 따라서 절기는 단순히 날짜를 구분하는 기준이 아니라, 계절의 방향성과 에너지가 전환되는 순간을 기록한 하늘의 시간 질서입니다. 사주명리학에서는 이 절기를 통해 한 해의 흐름을 읽고, 사람이 태어난 시점이 어떤 계절적 기운 속에 놓였는지를 판단합니다. 다시 말해, 절기는 하늘의 시간이 땅의 삶으로 이어지는 통로이며, 인간의 사주는 절기 위에서 비로소 의미를 갖게 됩니다.

	월	절기	양력	의미
봄	寅月	입춘	2월 4일경	봄의 시작
		우수	2월 19일경	눈이 녹고 봄비가 내림
	卯月	경칩	3월 6일경	동면하던 벌레가 깨어나는 시기
		춘분	3월 21일경	낮과 밤의 길이가 같아짐
	辰月	청명	4월 6일경	하늘이 맑고 농사 준비가 시작됨
		곡우	4월 20일경	곡식에 단비가 내려 파종이 이루어짐
여름	巳月	입하	5월 6일경	여름의 시작
		소만	5월 21일경	만물이 충만하고 곡식이 자람
	午月	망종	6월 6일경	이삭이 있는 곡식을 심는 시기
		하지	6월 21일경	낮이 가장 길고 양의 기운이 극에 이름
	未月	소서	7월 7일경	본격적으로 더위가 시작되는 시기
		대서	7월 23일경	더위가 극도에 달하는 시기
가을	申月	입추	8월 8일경	가을의 시작
		처서	8월 23일경	더위가 물러나고 선선한 바람이 붐
	酉月	백로	9월 8일경	이슬이 내리고 가을 기운이 짙어짐
		추분	9월 23일경	낮과 밤의 길이가 같아짐
	戌月	한로	10월 8일경	찬 이슬이 맺히기 시작함
		상강	10월 23일경	서리가 내리고, 추수가 거의 끝남

	월	절기	양력	의미
겨울	亥月	입동	11월 7일경	겨울의 시작
		소설	11월 22일경	첫눈이 내리기 시작함
	子月	대설	12월 7일경	눈이 많이 내리는 시기
		동지	12월 22일경	밤이 가장 길고 음의 기운이 극에 이름
	丑月	소한	1월 6일경	본격적으로 추워지는 시기
		대한	1월 20일경	추위가 극도에 달하는 시기

앞의 절기표를 보면, 각 달마다 두 개의 절기가 있습니다. 월의 시작을 여는 절기를 절입 시기라 합니다. 입춘立春, 입하立夏, 입추立秋, 입동立冬은 계절이 시작되는 절입 시기입니다. 절입 시기와 절입 시기 사이에는 중간 절기가 있습니다. 중간 절기는 계절의 기운이 가장 무르익는 시점입니다. 춘분春分, 하지夏至, 추분秋分, 동지冬至가 대표적인 중간 절기이며, 낮과 밤의 길이가 같아지거나 음양陰陽의 세력이 전환되는 중요한 지점입니다.

봄, 여름, 가을, 겨울 각 계절은 인월寅月의 입춘立春, 사월巳月의 입하立夏, 신월申月의 입추立秋, 해월亥月의 입동立冬에서 열립니다. 인월寅月이 시작되는 입춘立春은 봄의 시작이며, 동시에 일 년의 시작점입니다. 사월巳月의 입하立夏는 여름이 열리는 시기입니다. 신월申月의 입추立秋는 수확의 기운이 드러나는 때이며, 해월亥月의 입동立冬은 모든 생명이 수水로 돌아가 응축되는 시점입니다. 이 네 지지의 절입 시점은 사계절의 시작점이며, 새로운 기운이 생겨나는 출발점입니다.

계절의 절정은 묘월卯月, 오월午月, 유월酉月, 자월子月에서 나타납니다. 이 시기를 왕지旺支라 하며, 한 계절의 기운이 가장 무르익는 자리입니다. 묘월卯月의 한가운데에는 춘분春分이 있고, 오월午月에는 하지夏至, 유월酉月에는 추분秋分, 자월子月에는 동지冬至가 있습니다. 춘분과 추분은 낮과 밤의 길이가 같아지는 때이며, 하지와 동지는 각각 낮이 가장 길거나 밤이 가장 긴 시점입니다. 하지 이후에는 태양의 고도가 낮아지며 음의 기운이 자라기 시작하므로 일음시생一陰始生이라 하고, 동지 이후에는 태양의 고도가 높아지며 양의 기운이 다시 생겨나기 때문에 일양시생一陽始生이라 합니다. 이처럼 왕지의 가운데에 놓인 이분이지는 음양이 서로 교차하며 새로운 방향으로 전환되는 지점입니다.

【자오묘유子午卯酉**와 지장간】**

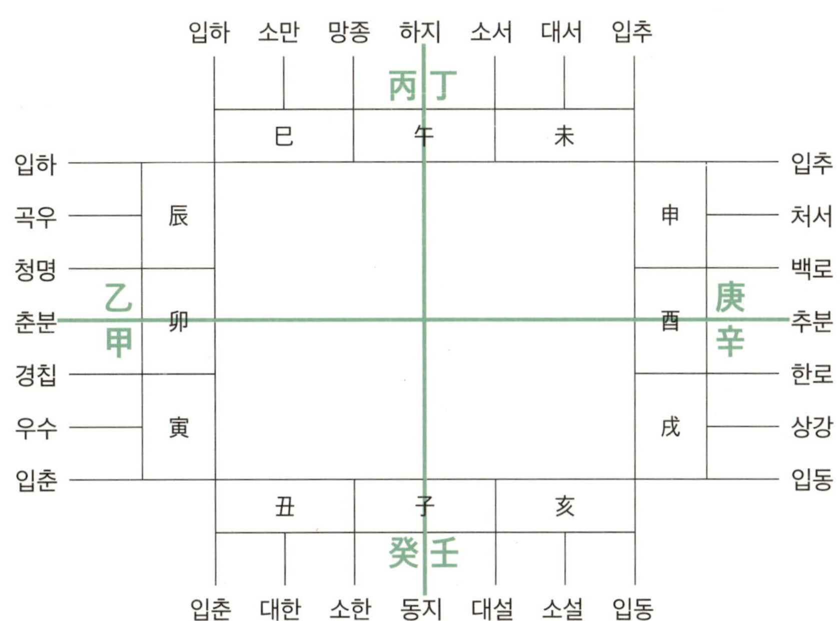

　자오묘유의 지장간을 통해서도 이분이지의 기운 변화를 가늠할 수 있습니다. 중간 절기인 동지점과 하지점, 춘분점과 추분점은 기운이 변화하는 매우 중요한 자리입니다. 하지夏至를 기점으로 병화丙火와 정화丁火가 주도권을 달리하고, 동지冬至를 기점으로 임수壬水와 계수癸水가 주도권을 달리합니다. 춘분春分을 기점으로 갑목甲木과 을목乙木이, 추분秋分을 기점으로 경금庚金과 신금辛金이 주도권을 달리합니다.

　진월辰月, 미월未月, 술월戌月, 축월丑月은 계절과 계절이 이어지는 경계에 있습니다. 이 시기를 토土의 자리라 하며, 앞선 계절의 기운을 정리하고 다음 계절의 기운을 열어가는 역할을 합니다. 진월辰月은 봄에서 여름으로, 미월未月은 여름에서 가을로, 술월戌月은 가을에서 겨울로, 축월丑月은 겨울에서 봄으로 이어집니다. 토는 중심을 잡고 균형을 이루는 성질을 가지므로, 이 네 달은 사계절의 순환이 끊어지지 않도록 이어주는 완충의 역할을 합니다.

　결국 절기는 태양의 움직임과 계절의 변화를 기록한 시간의 질서입니다. 명리학은 이 질서를 바탕으로 한 사람의 사주를 해석합니다. 절기를 이해한다는 것은 단순히 날짜를 아는 것이 아니라, 하늘의 흐름이 어떻게 변화하고 그 변화가 인간의 삶에 어떤 영향을 주는지를 이해하는 일입니다. 그래서 명리학은 절기학이라 불리며, 절기의 구조를 아는 것은 사주를 읽는 첫걸음입니다.

2

절기와 지장간

    절기를 기준으로 지장간을 살펴보면, 각 계절이 맡은 역할이 분명해집니다. 동지冬至 이후부터 춘분春分 전까지는 계수癸水와 갑목甲木이 중심이 되어 수생목水生木의 작용이 일어나며, 춘분春分 이후 하지夏至 전까지는 을목乙木과 병화丙火가 중심이 되어 목생화木生火의 흐름이 이어집니다. 하지夏至 이후 추분秋分 전까지는 정화丁火와 경금庚金이 중심이 되어 화생금火生金의 작용이 이루어지고, 추분秋分 이후 동지冬至 전까지는 신금辛金과 임수壬水가 중심이 되어 금생수金生水의 흐름이 완성됩니다.

    이처럼 사계절은 겨울水에서 봄木으로, 봄木에서 여름火으로, 여름火에서 가을金로, 가을金에서 다시 겨울水로 이어지며 다음을 낳고 돕는 순환 속에서 자연의 질서를 완성합니다. 절기와 지장간의 관계를 이해하면 각 계절이 어떤 역할을 담당하며, 그 안에서 어떤 기운이 중심이 되는지를 명확히 알 수 있습니다.

【계절의 의무와 지장간】

입하 소만 망종 하지 소서 대서 입추
戊 庚 丙 丙 丁 丁 乙 己
巳 午 未
입하 戊 戊 입추
곡우 癸 辰 壬 처서
청명 乙 申 庚 백로
乙 庚
춘분 卯 辛 추분
甲 卯 酉 辛
경칩 甲 한로
우수 丙 寅 戌 丁 상강
입춘 戊 戊 입동
乙丙 목생화 丁庚 화생금
癸甲 수생목 辛壬 금생수
丑 子 亥
己 辛 癸 癸 壬 壬 甲 戊
입춘 대한 소한 동지 대설 소설 입동

【지장간과 계절의 순환】

입하 소만 망종 하지 소서 대서 입추
戊 庚 丙 丙 丁 丁 乙 己
巳 午 未
입하 戊 戊 입추
곡우 癸 辰 壬 처서
청명 乙 申 庚 백로
乙 庚
춘분 卯 酉 추분
甲 辛
경칩 甲 辛 한로
우수 丙 寅 戌 丁 상강
입춘 戊 戊 입동
丑 子 亥
己 辛 癸 癸 壬 壬 甲 戊
입춘 대한 소한 동지 대설 소설 입동
辛→甲
乙→庚
癸→丙
丁→壬

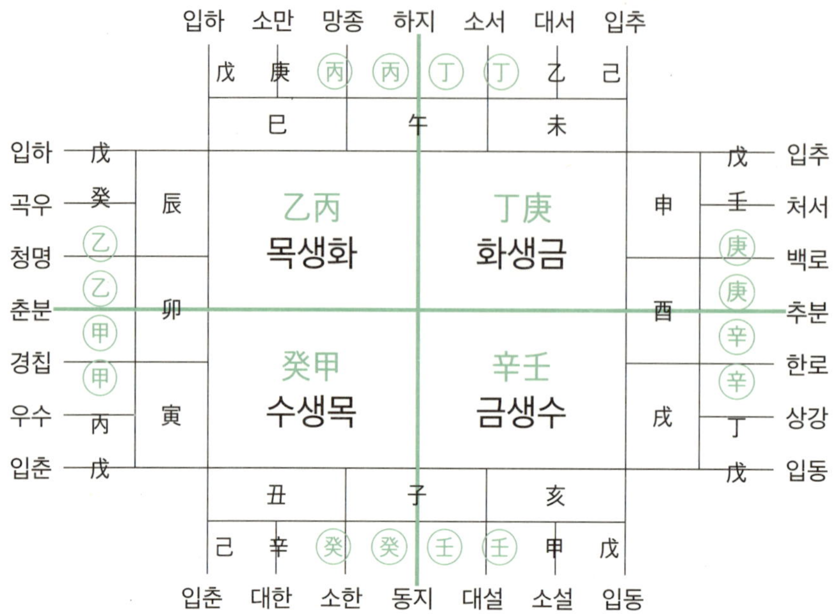

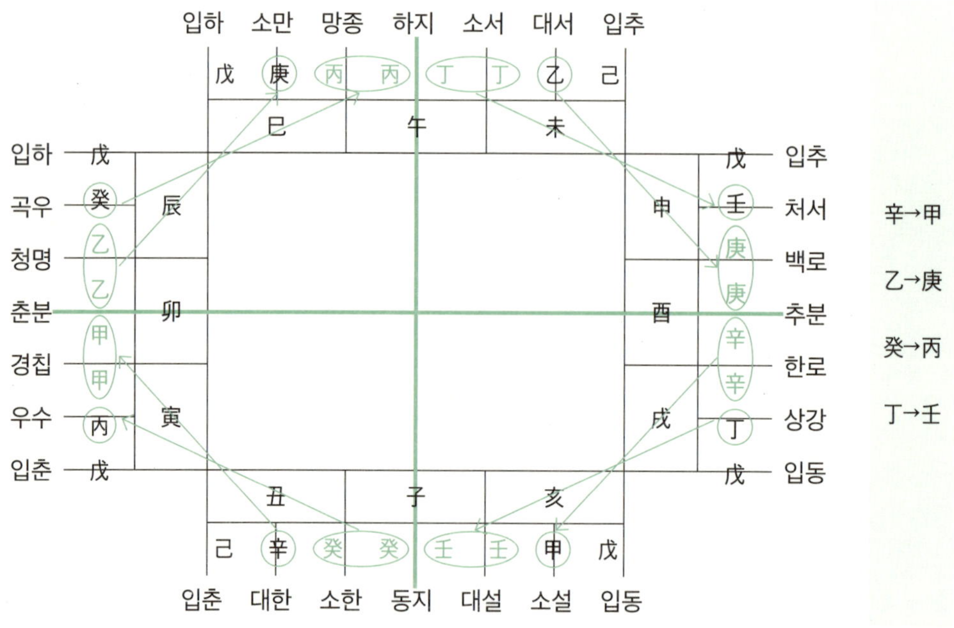

262

이 순환의 구조 속에서 신금辛金이라는 씨앗은 수水를 통해 갑목甲木이라는 새싹을 틔우고辛→甲, 을목乙木이라는 가지는 화火를 통해 경금庚金이라는 열매를 맺습니다乙→庚. 계수癸水는 목木을 거쳐 병화丙火로 이어지고癸→丙, 정화丁火는 금金을 거쳐 임수壬水로 수렴합니다丁→壬. 이러한 흐름을 통해 우리는 천간과 지지가 만들어 내는 놀라운 질서와 생명 순환의 원리를 확인할 수 있습니다.

자연의 섭리는 인간의 섭리와 다르지 않으며, 명리학은 바로 이 천간과 지지의 속성 속에서 인간의 삶을 해석하고 이해하려는 학문입니다. 24절기를 바탕으로 지장간의 원리를 익히고 하나씩 암기해 나간다면, 자연의 질서 속에 숨은 명리의 세계를 더욱 깊이 이해하게 될 것입니다.

24절기 이해

1 흐린 글씨를 따라 쓰며 24절기를 익혀 봅시다.

절기	寅	卯	辰	巳	午	未	申	酉	戌	亥	子	丑
절입	입춘	경칩	청명	입하	망종	소서	입추	백로	한로	입동	대설	소한
중간절기	우수	춘분	곡우	소만	하지	대서	처서	추분	상강	소설	동지	대한

2 절기와 지장간을 익혀 봅시다.

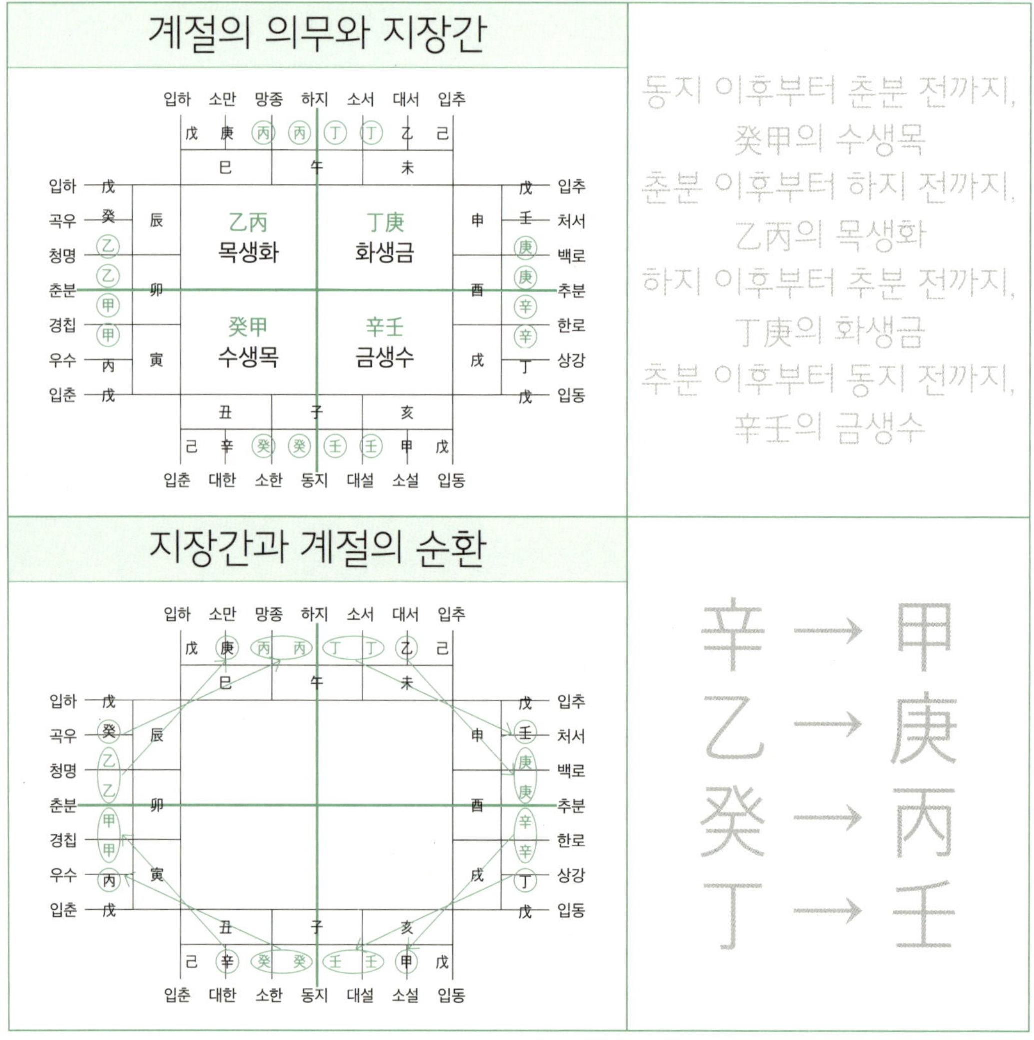

24절기 이해

1 24절기를 적어 보세요.

절기	寅	卯	辰	巳	午	未	申	酉	戌	亥	子	丑
절입												
중간 절기												

2 절기와 지장간을 통해 계절의 의무와 순환을 적어 보세요.

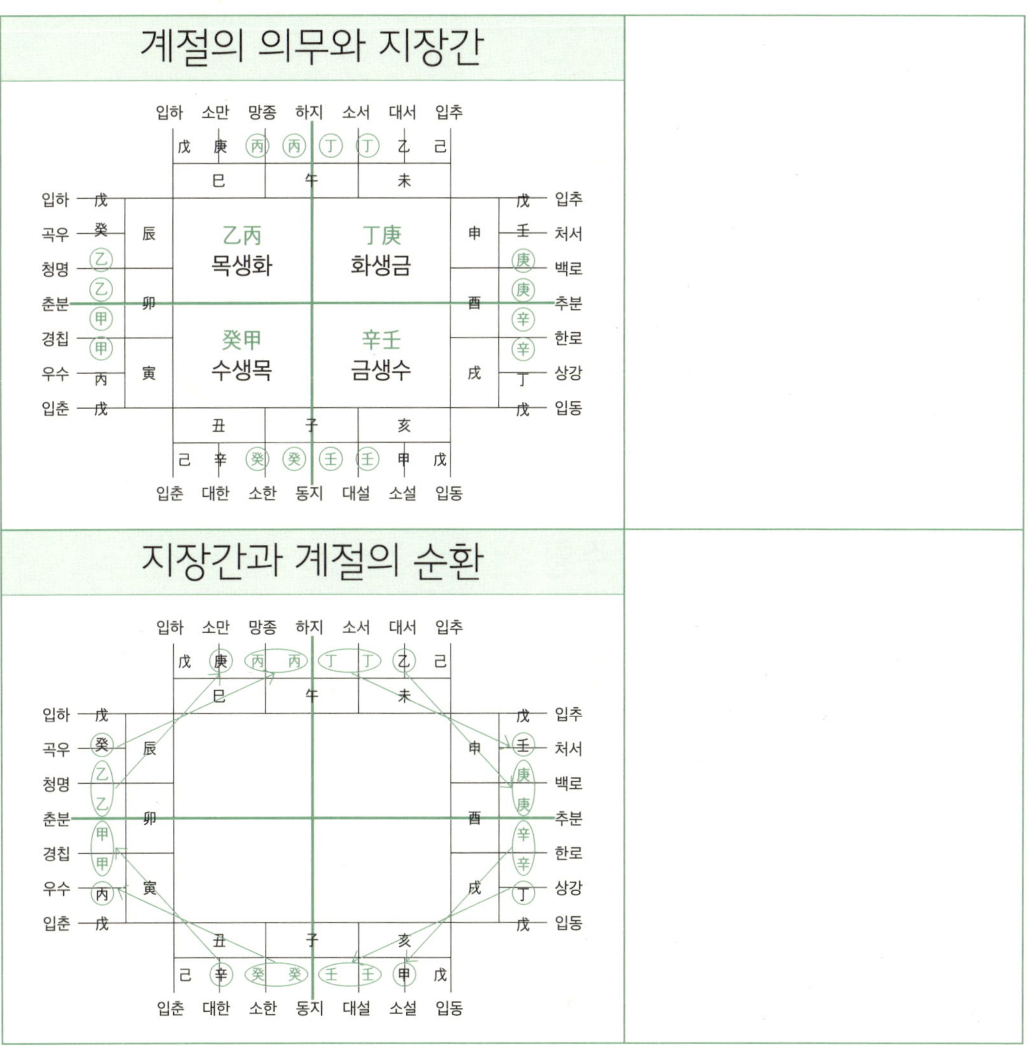

24절기 이해

1　**24절기를 적어 보세요.**

절기	寅	卯	辰	巳	午	未	申	酉	戌	亥	子	丑
절입												
중간 절기												

2　**절기와 지장간을 통해 계절의 의무와 순환을 적어 보세요.**

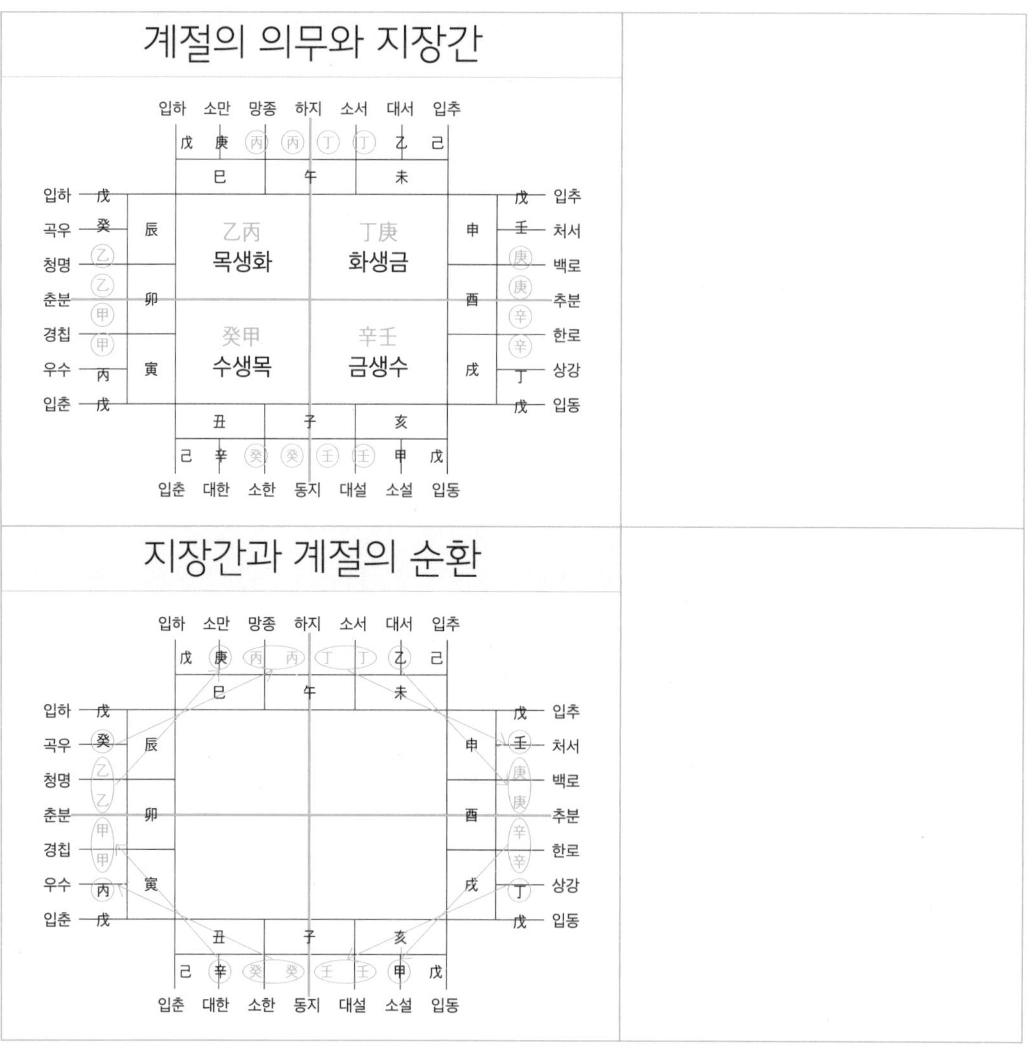

인묘진 이해

묘월卯月의 중간 절기에 춘분春分이 있습니다. 춘분은 낮과 밤의 길이가 같으며, 점점 낮의 길이가 길어지는 방향성을 가지고 있습니다. 인월寅月에서 묘월卯月, 진월辰月로 전개되면서 음의 기운보다 양의 기운이 점점 많아지는 시기가 봄입니다. 인월寅月은 입춘立春부터 시작하며, 중간 절기는 우수雨水입니다. 묘월卯月은 경칩驚蟄부터 시작하며, 중간 절기는 춘분春分입니다. 진월辰月은 청명淸明부터 시작하며, 중간 절기는 곡우穀雨입니다. 인시寅時는 새벽 3시 30분부터 5시 30분까지이며, 묘시卯時는 오전 5시 30분부터 7시 30분까지입니다. 진시辰時는 오전 7시 30분부터 9시 30분까지를 의미합니다.

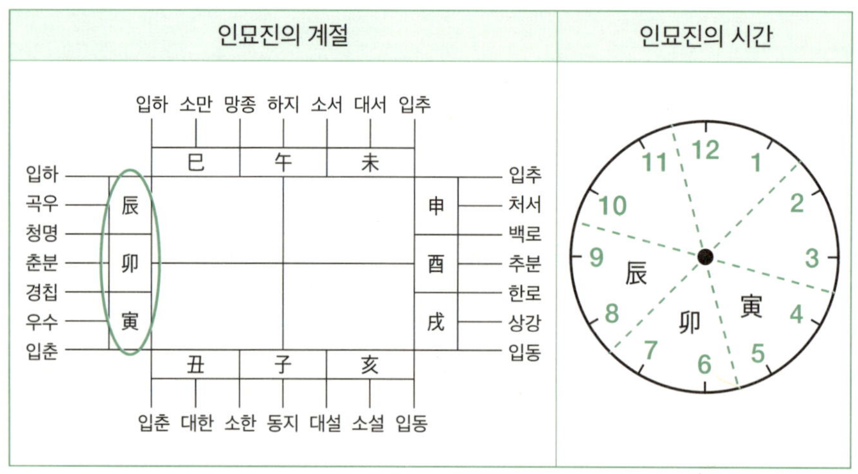

인월寅月은 봄의 시작입니다. 어둠의 수가 처음으로 솟아 오른 것이 인목입니다. 봄을 영어로 spring이라고 하는 것처럼, 갑자기 솟아 난다는 의미에서 '호랑이'라는 동물과 연결할 수 있습니다. 인목의 지장간에는 무토戊土, 병화丙火, 갑목甲木이 있습니다. 지장간이라는 것은 지지 속에 숨겨진 천간의 기운을 의미합니다. 그렇다고 인월에 무토, 병화, 갑목만 작용력을 가진다고 생각하면 곤란합니다. 인월寅月에는 갑목甲木이 건록建祿, 을목乙木이 제왕帝旺, 병화丙火가 장생長生, 정화丁火가 사死, 무토戊土가 장생長生, 기토己土가 사死, 경금庚金이 절絶, 신금辛金이 태胎, 임수壬水가 병病, 계수癸水가 목욕沐浴으로 작용합니다. 하나의 지지에 10천간의 역할을 드러낸 것이 십이운성입니다. 십이운성은 복잡하지만 핵심적 개념입니다. 지장간의 무토, 병화, 갑목은 인월이라는 시기에 순서대로 중요하게 작용력을 가지는 대표 천간을 의미합니다.

묘월卯月은 봄의 절정입니다. 묘卯라는 글자는 쪼개어지고 나누어진 형상인데, 이는 수水가 쪼개어지고 나누어져 흩날리는 것을 의미합니다. 토끼의 귀나 이빨이 쪼개어진 것을 생각하며, 묘목을 '토끼'와 연결하여 기억하면 좋겠습니다. 묘목卯木의 지장간은 갑목甲木과 을목乙木으로, 목의 기운만 있습니다. 천간에서 갑목甲木이 제왕帝旺, 을목乙木이 건록建祿, 병화丙火가 목욕沐浴, 정화丁火가 병病, 무토戊土가 목욕沐浴, 기토己土가 병病, 경금庚金이 태胎, 신금辛金이 절絶, 임수壬水가 사死, 계수癸水가 장생長生으로 작용하는 시기가 묘월입니다. 춘분春分을 기점으로 갑목甲木과 을목乙木은 그 작용력을 전환하게 됩니다. 춘분 이전에는 수생목으로 갑목의 작용력이 주가 되고, 춘분 이후가 되면 목생화로 을목의 작용력이 주가 됩니다.

진월辰月은 봄의 마무리입니다. 진토辰土는 '용'을 상징하는데 다른 지지의 글자가 모두 현실 세계의 동물로 표현되는 데 반해 진토의 '용'만큼은 상상 속의 동물입니다. 용은 화려하게 솟아오르는 것의 상징으로 찬란하게 펼쳐지는 봄의 기운을 생각해 보면 좋겠습니다. 진토辰土의 지장간은 을목乙木, 계수癸水, 무토戊土 입니다. 여전히 목의 기운이 강하게 작용하고 있으며, 계수癸水가 양養하며 병화丙火 까지 가려 합니다. 이때 임수壬水는 입묘入墓하게 됩니다. 진월辰月에 무토戊土는 음을 넣고, 양을 열어가는 조절자의 역할을 하게 됩니다. 지금 이러한 이야기들이 너무 어렵게 느껴질 것입니다. 초급 단계인 만큼, 이해가 안 되는 것이 당연합니다. 다만, 지지마다 천간들이 각 자의 역할을 수행하며 계절을 순환시키고 있다는 것은 반드시 기억 해야 합니다.

십이운성	甲	乙	丙	丁	戊	己	庚	辛	壬	癸
인寅의 천간 작용	건록	제왕	장생	사	장생	사	절	태	병	목욕
묘卯의 천간 작용	제왕	건록	목욕	병	목욕	병	태	절	사	장생
진辰의 천간 작용	쇠	관대	관대	쇠	관대	쇠	양	묘	묘	양

　인목寅木은 인묘진寅卯辰 방합方合을 하며 동쪽에 그 방위를 두고 있습니다. 인오술寅午戌 삼합을 하며 화운동을 열어가는 역할을 인 목이 하게 됩니다. 인목의 지장간에는 병화가 있는데, 병화丙火가 인 목寅木에서 장생長生 합니다. 병화가 인목에서 장생을 하며 인오술 화 운동을 열어가는 시작점이 됩니다. 인목寅木은 해수亥水와 육합六合 의 관계에 있습니다. 사화巳火는 해수亥水를 충冲하며 육합六合을 방 해합니다. 따라서 인목寅木은 사화巳火와 육해六害의 관계가 됩니다. 또한 인사寅巳 형刑의 관계성도 나타납니다. 인목寅木은 완전 반대의 시공간인 신금申金과 충冲으로 관계성을 맺습니다.

묘목卯木은 인묘진寅卯辰 방합方合의 정점으로 정동쪽을 나타냅니다. 해묘미亥卯未 삼합三合을 하며 목운동의 절정을 의미합니다. 묘에서는 춘분 직전까지 해수와의 관계를 통해 갑목을 길러내고, 춘분 이후로 을목이 주동합니다. 미토에서 을목은 양養하며 경금을 이루어 냅니다. 갑목甲木은 미토未土에 입묘入墓하며 목운동을 마무리하게 됩니다. 묘목卯木은 술토戌土와 육합六合의 관계에 있습니다. 진토辰土는 술토戌土를 충冲하며 육합을 방해하므로, 묘목卯木과 진토辰土는 육해六害의 관계가 됩니다. 묘목卯木은 자수子水와 상형相刑의 관계성도 나타납니다. 묘목卯木은 완전 반대의 시공간인 유금酉金과 충冲으로 관계성을 맺습니다.

진토辰土는 인묘진寅卯辰 방합方合의 마지막입니다. 신자진申子辰 삼합三合을 하며 수운동을 마무리하는 역할을 진토가 하게 됩니다. 진토의 지장간에는 계수癸水가 양養하며 병화丙火까지 확산되려 합니다. 임수壬水는 입묘入墓하며 수를 마무리하고, 화를 열어가려 준비하는 토가 진토입니다. 진토辰土는 유금酉金과 육합六合의 관계에 있습니다. 유금酉金을 충하는 묘목卯木이 육합을 방해하므로, 진토辰土는 묘목卯木과 육해六害의 관계가 됩니다. 진토辰土는 진토辰土와 자형自刑의 관계성으로 나타납니다. 진토辰土는 완전 반대의 시공간인 술토戌土와 충冲으로 관계성을 맺습니다.

	방합	동물	지장간	삼합	육합	육해	육충	형
寅		호랑이	戊丙甲	寅午戌	寅亥	寅巳	寅申	寅巳申 삼형
卯	寅卯辰	토끼	甲乙	亥卯未	卯戌	卯辰	卯酉	子卯 상형
辰		용	乙癸戊	申子辰	辰酉	辰卯	辰戌	辰辰 자형

인묘진 寅卯辰

1 흐린 글씨를 따라 쓰며 인묘진의 계절과 시간을 익혀 보세요.

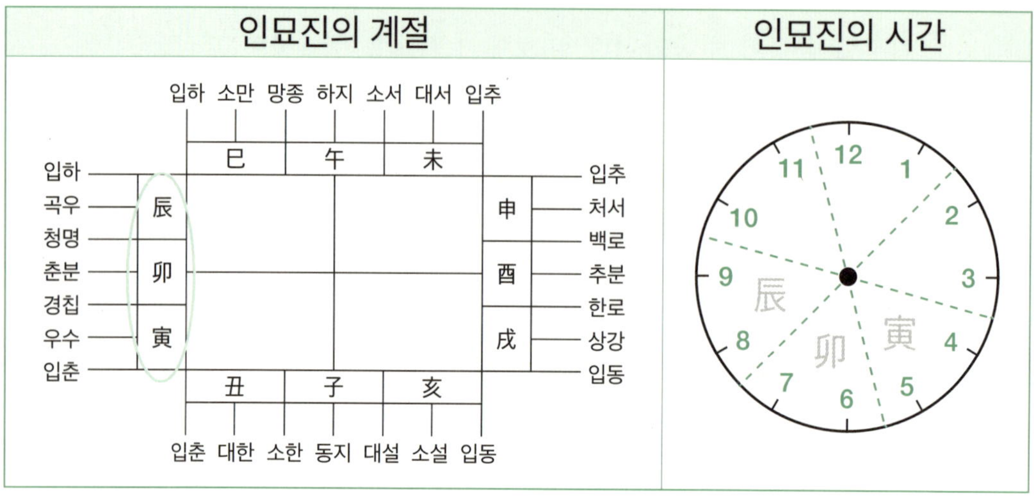

2 흐린 글씨를 따라 쓰며 인묘진의 천간 작용을 익혀 보세요.

십이운성	甲	乙	丙	丁	戊	己	庚	辛	壬	癸
인 寅 의 천간 작용	건록	제왕	장생	사	장생	사	절	태	병	목욕
묘 卯 의 천간 작용	제왕	건록	목욕	병	목욕	병	태	절	사	장생
진 辰 의 천간 작용	쇠	관대	관대	쇠	관대	쇠	양	묘	묘	양

3 흐린 글씨를 따라 쓰며 인묘진 지지 특성을 익혀 보세요

	방합	동물	지장간	삼합	육합	육해	육충	형
寅		호랑이	戊丙甲	寅午戌	寅亥	寅巳	寅申	寅巳申 삼형
卯	寅卯辰	토끼	甲乙	亥卯未	卯戌	卯辰	卯酉	子卯 상형
辰		용	乙癸戊	申子辰	辰酉	辰卯	辰戌	辰辰 자형

인묘진寅卯辰

1 인묘진의 계절과 시간을 아래 그림에 나타내 보세요.

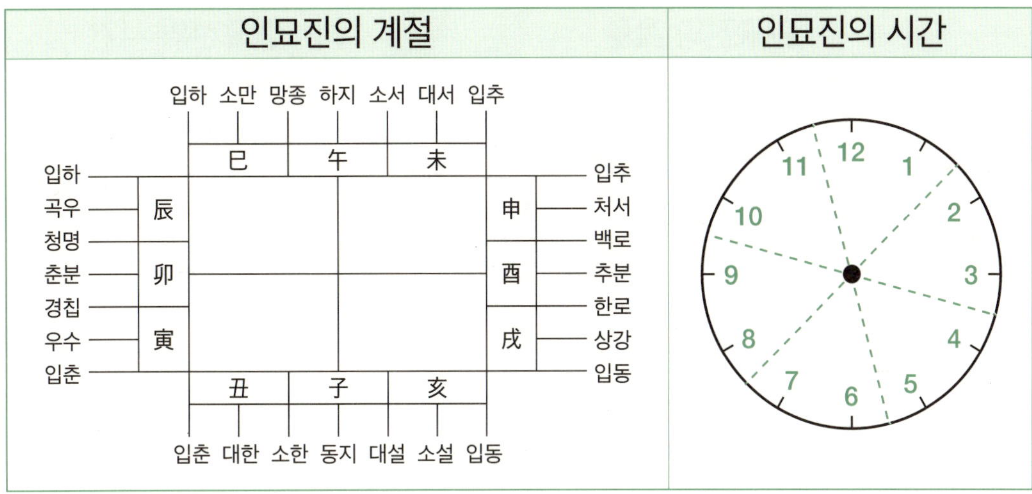

2 인묘진의 천간 작용을 적어 보세요.

십이운성	甲	乙	丙	丁	戊	己	庚	辛	壬	癸
인 寅 의 천간 작용										
묘 卯 의 천간 작용										
진 辰 의 천간 작용										

3 인묘진 지지 특성을 적어 보세요.

	방합	동물	지장간	삼합	육합	육해	육충	형
寅								
卯								
辰								

인묘진寅卯辰

1 인묘진의 계절과 시간을 아래 그림에 나타내 보세요

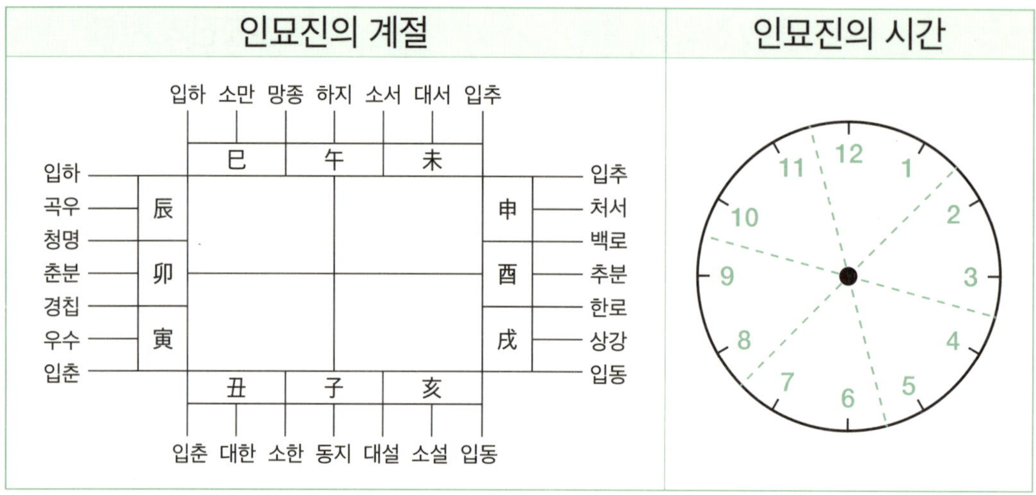

2 인묘진의 천간 작용을 적어 보세요.

십이운성	甲	乙	丙	丁	戊	己	庚	辛	壬	癸
인 寅 의 천간 작용										
묘 卯 의 천간 작용										
진 辰 의 천간 작용										

3 인묘진 지지 특성을 적어 보세요.

	방합	동물	지장간	삼합	육합	육해	육충	형
寅								
卯								
辰								

사오미 이해

오午월의 중간 절기에 하지夏至가 있습니다. 하지는 태양의 고도가 가장 높고, 낮의 길이가 가장 긴 날입니다. 동지冬至 이후부터 점점 양陽의 기운이 증가하여, 가장 정점에 이른 시기가 하지입니다. 하지를 지나면서 음陰의 기운이 하나씩 증가하게 되며, 동지를 향해 나아갑니다. 사巳월, 오午월의 하지 전까지는 양이 증가하는 시기, 오午월 하지 이후부터 미未월은 양이 줄어드는 만큼 음이 증가하는 시기가 됩니다. 사巳월은 입하立夏부터 시작하며, 중간 절기는 소만小滿입니다. 오午월은 망종芒種부터 시작하며, 중간 절기는 하지夏至입니다. 미월未月은 소서小暑부터 시작하며 중간 절기는 대서大暑입니다. 사巳시는 오전 9시 30분부터 11시 30분까지입니다. 오午시는 낮 11시 30분부터 1시 30분까지입니다. 미시未時는 낮 1시 30분부터 3시 30분까지입니다.

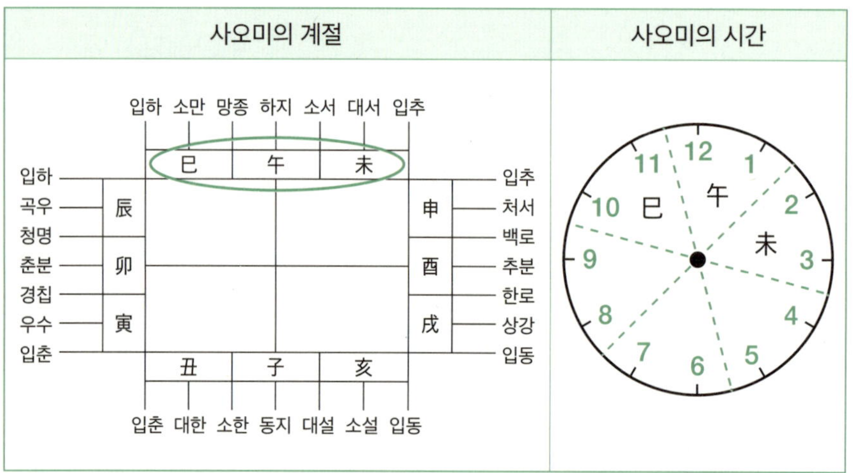

사巳월은 여름의 시작입니다. 양기가 가득 펼쳐지는 시기가 사巳월입니다. 여름이 시작되며 꿈틀거리는 열기는 '뱀'이라는 동물과 연결하여 생각해 볼 수 있습니다. 사화巳火의 지장간에는 무토戊土, 경금庚金, 병화丙火가 있습니다. 지장간이라는 것은 지지 속에 숨겨진 천간의 기운을 의미합니다. 갑목甲木이 병病, 을목乙木이 목욕沐浴, 병화丙火가 건록建祿, 정화丁火가 제왕帝旺, 무토戊土가 건록建祿, 기토己土가 제왕帝旺, 경금庚金이 장생長生, 신금辛金이 사死, 임수壬水가 절絶, 계수癸水가 태胎로 천간에서 작용하는 시기가 사월巳月입니다. 지장간의 무토, 경금, 병화는 사월이 진행되며 가장 중요하게 작용력을 가지는 천간 기운을 의미합니다.

오午월은 여름의 절정입니다. 물극필반物極必反이란, 사물이 극에 달하면 반드시 반전한다는 뜻입니다. 모든 사물은 한쪽으로 지나치게 치우치면 반드시 반대 방향으로 전환합니다. 동양 철학의 핵심 이해이기도 한, 물극필반物極必反의 이해를 오午월 하지夏至에서 엿볼 수 있습니다. 오월은 하나의 점으로 존재하지 않습니다. 오월은 30일이라는 구간을 가집니다. 그중 오월의 가운데에 중간 절기인 하지夏至가 있습니다. 하지란, 여름이 지극한 때라는 의미입니다. 하지는 양이 지극한 시기이며, 동시에 반드시 반대 방향으로 전환을 해야 하는 시기입니다. 따라서 양이 가장 극렬한 하지점에서 일음시생一陰始生하여, 음陰이 새롭게 시작하게 됩니다. 오월의 맹렬함과 열정은 '말'이라는 동물과 연결하여 생각해 볼 수 있습니다.

오월午月의 지장간은 병화丙火, 기토己土, 정화丁火입니다. 자오묘유子午卯酉의 왕지 지장간은 대체로 자기 기운으로 되어 있습니다. 오화午火만 병화丙火와 정화丁火 사이에 기토己土라는 토가 지장간에 들어 있습니다. 기토己土는 맹렬하게 펼쳐진 화를 음으로 전환하기 위한 역할을 하게 됩니다. 오월午月의 천간은 갑목甲木이 사死하고, 을목乙木이 장생長生하며, 병화丙火가 제왕帝旺하고, 정화丁火가 건록建祿합니다. 무토戊土가 제왕帝旺하고, 기토己土가 건록建祿하며, 경금庚金이 목욕沐浴하고, 신금辛金이 병病이 되며, 임수壬水가 태胎가 되고, 계수癸水가 절絶이 됩니다. 하지夏至 이전에는 목생화木生火로 병화丙火의 작용력이 주가 되고, 하지 이후가 되면 화생토火生土 토생금土生金으로 정화丁火의 작용력이 주가 됩니다.

미未월은 여름의 마무리입니다. 미토는 '양'이라는 동물을 상징합니다. 미토의 지장간은 정화丁火, 을목乙木, 기토己土입니다. 여전히 화의 기운이 강하게 작용하며, 을목乙木이 양養하며 경금庚金이라는 결실을 이루려 합니다. 이때 갑목甲木은 입묘入墓하게 됩니다. 미월에 기토는 화를 품고 금을 생산하는 역할을 하게 됩니다. 십이운성이나 지장간에 대한 이야기는 지금 듣고, 계속 들으면서 익숙해지는 중이라고 생각하십시오. 이 내용을 이해하기까지는 꽤 많은 공부가 필요합니다. 지지에서 각 천간의 역할을 드러내는 것이 십이운성이라는 정도를 기억해 두면 됩니다.

십이운성	甲	乙	丙	丁	戊	己	庚	辛	壬	癸
사巳의 천간 작용	병	목욕	건록	제왕	건록	제왕	장생	사	절	태
오午의 천간 작용	사	장생	제왕	건록	제왕	건록	목욕	병	태	절
미未의 천간 작용	묘	양	쇠	관대	쇠	관대	관대	쇠	양	묘

사화巳火는 사오미巳午未 방합을 하며 남쪽에 그 방위를 두고 있습니다. 사유축巳酉丑 삼합을 하며 금운동을 열어가는 역할을 사화가 하게 됩니다. 사화의 지장간 중기에는 경금庚金이 있는데, 경금庚金이 사화巳火에서 장생長生합니다. 경금이 사화에서 장생을 하며 사유축巳酉丑 금운동을 열어가는 시작점이 됩니다. 사화巳火는 신금申金과 육합六合의 관계에 있습니다. 인목寅木은 신금申金을 충하며 육합을 방해합니다. 따라서 사화巳火는 인목寅木과 육해六害의 관계가 됩니다. 또한 사화巳火와 신금申金, 인목寅木은 인사신 삼형寅巳申 三刑의 관계성도 나타납니다. 사화巳火는 완전 반대의 시공간인 해수亥水와 충沖으로 관계성을 맺습니다.

오화午火는 사오미巳午未 방합의 정점으로 정남쪽을 나타냅니다. 인오술寅午戌 삼합을 하며 화운동의 절정을 의미합니다. 하지 직전까지 인목寅木과의 관계를 통해 병화丙火를 펼쳐내고, 하지 이후로 정화丁火가 화운동의 주도권을 잡습니다. 술토戌土에서 정화丁火는 양養하며 임수壬水까지 응축하며 나아갑니다. 병화丙火는 술토戌土에서 입묘入墓하며 화운동을 마무리하게 됩니다. 오화午火는 미토未土와 육합六合의 관계에 있습니다. 축토丑土는 미토未土를 충하여 육합을 방해하므로, 오화午火는 축토丑土와 육해六害의 관계가 됩니다. 오화는 오화와 자형自刑의 관계성도 나타납니다. 오화午火는 완전 반대의 시공간인 자수子水와 충沖으로 관계성을 맺습니다.

미토未土는 사오미巳午未 방합의 마지막입니다. 해묘미亥卯未 삼합을 하며 목운동을 마무리하는 역할을 미토가 하게 됩니다. 미토의 지장간에는 을목乙木이 양養하며 경금庚金의 결실을 이루려 합니다. 갑목甲木은 미토에 입묘入墓하여 목운동을 마무리하며, 금을 형성하려 준비하는 토가 미토입니다. 미토未土는 오화午火와 육합六合의 관계에 있습니다. 오화午火를 충하는 자수子水가 육합을 방해하므로, 미토未土는 자수子水와 육해六害의 관계가 됩니다. 미토未土는 축토丑土, 술토戌土와 축술미丑戌未 삼형三刑의 관계성을 가집니다. 미토未土는 완전 반대의 시공간인 축토丑土와 충沖으로 관계성을 맺습니다.

	방합	동물	지장간	삼합	육합	육해	육충	형
巳		뱀	戊庚丙	巳酉丑	巳申	巳寅	巳亥	寅巳申 삼형
午	巳午未	말	丙己丁	寅午戌	午未	午丑	午子	午午 자형
未		양	丁乙己	亥卯未	未午	未子	未丑	丑戌未 삼형

사오미 巳午未

1 흐린 글씨를 따라 쓰면서 사오미의 계절과 시간을 익혀 보세요.

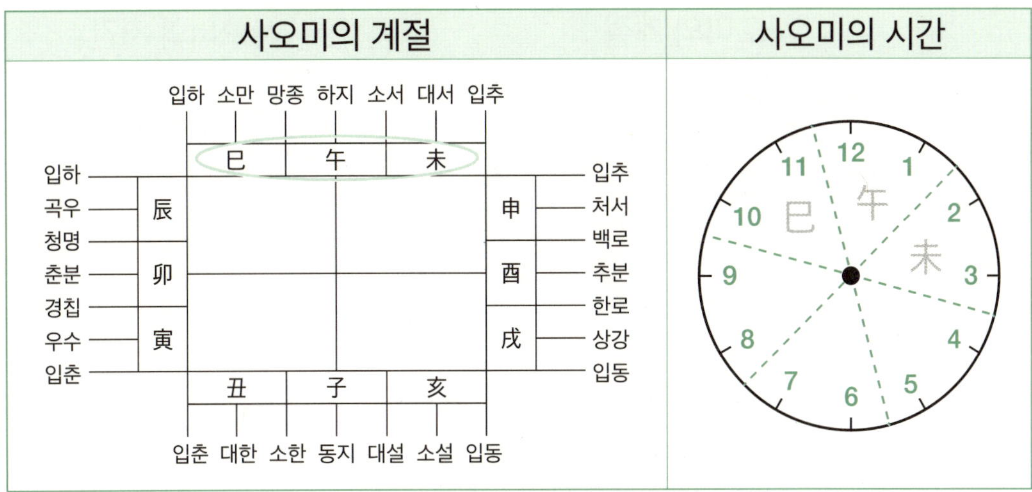

2 흐린 글씨를 따라 쓰면서 사오미의 천간 작용을 익혀 보세요.

십이운성	甲	乙	丙	丁	戊	己	庚	辛	壬	癸
사 巳의 천간 작용	병	목욕	건록	제왕	건록	제왕	장생	사	절	태
오 午의 천간 작용	사	장생	제왕	건록	제왕	건록	목욕	병	태	절
미 未의 천간 작용	묘	양	쇠	관대	쇠	관대	관대	쇠	양	묘

3 흐린 글씨를 따라 쓰며 사오미 지지 특성을 익혀 보세요.

	방합	동물	지장간	삼합	육합	육해	육충	형
巳		뱀	戊庚丙	巳酉丑	巳申	巳寅	巳亥	寅巳申 삼형
午	巳午未	말	丙己丁	寅午戌	午未	午丑	午子	午午 자형
未		양	丁乙己	亥卯未	未午	未子	未丑	丑戌未 삼형

사오미 巳午未

1 사오미의 계절과 시간을 아래 그림에 나타내 보세요.

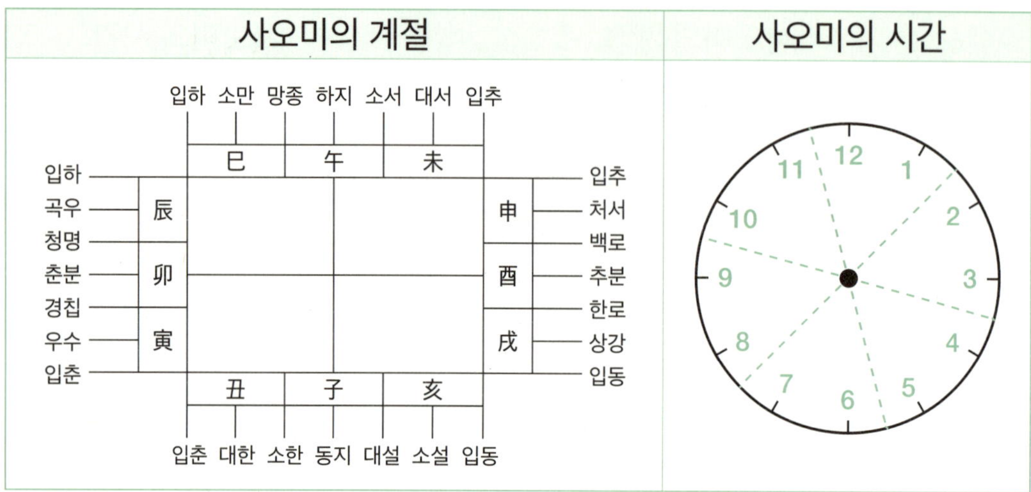

2 사오미의 천간 작용을 적어 보세요.

십이운성	甲	乙	丙	丁	戊	己	庚	辛	壬	癸
사 巳 의 천간 작용										
오 午 의 천간 작용										
미 未 의 천간 작용										

3 사오미의 지지 작용을 적어 보세요

	방합	동물	지장간	삼합	육합	육해	육충	형
巳								
午								
未								

신유술 이해

유酉월의 중간 절기에 추분秋分이 있습니다. 추분은 낮과 밤의 길이가 같으며, 점점 밤의 길이가 길어지는 방향성을 가지고 있습니다. 신월에서 유월, 술월로 전개되면서 양의 기운보다 음의 기운이 점점 많아지는 시기가 가을입니다. 신申월은 입추立秋부터 시작하며, 중간 절기는 처서處暑입니다. 유酉월은 백로白露부터 시작하며, 중간 절기는 추분秋分입니다. 술戌월은 한로寒露부터 시작하며, 중간 절기는 상강霜降입니다. 신申시는 오후 3시 30분부터 5시 30분까지이며, 유酉시는 오후 5시 30분부터 7시 30분까지입니다. 술戌시는 저녁 7시 30분부터 9시 30분까지를 의미합니다.

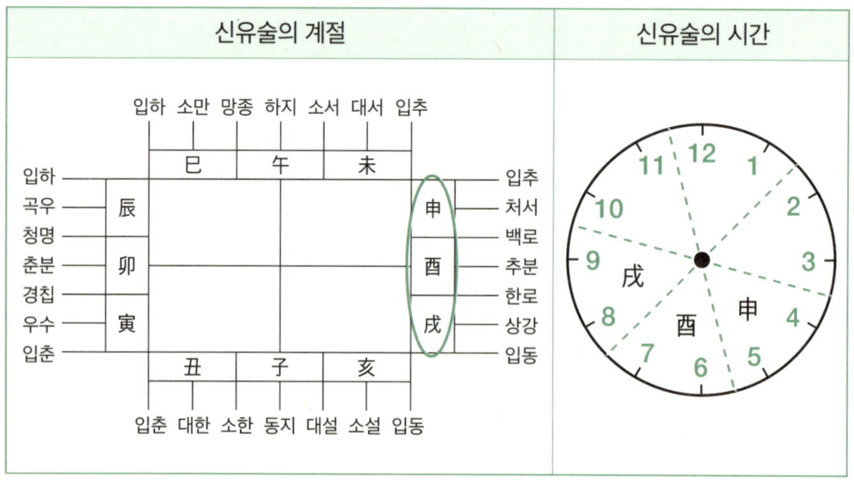

신申월은 가을의 시작입니다. 곡식이 여물고, 열매가 익어가며 아래로 내려오는 것이 신금申金입니다. 가을을 영어로 fall이라고 하는 것처럼, 흐드러지게 펼쳐지던 기운들이 아래를 향하게 됩니다. '원숭이'라는 동물과 연결 지으며, 신월의 지장간에는 무토戊土, 임수壬水, 경금庚金이 있습니다. 신월申月에 갑목甲木은 절絶, 을목乙木은 태

胎, 병화丙火는 병病, 정화丁火는 목욕沐浴, 무토戊土는 병病, 기토己土
는 목욕沐浴, 경금庚金은 건록建祿, 신금辛金은 제왕帝旺, 임수壬水는 장
생長生, 계수癸水는 사死의 작용력으로 지지에 작용합니다. 지장간의
무토, 임수, 경금은 신월이라는 시기에 순서대로 중요하게 작용력을
가지는 대표 천간을 의미합니다.

유酉월은 가을의 절정입니다. 유酉는 술을 담은 그릇의 모양을 하
고 있습니다. 풍성한 곡식을 추수하여 술을 빚는 계절임을 떠올리면
좋겠습니다. 동물 중 '닭'과 연결 지으며, 유월의 지장간에는 경금庚
金, 신금辛金이 있습니다. 추분秋分까지는 경금庚金이 화를 통해 풍성
하게 이루어지고, 추분이 지나면 신금辛金이 주동하며 임수壬水를 향
해 나아가게 됩니다. 천간에서 갑목甲木이 태胎, 을목乙木이 절絶, 병
화丙火가 사死, 정화丁火가 장생長生, 무토戊土가 사死, 기토己土가 장
생長生, 경금庚金이 제왕帝旺, 신금辛金이 건록建祿, 임수壬水가 목욕
沐浴, 계수癸水가 병病으로 작용하는 시기가 유월입니다. 추분을 기
점으로 천간의 경금과 신금이 그 작용력을 전환하게 됩니다. 추분秋
分 전까지는 화생토火生土 토생금土生金으로 경금庚金의 작용력이 주
가 되고, 추분이 지나면 금생수金生水로 신금辛金의 작용력이 주가 됩
니다.

술戌월은 가을의 마무리입니다. 술월에는 추수를 끝내고 먹을거
리들을 모두 보관해 둡니다. 지킬 것이 많은 계절이라는 것과 동물
'개'를 연결해서 생각할 수 있습니다. 술토의 지장간은 신금辛金, 정

화丁火, 무토戊土입니다. 여전히 금의 기운이 왕성하며, 정화가 양養하며 임수까지 가려 합니다. 이때 병화丙火는 입묘入墓합니다. 갑목甲木과 정화丁火가 양養하고, 신금辛金과 임수壬水가 관대冠帶하며, 을목乙木과 병화丙火가 입묘入墓하고, 계수癸水와 경금庚金이 쇠衰하며 술월을 이루어 냅니다. 술월에 무토戊土는 화를 안으로 넣고, 수를 열어가는 조절자의 역할을 하게 됩니다.

십이운성	甲	乙	丙	丁	戊	己	庚	辛	壬	癸
신申의 천간 작용	절	태	병	목욕	병	목욕	건록	제왕	장생	사
유酉의 천간 작용	태	절	사	장생	사	장생	제왕	건록	목욕	병
술戌의 천간 작용	양	묘	묘	양	묘	양	쇠	관대	관대	쇠

신금申金은 신유술申酉戌 방합方合을 하며 서쪽에 그 방위를 두고 있습니다. 신자진申子辰 삼합을 하며 수운동을 열어가는 역할을 신금申金이 하게 됩니다. 신금의 지장간에는 임수가 있는데, 임수壬水가 신금申金에서 장생長生합니다. 임수가 신금에서 장생을 하며 신자진 수운동을 열어가는 시작점이 됩니다. 신금申金은 사화巳火와 육합六合의 관계에 있습니다. 해수亥水는 사화巳火를 충하며 육합을 방해합니다. 따라서 신금申金은 해수亥水와 육해六害의 관계가 됩니다. 또한 사화巳火와 사신巳申 형刑의 관계성도 나타납니다. 신금申金은 완전 반대의 시공간인 인목寅木과 충沖으로 관계성을 맺습니다.

유금酉金은 신유술申酉戌 방합의 정점으로 정서正西쪽을 나타냅니다. 사유축巳酉丑 삼합을 하며 금운동의 절정을 의미합니다. 유금酉金은 추분秋分 직전까지 사화와의 관계를 통해 경금庚金을 길러내고, 추분 이후로 신금辛金이 주동합니다. 축토丑土에서 신금辛金은 양養하며 갑목甲木을 이루어 냅니다. 경금庚金은 축토丑土에 입묘入墓하며 금운동은 마무리하게 됩니다. 유금酉金은 진토辰土와 육합六合의 관계에 있습니다. 술토戌土는 진토辰土를 충冲하며 육합을 방해하므로, 유금酉金과 술토戌土는 육해六害의 관계가 됩니다. 유금酉金은 유금酉金과 자형自刑의 관계성을 나타냅니다. 또한 유금酉金은 완전 반대의 시공간인 묘목卯木과 충冲으로 관계성을 맺습니다.

술토戌土는 신유술申酉戌 방합의 마지막입니다. 인오술寅午戌 삼합을 하며 화운동을 마무리하는 역할을 술토가 하게 됩니다. 술토戌土의 지장간에는 정화丁火가 양養하며 임수壬水까지 수렴하려 합니다. 병화丙火는 술토에서 입묘入墓합니다. 화를 마무리하고, 수를 열어가려 준비하는 토가 술토입니다. 술토戌土는 묘목卯木과 육합六合의 관계에 있습니다. 유금酉金이 묘목卯木을 충하며 육합을 방해하므로, 술토戌土는 유금酉金과 육해六害의 관계가 됩니다. 또한 축술丑戌 형刑의 관계성이 나타납니다. 술토戌土는 완전 반대의 시공간인 진토辰土와 충冲으로 관계성을 맺습니다.

	방합	동물	지장간	삼합	육합	육해	육충	형
申		원숭이	戊壬庚	申子辰	申巳	申亥	申寅	寅巳申 삼형
酉	申酉戌	닭	庚辛	巳酉丑	酉辰	酉戌	酉卯	酉酉 자형
戌		개	辛丁戊	寅午戌	戌卯	戌酉	戌辰	丑戌未 삼형

신유술 申酉戌

1 흐린 글씨를 따라 쓰고 신유술의 계절과 시간을 익혀 보세요.

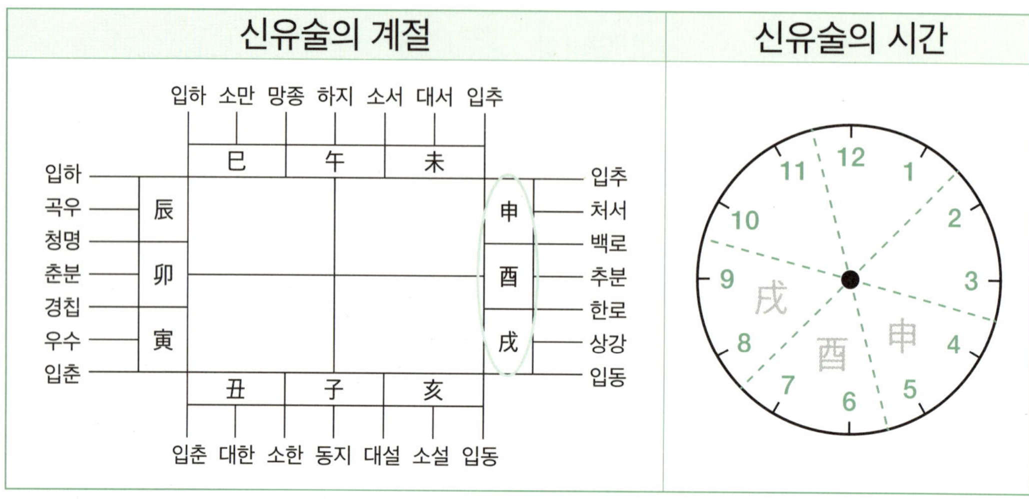

2 흐린 글씨를 따라 쓰며 신유술의 천간 작용을 익혀 보세요.

십이운성	甲	乙	丙	丁	戊	己	庚	辛	壬	癸
신 申 의 천간 작용	절	태	병	목욕	병	목욕	건록	제왕	장생	사
유 酉 의 천간 작용	태	절	사	장생	사	장생	제왕	건록	목욕	병
술 戌 의 천간 작용	양	묘	묘	양	묘	양	쇠	관대	관대	쇠

3 흐린 글씨를 따라 쓰며 신유술의 지지 작용을 익혀 보세요.

	방합	동물	지장간	삼합	육합	육해	육충	형
申		원숭이	戊壬庚	申子辰	申巳	申亥	申寅	寅巳申 삼형
酉	申酉戌	닭	庚辛	巳酉丑	酉辰	酉戌	酉卯	酉酉 자형
戌		개	辛丁戊	寅午戌	戌卯	戌酉	戌辰	丑戌未 삼형

신유술申酉戌

1 아래 그림에 신유술의 계절과 시간을 나타내 보세요.

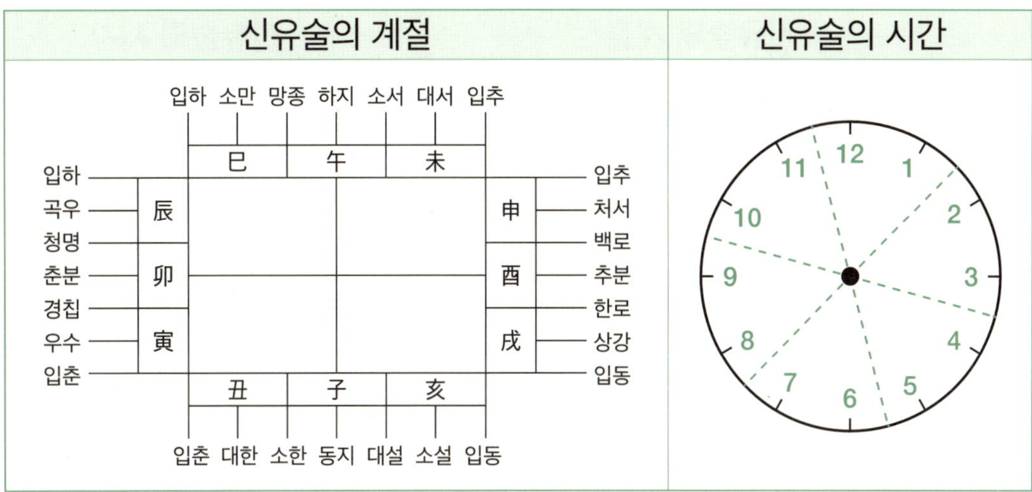

2 신유술의 천간 작용을 적어 보세요.

십이운성	甲	乙	丙	丁	戊	己	庚	辛	壬	癸
신 申 의 천간 작용										
유 酉 의 천간 작용										
술 戌 의 천간 작용										

3 신유술의 지지 작용을 적어 보세요.

	방합	동물	지장간	삼합	육합	육해	육충	형
申								
酉								
戌								

신유술申酉戌

1 아래 그림에 신유술의 계절과 시간을 나타내 보세요.

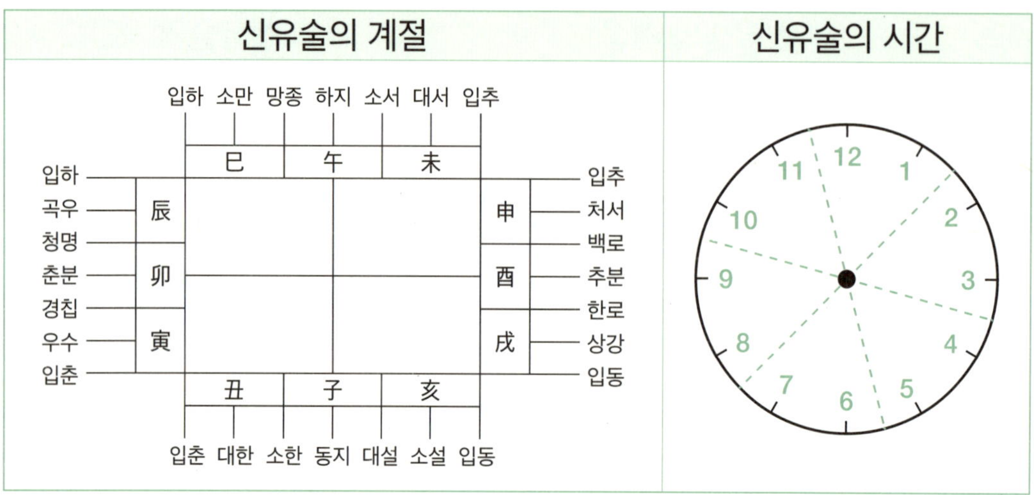

2 신유술의 천간 작용을 적어 보세요.

십이운성	甲	乙	丙	丁	戊	己	庚	辛	壬	癸
신 申 의 천간 작용										
유 酉 의 천간 작용										
술 戌 의 천간 작용										

3 신유술의 지지 작용을 적어 보세요.

	방합	동물	지장간	삼합	육합	육해	육충	형
申								
酉								
戌								

해자축 이해

자子월의 중간 절기에 동지冬至가 있습니다. 동지는 태양의 고도가 가장 낮고, 밤의 길이가 가장 긴 날입니다. 하지 이후부터 점점 음의 기운이 증가하여, 가장 정점에 이른 시기가 동지입니다. 동지를 지나면 양의 기운이 하나씩 증가하게 되며, 하지를 향해 다시 나아갑니다. 해월, 자월의 동지 전까지는 음이 증가하는 시기, 자월 동지 이후부터 축월은 음이 줄어드는 만큼 양이 증가하는 시기가 됩니다. 해월亥月은 입동立冬부터 시작하며, 중간 절기는 소설小雪입니다. 자월子月은 대설大雪부터 시작하며, 중간 절기는 동지冬至입니다. 축월丑月은 소한小寒부터 시작하며 중간 절기는 대한大寒입니다. 해시亥時는 밤 9시 30분부터 11시 30분까지입니다. 자시子時는 밤 11시 30분부터 1시 30분까지입니다. 축시丑時는 새벽 1시 30분부터 3시 30분까지입니다.

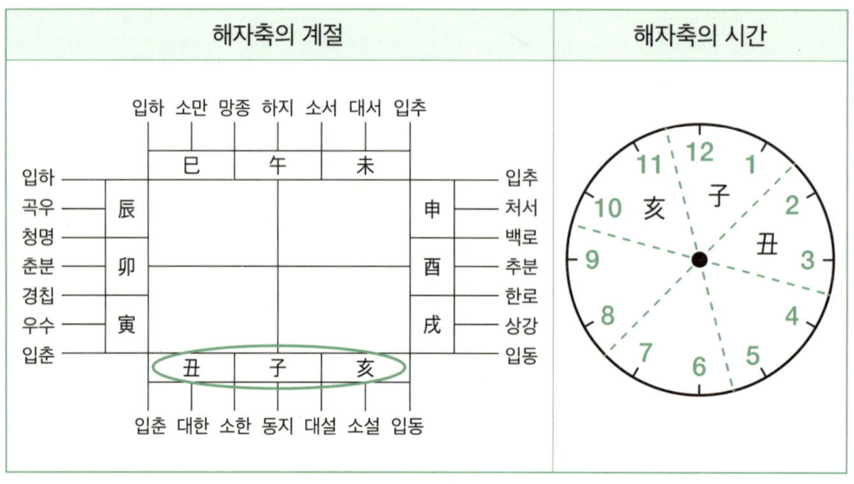

해월亥月은 겨울의 시작입니다. 음기가 강하게 수렴하는 시기가 해월입니다. 겨울이 시작되며 많은 것들을 안으로 거두는 작용력에서 동물 '돼지'와 연결하여 생각해 볼 수 있습니다. 해수의 지장간에는 무토戊土, 갑목甲木, 임수壬水가 있습니다. 지장간은 지지 속에 숨겨진 천간의 기운입니다. 갑목甲木이 장생長生, 을목乙木이 사死, 병화丙火가 절絶, 정화丁火가 태胎, 무토戊土가 절絶, 기토己土가 태胎, 경금庚金이 병病, 신금辛金이 목욕沐浴, 임수壬水가 건록建祿, 자수子水가 제왕帝旺으로 작용하는 시기가 해월입니다. 지장간의 무토, 갑목, 임수는 해월이 진행되면서 가장 중요하게 작용력을 가지는 천간 기운을 의미합니다.

자월子月은 겨울의 절정입니다. 앞서 물극필반物極必反에 대해 이야기하였습니다. 자월의 동지冬至는 태양의 고도가 가장 낮아진 시기입니다. 동시에 반드시 반대 방향으로 전환을 해야 하는 시기인 것입니다. 따라서 음이 가장 깊어진 동지점에서 일양시생一陽始生하여, 양이 새롭게 시작하게 됩니다. 자월은 깊이 수렴하므로 '쥐'라는 동물과 연결하여 생각해 볼 수 있습니다. 자월子月의 지장간은 임수壬水, 계수癸水입니다. 자월子月에는 갑목甲木이 목욕沐浴, 을목乙木이 병病, 병화丙火가 태胎, 정화丁火가 절絶, 무토戊土가 태胎, 기토己土가 절絶, 경금庚金이 사死, 신금辛金이 장생長生, 임수壬水가 제왕帝旺, 계수癸水가 건록建祿하며 작용합니다. 동지 이전에는 금생수金生水로 임수壬水의 작용력이 주가 되고, 동지 이후가 되면 수생목水生木으로 계수癸水의 작용력이 주가 됩니다.

축월丑月은 겨울의 마무리입니다. 축토는 동물 '소'를 상징합니다.

축토의 지장간에는 계수癸水, 신금辛金, 기토己土가 있습니다. 여전히 수의 기운이 강하게 작용하며, 신금辛金이 양養하며 갑목甲木의 싹을 틔우려 합니다. 이때 경금庚金은 입묘入墓하게 됩니다. 축월에 기토는 수를 품고 목을 생산하는 역할을 하게 됩니다. 축월丑月에는 계수癸水와 갑목甲木이 관대冠帶하고, 정화丁火와 경금庚金이 입묘入墓합니다. 신금辛金과 병화丙火가 양養하며, 을목乙木과 임수壬水가 쇠衰의 영향력으로 작용합니다.

십이운성	甲	乙	丙	丁	戊	己	庚	辛	壬	癸
해亥의 천간 작용	장생	사	절	태	절	태	병	목욕	건록	제왕
자子의 천간 작용	목욕	병	태	절	태	절	사	장생	제왕	건록
축丑의 천간 작용	관대	쇠	양	묘	양	묘	묘	양	쇠	관대

해수亥水는 해자축亥子丑 방합을 하며 북쪽에 그 방위를 두고 있습니다. 해묘미亥卯未 삼합을 하며 목운동을 열어가는 역할을 해수가 하게 됩니다. 해수亥水의 지장간 중기에는 갑목이 있는데, 갑목甲木이 해수에서 장생長生합니다. 갑목이 해수에서 장생하며 해묘미 목운동을 열어가는 시작점이 됩니다. 해수亥水는 인목寅木과 육합六合의 관계에 있습니다. 신금申金은 인목寅木을 충하며 육합을 방해합니다. 따라서 해수亥水는 신금申金과 육해六害의 관계가 됩니다. 또한 해수亥水는 해수亥水와 자형自刑의 관계성이 나타납니다. 해수亥水는 완전 반대의 시공간인 사화巳火와 충沖으로 관계성을 맺습니다.

자수子水는 해자축亥子丑 방합의 정점으로 정북쪽을 나타냅니다.

신자진申子辰 삼합을 하며 수운동의 절정을 의미합니다. 자수子水는 동지 직전까지 신금申金과의 관계를 통해 임수壬水를 수렴하고, 동지 이후로 계수癸水가 수운동의 주도권을 잡습니다. 진토辰土에서 계수癸水는 양養하며 병화丙火까지 확산하며 나아갑니다. 임수壬水는 진토辰土에서 입묘入墓하며 수운동을 마무리합니다. 자수子水는 축토丑土와 육합六合의 관계에 있습니다. 미토未土는 축토丑土를 충沖하여 육합을 방해하므로, 자수子水는 미토未土와 육해六害의 관계가 됩니다. 자수子水는 묘목卯木과 상형相刑의 관계에 있습니다. 자수子水는 완전 반대의 시공간인 오화午火와 충沖으로 관계성을 맺습니다.

축토丑土는 해자축亥子丑 방합의 마지막입니다. 사유축巳酉丑 삼합을 하며 금운동을 마무리하는 역할을 축토가 하게 됩니다. 축토의 지장간에는 신금辛金이 양養하며 갑목甲木을 이루려 하고, 경금庚金은 축토에 입묘入墓하여 금운동을 마무리합니다. 궁극적으로 목을 형성하려 준비하는 토가 축토입니다. 축토丑土는 자수子水와 육합六合의 관계에 있습니다. 오화午火가 자수子水를 충沖하며 육합을 방해하므로, 축토丑土는 오화午火와 육해六害의 관계가 됩니다. 축토丑土는 술토戌土와 형刑의 관계에 있습니다. 또한 완전 반대의 시공간인 미토未土와 충沖으로 관계성을 맺습니다.

	방합	동물	지장간	삼합	육합	육해	육충	형
亥		돼지	戊甲壬	亥卯未	亥寅	亥申	亥巳	亥亥 자형
子	亥子丑	쥐	壬癸	申子辰	子丑	子未	子午	子卯 상형
丑		소	癸辛己	巳酉丑	丑子	丑午	丑未	丑戌未 삼형

해자축 亥子丑

1 흐린 글씨를 따라 쓰며 해자축의 계절과 시간을 익혀 보세요.

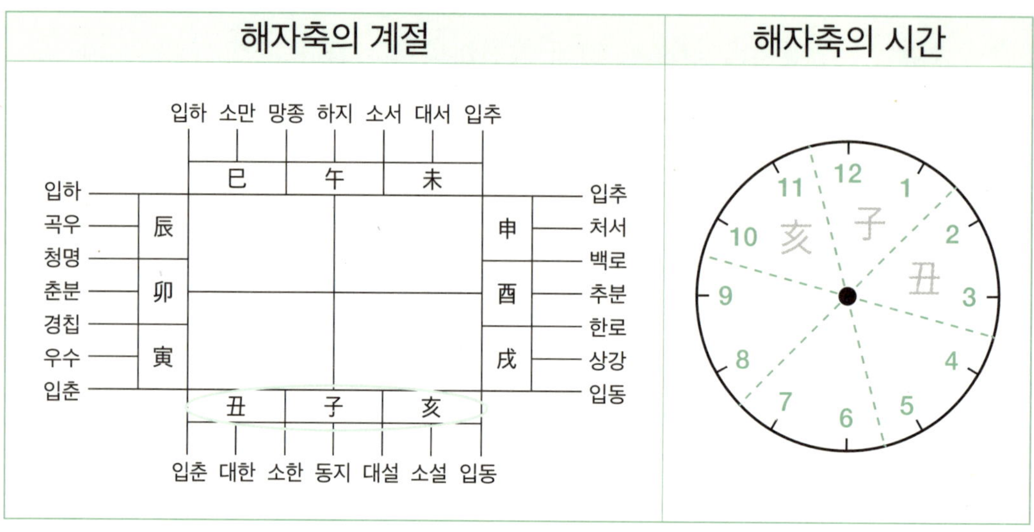

2 흐린 글씨를 따라 쓰며 해자축의 천간 작용을 익혀 보세요.

십이운성	甲	乙	丙	丁	戊	己	庚	辛	壬	癸
해亥의 천간 작용	장생	사	절	태	절	태	병	목욕	건록	제왕
자子의 천간 작용	목욕	병	태	절	태	절	사	장생	제왕	건록
축丑의 천간 작용	관대	쇠	양	묘	양	묘	묘	양	쇠	관대

3 흐린 글씨를 따라 쓰며 해자축의 지지 작용을 익혀 보세요.

	방합	동물	지장간	삼합	육합	육해	육충	형
亥		돼지	戊甲壬	亥卯未	亥寅	亥申	亥巳	亥亥 자형
子	亥子丑	쥐	壬癸	申子辰	子丑	子未	子午	子卯 상형
丑		소	癸辛己	巳酉丑	丑子	丑午	丑未	丑戌未 삼형

해자축亥子丑

1 아래 그림에 해자축의 계절과 시간을 나타내 보세요.

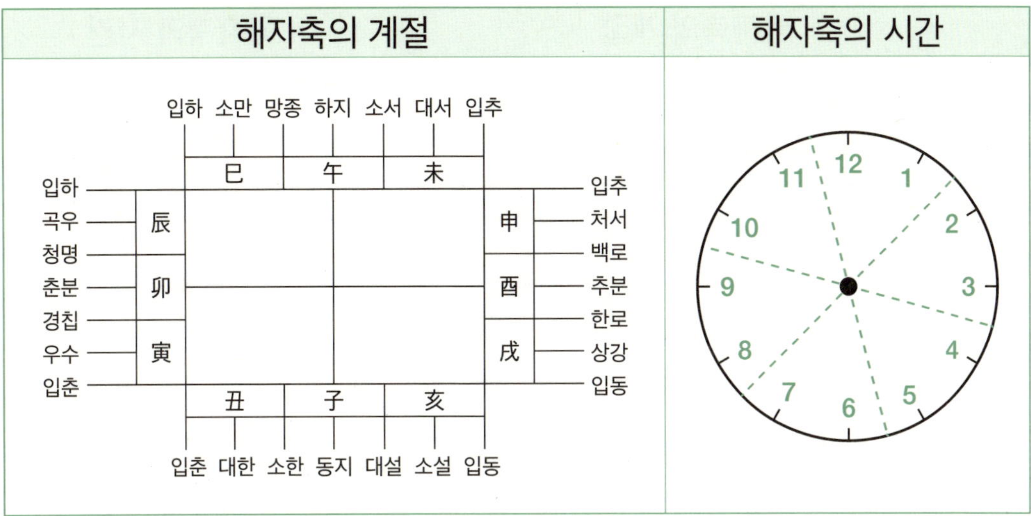

2 해자축의 천간 작용을 적어 보세요.

십이운성	甲	乙	丙	丁	戊	己	庚	辛	壬	癸
해亥의 천간 작용										
자子의 천간 작용										
축丑의 천간 작용										

3 해자축의 지지 작용을 적어 보세요.

	방합	동물	지장간	삼합	육합	육해	육충	형
亥								
子								
丑								

해자축亥子丑

1 아래 그림에 해자축의 계절과 시간을 나타내 보세요.

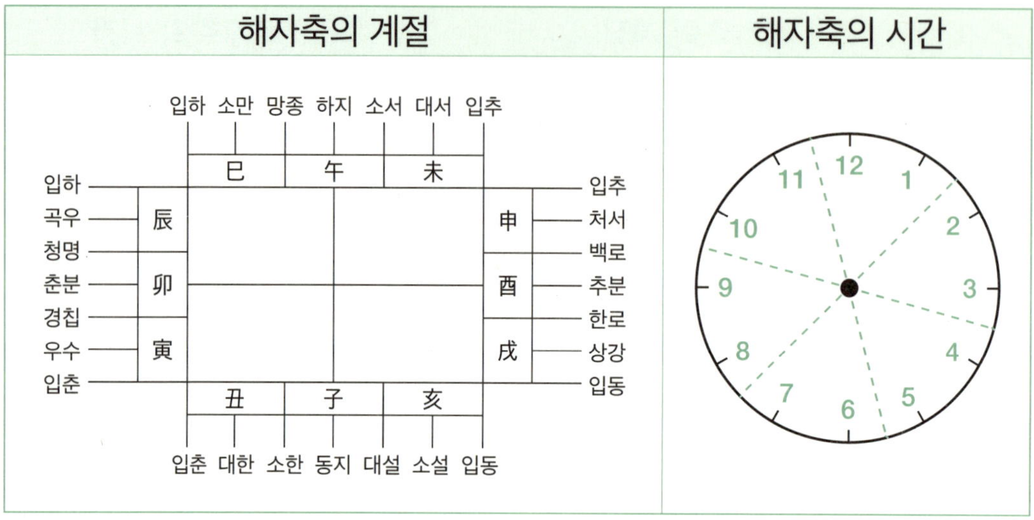

2 해자축의 천간 작용을 적어 보세요.

십이운성	甲	乙	丙	丁	戊	己	庚	辛	壬	癸
해亥 의 천간 작용										
자子 의 천간 작용										
축丑 의 천간 작용										

3 해자축의 지지 작용을 적어 보세요.

	방합	동물	지장간	삼합	육합	육해	육충	형
亥								
子								
丑								

하루한장
명리 공부

一日
命理

하루 한 장, 명리 공부 1
처음 만나는 명리 익힘책

초판 1쇄 발행   2026년 2월 21일

지은이   송민정

펴낸이   김영애
펴낸 곳   moRan
전화   031-955-1581
팩스   031-955-1582
전자우편   bookzee@naver.com
출판 등록   제406-2016-000056호

제작진행   스크린그래픽
디자인   ALL designgroup

ISBN   979-11-982068-2-4   14180
SET ISBN   979-11-982068-4-8   14180